# Einführung in die Medieninformatik

von
Michael Herczeg

Oldenbourg Verlag München Wien

**Prof. Dr. Michael Herczeg** ist Professor für Praktische Informatik an der Universität zu Lübeck und leitet dort das Institut für Multimediale und Interaktive Systeme. Er lehrt vor allem im Bereich der Medieninformatik. Der Autor berät Unternehmen und öffentliche Verwaltungen in Fragestellungen des Zusammenwirkens von Mensch, Technik und Organisation. Er ist Herausgeber der Reihe „Interaktive Medien".

Bibliografische Information der Deutschen Nationalbibliothek

Die Deutsche Nationalbibliothek verzeichnet diese Publikation in der Deutschen Nationalbibliografie; detaillierte bibliografische Daten sind im Internet über <http://dnb.d-nb.de> abrufbar.

© 2007 Oldenbourg Wissenschaftsverlag GmbH
Rosenheimer Straße 145, D-81671 München
Telefon: (089) 45051-0
oldenbourg.de

Lektorat: Margit Roth
Herstellung: Anna Grosser
Coverentwurf: Kochan & Partner, München
Gedruckt auf säure- und chlorfreiem Papier
Druck: Grafik + Druck, München
Bindung: Thomas Buchbinderei GmbH, Augsburg

ISBN      3-486-58103-1
ISBN 978-3-486-58103-4

# Inhalt

# Vorwort

Die Informatik ist eines der jüngsten großen Wissenschaftsgebiete. Aufgrund seiner besonderen Bedeutung für alle gesellschaftlichen Bereiche sowie seiner noch kurzen Historie ist dieses Gebiet und seine Theorien, Methoden und Technologien noch starken Veränderungen ausgesetzt. Für die Medieninformatik, um die es in diesem Buch gehen soll, gilt dies umso mehr. Sie hat erst in den letzten 10 Jahren Verbreitung als Studiengang oder Studienschwerpunkt in den Hochschulen gefunden. Inzwischen ist das Gebiet zwar strukturell und inhaltlich noch nicht abschließend geklärt, aber dennoch sowohl in Hochschulen als auch auf dem Arbeitsmarkt insoweit etabliert, als dass die Nachfrage nach Studienplätzen massiv gestiegen ist und der Arbeitsmarkt die Absolventen gerne in fast allen Branchen aufnimmt.

Mit dem vorliegenden Buch möchte ich den Versuch unternehmen, einige für das Entstehen der Medieninformatik wichtige theoretische, methodische und technische Grundlagen zusammenzuführen, die weiterentwickelt, vielleicht auch neu interpretiert, zusammen mit anderen Themen die Fundamente der Medieninformatik ausmachen.

Damit die Theorien, Methoden und Technologien in ihrer Vielfalt diskutierbar sind, habe ich im Buch einige sehr unterschiedliche Anwendungsbereiche aufgenommen. Sie sollen die Anwendungen nicht erschöpfend, sondern exemplarisch, aber durchaus repräsentativ in ihrer Vielfalt hinsichtlich der medialen und informatischen Ausprägungen darstellen. Weitere Anwendungen entstehen in den Lebensbereichen Arbeit, Bildung und Freizeit täglich neu. Dem Leser sollen die ausgewählten Anwendungen als Anregung dienen, seine eigenen Anwendungsfelder hinsichtlich medieninformatischer Fragestellungen zu analysieren oder zu entwickeln.

Das Buch soll Wissenschaftlern, Studierenden und Praktikern wichtige Begrifflichkeiten und Orientierungspunkte in diesem dynamischen Gebiet geben. Vielleicht hilft es bei der weiteren Definition und Prägung des Gebiets insbesondere für Hochschulen mit wissenschaftlichen Ansprüchen in Forschung und Lehre. Ich freue mich über Feedback und Erfahrungsberichte in diesem und anderen Einsatzfeldern.

Die Reihe Interaktive Medien, in deren Rahmen auch dieses Buch steht, bietet Einzeltitel diverser Autoren an, die verschiedene, in diesem Buch angesprochene Themen für Forschung, Lehre und Anwendung vertiefen. In den einzelnen Kapiteln werden Hinweise auf die entsprechenden Vertiefungsbände gegeben.

Den Aufbau dieses Buches wurde wie folgt gewählt:

Kapitel 1:  Einführung

Kapitel 2:  Medienbegriffe und Medientheorien

Kapitel 3:  Medientechnologische Meilensteine

Kapitel 4:  Interaktive Medientechnologien

Kapitel 5:  Anwendungen: E-Learning

Kapitel 6:  Anwendungen: E-Business

Kapitel 7:  Anwendungen: Prozessführung

Kapitel 8:  Menschen- und anwendungsgerechte interaktive Medien

Kapitel 9:  Gestaltung interaktiver Medien

Kapitel 10: Entwicklungsprozesse für interaktive Medien

Kapitel 11: Ethik der digitalen Medien

Kapitel 12: Zukunft der Medieninformatik

Das Literaturverzeichnis liefert historische und aktuelle Publikationen, vor allem auch Primärliteratur, ohne hier einen Anspruch auf Vollständigkeit erheben zu können. Eine Liste von Normen zeigt einen Teil der Standardisierungsbemühungen in diesen und verwandten Feldern. Eine Übersicht über Organisationen und Verbände gibt Bezugspunkte für weitere Informationen und Vernetzungsmöglichkeiten.

Das Abkürzungsverzeichnis erläutert die Abkürzungen, die in diesem Gebiet, vor allem in diesem Buch Verwendung finden. Das Glossar definiert und erläutert wichtige Begriffe der Medieninformatik.

Ich danke allen, die hilfreiche Hinweise und Verbesserungsvorschläge zu Inhalt und Gestaltung des Buches gegeben haben. Besonderen Dank möchte ich aber einmal mehr an all diejenigen richten, die während der Entstehung dieses Buches wieder viel Geduld und Nachsicht mit mir hatten. Dieser Dank gilt vor allem auch meiner Frau Christine, die mich im letzten Jahr zuhause vorwiegend am Computer gesehen hat. Aber von Menschen, Computern und den Auswirkungen auf das tägliche Leben handelt dieses Buch letztlich auch.

Ich freue mich, dass es der Oldenbourg-Verlag möglich gemacht hat, diese Reihe herauszugeben, die sich mit einem breiten Spektrum von Themen im Bereich der interaktiven Medien historisch, aktuell und visionär auseinandersetzt. Vielen Dank den Mitarbeiterinnen und Mitarbeitern des Verlags, insbesondere Frau Margit Roth und Frau Stephanie Schumacher-Gebler für die hervorragende Zusammenarbeit bei der Erstellung aller bisherigen Bände der Reihe.

Lübeck                                                                                    Michael Herczeg

# 1 Einleitung

Die Medieninformatik beschäftigt sich mit der *Entwicklung und Nutzung interaktiver Systeme und Medien*[1]. Die wichtigste Aufgabe besteht hierbei in der Analyse, Konzeption, Realisierung, Bewertung und Verbesserung der Schnittstellen zwischen multimedialen Computersystemen und Menschen, die diese in ihren unterschiedlichsten gesellschaftlichen Kontexten im Rahmen von Arbeit, Bildung oder Freizeit als Konsumenten oder Produzenten nutzen möchten. Der Computer tritt hierbei weniger als in seiner, aus informatischer Sicht, klassischen Form einer *Symbolverarbeitungsmaschine* oder als *Rechner* in Erscheinung, sondern vielmehr als ein System, das Menschen mit Menschen in Form von *Kommunikationssystemen* verknüpft oder Menschen mit *Informations-* und *Handlungsräumen* ausstattet.

## 1.1 Industrie-, Informations- und Medienzeitalter

Nachdem wir in den letzten einhundert Jahren das sogenannte *Industriezeitalter* durchlebt haben, spricht man seit etwa 30 Jahren vom *Informationszeitalter* (siehe Abbildung 1) und seit etwa 10 Jahren vom *Medienzeitalter* (siehe Abbildung 2).

Das *Industriezeitalter* war durch Kraft- und Transportmaschinen, wie Motoren und Fließbänder, gekennzeichnet. Arbeit wurde in großen Betrieben organisiert, in denen die Menschen hochgradig arbeitsteilig unter starker Kontrolle ihre Tätigkeiten verrichteten. Frederick Winslow Taylor entwickelte im später nach ihm benannten *Taylorismus* eine Form der *wissenschaftlichen Betriebsführung*, wie er es nannte (Taylor, 1913), die es erlaubte, mit hoher Effizienz und Flexibilität industrielle Produkte herzustellen. Während in der davor liegenden Zeit der Manufakturen der einzelne Handwerker - sein Wissen und seine Fertigkeiten - entscheidend für den Erfolg war, waren die Industriearbeiter austauschbare Bediener der Geräte und Anlagen und letztlich nur Lückenfüller für nicht Automatisierbares in der Fabrik. Das Zeitalter der Industrie war trotzdem ein Zeitalter großer Errungenschaften und wirtschaftlicher Erfolge für Unternehmer, Arbeiter und die gesamte dadurch bestimmte *Industriegesellschaft* (vgl. auch Ulich, 2001). Während dieser Zeit bildete sich die Grundlage für viele technische Errungenschaften sowie für den Wohlstand breiter Bevölkerungsschichten, wenn-

---

[1] zur Unterscheidung *interaktiver Systeme und Medien* siehe Abschnitt 1.3

gleich eine klare Trennung zwischen Unternehmern und Arbeitern, Kopf- und Handarbeitern langfristig verankert wurde. Dieses Industriezeitalter und die ihm zugrunde liegenden *tayloristischen Prinzipien und Methoden* wirken bis in die heutige Zeit.

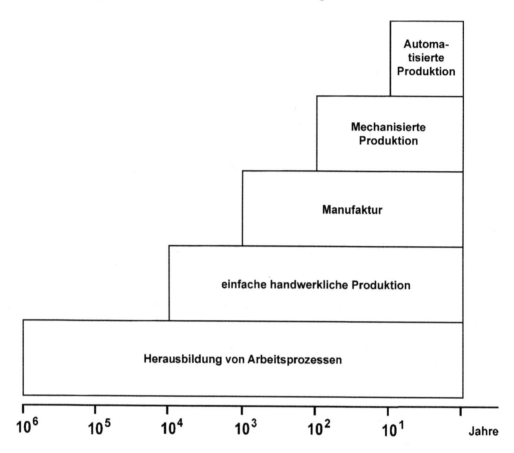

**Abbildung 1**    Zeitalter technologischer Entwicklung in der Menschheitsgeschichte

Die Graphik zeigt die zeitlich in logarithmischem Maßstab dargestellten Zeitalter der technologischen Entwicklung über die gesamte Menschheitsgeschichte, wie sie vor allem durch die Herstellung - später auch die systematische Produktion - von Gütern beeinflusst wurden.

Wäre kein logarithmischer Maßstab verwendet worden, wäre das Zeitalter der Automatisierung und der damit verbundenen computergestützten Produktion von Gütern in der Darstellung nicht zu erkennen, da es sich nur um die letzten 50 Jahre innerhalb einer über eine Million Jahre umfassenden Entwicklung handelt, also um 0,005% der bisherigen Menschheitsgeschichte zur Entwicklung von Produktionsprozessen.

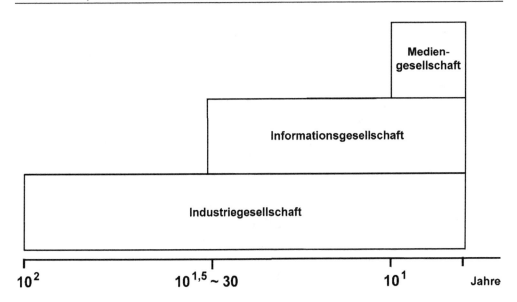

**Abbildung 2** Zeitalter technologischer Entwicklung in der Neuzeit

Die Zeitalter der technologischen Entwicklung über die letzten 100 Jahre waren zunächst durch die industrielle Revolution, dann durch die Informationstechnologie und zuletzt durch die Konvergenz in den digitalen Medien beeinflusst. Die Konvergenz der Medien und die Konsequenzen sind erst etwa 10 Jahre alt.

Als Folge und Teil der industriellen Entwicklung wurde es zur Planung, Überwachung und Steuerung von Material-, Produkt- und Finanzströme immer wichtiger, auch damit verbundene *Informationen* effizient zu verteilen und zu verarbeiten. *Kommunikations- und Informationstechnologien* entstanden in hoher Geschwindigkeit und erlaubten Menschen innerhalb und zwischen den Betrieben zu kommunizieren und Informationen auszutauschen. *Telekommunikations-* und *Computersysteme* entstanden zunächst technologisch getrennt. Mit zunehmender Computerisierung und damit verbundenen ökonomischen Verschiebungen von der Produktion zu Dienstleistungen trat die *Informationsverarbeitung* in den Mittelpunkt der gesellschaftlichen Entwicklung. Aus zunächst wenigen, teuren, zentralen Computersystemen in Betrieben und öffentlichen Verwaltungen wurden bald kleinere und preiswerte Computersysteme, die nicht nur privat erschwinglich waren, sondern, auch mit kleinen Büroanwendungen versehen, schnell eine große Bedeutung im öffentlichen, betrieblichen und privaten Leben erlangten. Der *Personal Computer (PC)* war entstanden (Kay, 1977). Das Leben wurde nicht nur durch die Informationsverarbeitung bestimmt, es wurden alle Lebensbereiche systematisch daraufhin untersucht, wo Informationen gesammelt und verarbeitet werden könnten. Das *Informationszeitalter* und die *Informationsgesellschaft* waren angebrochen und bestimmen bis heute Arbeit und öffentliches Leben. Viele sprechen hierbei auch von der *Wissensgesellschaft*.

Die zunehmende Flexibilität und Leistung von Computersystemen brachte auch die *Digitalisierung*[2] bislang *analoger Medien* wie Ton, Bild und Film, inklusive der bis dahin analogen Telekommunikationssysteme, mit sich. ISDN-Telefonie und die breitbandigen SDH-Netze ermöglichten die digitalisierten Medien in Sekunden um die Welt zu verschicken. Das *Internet* und seine Dienste, wie das WWW oder E-Mail (Electronic Mail), ermöglichten binnen kürzester Zeit in der ganzen Welt Computer zu vernetzen und digitale multimediale Informationen zwischen diesen hin und her zu senden. Neben der Kommunikation mittels Sprache oder Schrift war eine dichte Kommunikation unter Nutzung aller verfügbaren und inzwischen digitalisierten Medien entstanden. Auch die klassischen Printmedien wurden nicht nur mit digitaler Technologie hergestellt, sie erhielten in vielen Fällen auch ein Abbild im WWW, welches inzwischen zum weltweiten, multimedialen Informationssystem geworden ist. Nachdem bereits das Fernsehen der Medialisierung der Welt massiven Vorschub geleistet hatte, schienen elektronische Medien und Inhalte, nun auch in ihrer computerbasierten, interaktiven Form, als mediale Flut in alle gesellschaftlichen Bereiche einzudringen. Es war nur natürlich, nun auch vom *Medienzeitalter* und der *Mediengesellschaft* zu sprechen.

## 1.2      Konvergenz von Technologien und Medien

Während noch vor zwei Jahrzehnten Medientechnologien wie *Computertechnologie, Telekommunikation* und *Unterhaltungselektronik* technisch getrennt waren, finden wir diese inzwischen auf Grundlage einer einheitlichen Basistechnologie, nämlich *multimedialen Computersystemen* und damit verbundenen *digitalen Kommunikationsnetzen* wieder. Oft werden integrative Lösungen aus diesen drei Medientechnologien auch *Multimediasysteme* genannt, weil sie in der Lage sind, mehrere Medien gleichzeitig zu tragen und diese auch zu verknüpfen (siehe Abbildung 3).

Die einheitliche Basistechnologie hängt also eng mit der Digitalisierung aller bis dahin technisch getrennten Medien, wie z.B. Text, Sprache, Graphiken, Animationen, Musik, Video und Film, zusammen. Durch diese Digitalisierung der Medien können diese auf denselben Basistechnologien, nämlich den multimedialen Computersystemen und digitalen Netzen erzeugt, verarbeitet, gespeichert, transportiert und präsentiert werden. Man spricht in diesem Zusammenhang auch von der *Konvergenz der Medien*.

Die Konvergenz der Medien erfährt eine noch weitergehende Bedeutung durch gegenseitige *Einbettbarkeit* und *Verknüpfbarkeit* digitaler Medien, z.B. Text und Graphik in einem technischen Dokument oder Audio, Video und Daten auf einer DVD. Hier kommt noch einmal aus

---

[2] Digitalisierung ist die Abbildung beliebiger Symbole oder analoger Werte auf Sequenzen von nur zwei Zuständen (oft „Null" und „Eins" genannt), die mit den heutigen binären Computersystemen verarbeitet werden können

anderer Sicht der Begriff der *Multimedialität* im Sinne einer Integration mehrerer Medien in einem neuen Medium zum Tragen.

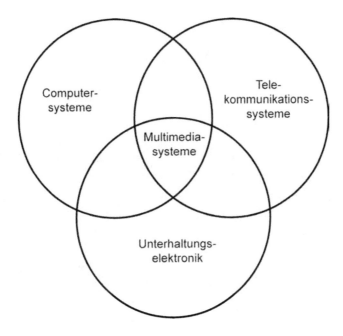

**Abbildung 3**   Konvergenz von Medientechnologien

Die zunächst getrennten Technologien für Computer, Telekommunikation und Unterhaltungselektronik überschneiden sich heute im Bereich der digitalen, computerbasierten Multimediasysteme.

# 1.3      Computersysteme und Medien

Während *Informationsverarbeitung* durch Eingabe (Input), Verarbeitung und Ausgabe (Output) von Daten gekennzeichnet ist, sind *Medien* scheinbar eher passive Vermittler zwischen Kommunikationspartnern, die *Menschen* oder *Maschinen*[3] sein können. Die Vermittlung überbrückt dabei auch große Distanzen in Raum und Zeit. Während diese Vermittlung sich in vielen Fällen als ein Transport solcher *medialer Inhalte (Contents)* von einem an den anderen Ort darstellt, treten computerbasierte Medien darüber hinaus auch durch *Interaktivität*, d.h. auf *Dialoge* oder *Handlungen* gerichtete Funktionalität in Erscheinung.

---

[3] hier praktisch gleichbedeutend mit Computersystemen

Historisch gesehen sprechen wir zunächst von *computerbasierten interaktiven Systemen*, dann von *multimedialen, interaktiven Systemen* und seit jüngerer Zeit von *interaktiven Medien*. Die Begriffe werden inzwischen teilweise synonym, teilweise auch im Sinne einer evolutionären Entwicklung verwendet. Gelegentlich unterscheidet man die gestalterischen und benutzerbezogenen Aspekte durch Verwendung des Begriffes *interaktive Medien* (siehe Kapitel 8 und 9) von den system- und entwicklungstechnischen Aspekten durch die Verwendung des Begriffs *interaktive Systeme* (siehe Kapitel 1). Im Verlauf des Buches wird versucht, den jeweils am besten geeigneten Begriff zu verwenden.

Menschen kommunizieren mit anderen Menschen oder manipulieren über Computerprogramme und Netze *Informations- oder Interaktionsräume*[4], die sich in Form von diversen Medien auditiv, visuell oder auch haptisch präsentieren. Computer werden zusammen mit *Telekommunikationsnetzen* zu multimedialen *Kommunikations- und Interaktionsmaschinen*.

Über *Kommunikation* und *Informationsverarbeitung* hinaus, kann ein multimediales Computersystem also auch zur *Handlung* oder *Interaktion* verwendet werden. Der Mensch interagiert über multimediale Computersysteme mit *realen* oder *virtuellen Handlungsräumen*. Beispiele dafür sind sogenannte Desktop-Systeme, also Nachbildungen von Büroumgebungen auf einem Bildschirm, in denen, ähnlich wie auf einem realen Schreibtisch, vor allem Büroobjekte bearbeitet werden können. Die Interaktion über Computersysteme mit realen Handlungsräumen findet sich beispielsweise bei multimedialen Leitwarten und Cockpits, um Anlagen und Fahrzeuge und damit physikalische Prozesse zu steuern.

# 1.4 Konsumenten, Produzenten und Medienkompetenz

Durch die Konvergenz vieler Medien und ihre allgegenwärtige technische Plattform, bestehend aus Computern und digitalen Kommunikationsnetzen, resultiert mehr als bei anderen komplexen Medien für die Nutzer die Möglichkeit, sowohl als *Konsumenten* als auch als *Produzenten* medialer Inhalte aufzutreten. Dies ist im Falle von Kommunikation durch die wechselnde Rolle als Sender und Empfänger von Nachrichten natürlich, gilt nun aber auch im Bereich des Erzeugens und Weiterentwickelns von Informations- und Handlungsräumen. Ein wichtiges Beispiel dafür ist das World Wide Web (WWW), in dem heute schon über eine Milliarde Menschen Webseiten erzeugen, vernetzen und darauf zugreifen, viele davon sowohl als Konsumenten als auch als Produzenten.

Die Erfahrung zeigt jedoch, dass durch die technische Fähigkeit, produzieren zu können, nicht zwangsläufig relevante und ansprechende mediale Produkte entstehen. So, wie die

---

[4] „Interaktion" bedeutet „Wechselwirkung"

Fähigkeit eine Videokamera bedienen zu können nicht automatisch die Fähigkeit beinhaltet, gute Filme zu drehen, können Internet-Nutzer nicht zwangsläufig brauchbare Websites produzieren. Trotzdem muss hier vermerkt werden, dass praktisch jeder Internet-Nutzer prinzipiell auch in der Lage ist, die Welt mit seinen medialen Produkten zu „beglücken" was früher für den Hobbyfilmer praktisch nicht möglich war. In Folge diesen Potenzials muss sich die Medieninformatik mit dem Konsumenten-Produzenten-Verhältnis zumindest soweit auseinandersetzen, dass mit der Entwicklung und Bereitstellung von digitalen *Medienproduktionssystemen* (z.B. sogenannte *Autorensysteme*) auch die zur Nutzung dieser Produkte notwendigen Fachkompetenzen vor Implementierung solcher Systeme geklärt werden sollten.

Das vorgenannte Beispiel der individuellen Kompetenz zur Konsumption oder Produktion von Medien ist ein Teilaspekt einer viel größeren Fragestellung, nämlich der Frage nach der *Medienkompetenz*. So wie die Medientechnologie nur ein Aspekt eines Medium ist, ist *technische Medienkompetenz* auch nur ein kleiner Teil von Medienkompetenz. Andere Formen der Medienkompetenz sind *historische, kritisch-reflexive, ästhetische, emotionale, rechtliche und ethische Medienkompetenzen*, womit sicherlich noch nicht alle relevanten Aspekte aufgezählt sind. Die Bedeutung unterschiedlicher Formen von Medienkompetenz hängt von der gesellschaftlichen Durchdringung von Medien und ihrer Nutzung ab und ist somit gerade in der Frühphase von Medien einer hohen Dynamik ausgesetzt. Es ist daher nur bedingt möglich, Medienkompetenz in Schule, Hochschule oder betrieblicher Ausbildung umfassend zu vermitteln und zu entwickeln. Stattdessen ist der Erwerb von Medienkompetenz, übrigens genauso wie bei den klassischen Medien, ein lebenslanger Prozess.

# 1.5     Medieninformatik

Das auf Grundlage der konvergierenden, digitalen Medien geschaffene neue Gebiet der *Medieninformatik* bemüht sich darum, multimediale Technologien und Anwendungen, vor allem Computersysteme und Computernetzwerke auf wissenschaftlicher Grundlage systematisch zu analysieren und zu konstruieren. Neben den informatischen Grundlagen für Hardware- und Softwaretechnik werden u.a. auch Teilgebiete aus Psychologie und Design benötigt, um die Verknüpfung von Mensch und medialer Technologie, die sogenannten *Benutzungsschnittstellen* der Anwendungen an ihre Benutzer *menschen- und anwendungsgerecht* und damit so wirkungsvoll wie möglich zu gestalten (Herczeg, 2005).

Medieninformatik ist daher grundsätzlich ein Gebiet, das nur erfolgreich mit anderen Gebieten aus Ingenieur-, Natur-, Geistes- und Gestaltungswissenschaften zusammen betrieben werden kann. Besondere Bedeutung kommt neben der Informatik der Psychologie, den Arbeitswissenschaften und dem Design zu. Diese Form der *fachübergreifenden Zusammenarbeit* verleiht dem Gebiet einen besonderen Reiz, macht es aber gleichzeitig auch schwierig zu erlernen, zu praktizieren und zu kommunizieren, da die unterschiedlichen Wissenschaftsmethodiken, Fachsprachen und praktischen Arbeitsweisen übersetzt bzw. verknüpft werden müssen.

Medieninformatiker müssen die anderen Disziplinen kennen und verstehen und zumindest in der Lage sein, mit Fachleuten aus diesen Gebieten eng zu kommunizieren, meist auch zu kooperieren. In manchen Fällen werden sie mit zunehmender Erfahrung auch typische Aufgaben aus den anderen Gebieten selbst übernehmen. Aus fachübergreifender Zusammenarbeit wird dann *Interdisziplinarität*, eine besondere Kompetenz, die in unserer komplexer werdenden Welt sowohl in der Wissenschaft als auch im Alltag nach dem zwangsläufigen Verlust des Generalistentums eine neue Bedeutung zur Erfassung komplexer Systeme und gesamtheitlicher Zusammenhänge erlangt.

# 1.6    Zusammenfassung

*Interaktive Medien* und das dazugehörige Wissenschaftsgebiet der *Medieninformatik* sind in Folge einer stürmischen gesellschaftlichen und technologischen Entwicklung entstanden.

- Den Beginn machte vor über 100 Jahren das *Industriezeitalter* der *Industriegesellschaft*, in dem vor allem technologische und wirtschaftliche Fortschritte die Grundlage für die schnelle weltweite Entwicklung und Nutzung neuer Produkte bildeten.

- Zur effizienteren Kommunikation und Produktion wurden Telekommunikations- und Computersysteme entwickelt, die den Ausgangspunkt für das *Informationszeitalter* und die *Informationsgesellschaft* bildeten.

- Nach der Digitalisierung von Information wurden auch analoge Medien digitalisiert. Diese können damit von den digitalen Computersystemen ebenfalls erzeugt, verarbeitet und gespeichert werden. Mit Hilfe der digitalen Telekommunikationsnetze können sie weltweit verbreitet und zugegriffen werden. Man spricht in diesem Zusammenhang auch vom *Medienzeitalter* und der *Mediengesellschaft*.

Die Zusammenführung der analogen Medien zu digitalen Medien, die sogenannte *Medienkonvergenz*, war begleitet von der Integration von *Computertechnik*, *Nachrichtentechnik* und *Unterhaltungselektronik* und erlaubte die kostengünstige Realisierung sogenannter *Multimediasysteme*, die die Vielfalt digitaler Medien mit der Verarbeitungsleistung digitaler Computersysteme verknüpfte. Während Computersysteme zunächst informationsverarbeitende Maschinen waren, waren Medien eher passive Kommunikationsmittel. In der Verbindung entstanden interaktive Medien, die sowohl *Kommunikation* als auch *Interaktion* erlaubten.

Die Interaktivität und die breite Verfügbarkeit von *Multimediasystemen*, insbesondere *Personal Computer*, geben ihren Nutzern die Möglichkeit, als Konsumenten als auch als Produzenten digitaler Medien zu wirken, wobei beide Nutzungsformen, neben den technischen Voraussetzungen, auch besondere Formen von *Medienkompetenz* erfordern.

Die *Medieninformatik* bemüht sich darum, multimediale Technologien und Anwendungen auf Grundlage informatischer Systeme, vor allem Computersysteme und Computernetzwerke, auf einer wissenschaftlichen Grundlage systematisch zu analysieren und zu konstruieren. Dabei kommt der Entwicklung der Schnittstellen zwischen Mensch und Medientechnologie, sogenannte *Benutzungsschnittstellen*, eine besondere Rolle zu. Dazu ist es notwendig, in hohem Maße *interdisziplinär,* vor allem mit Fachleuten aus Psychologie, Arbeitswissenschaften und Design, zusammenzuarbeiten.

# 2 Medienbegriffe und Medientheorien

Die Entwicklung neuer Medien ist immer begleitet von kritischen Reflexionen, die sich mehr oder weniger systematisch mit den Zielgruppen, Merkmalen und den Wirkungen dieser Medien beschäftigen. Es entstehen in diesem Zusammenhang auch vielfältige Begrifflichkeiten *(Medienbegriffe)* als Grundlage der Klärungsprozesse. Findet eine solche Auseinandersetzung wissenschaftlich und systematisch statt und sind mit diesen Medienbegriffen auch Aussagen, Konzepte, Hypothesen und Schlussfolgerungen verbunden, so sprechen wir auch von der Entstehung von *Medientheorien* (Kloock & Spahr, 2000; Schanze, 2001).

Wir gehen im Weiteren nicht davon aus, dass die Entwicklung der neuen Medien abschließend erfolgt ist und nur weiter ausgestaltet wird. Neue Medien entstehen ständig und nehmen entweder den Platz vorhandener Medien ein oder integrieren diese. Insofern ist die Namensgebung „Neue Medien" möglicherweise ein hilfreicher Begriff, der den Prozess dieser Verdrängung oder Integration charakterisiert.

Die Analyse (Zerlegung, Beobachtung, Identifikation) und die Synthese (Konzeption, Konstruktion, Kombination, Architektur) interaktiver Medien auf der Grundlage von heute verfügbaren Informations- und Kommunikationstechnologien erfordern zunächst eine Klärung der unterschiedlichen *Medienbegriffe* sowie deren Bedeutung in der Gesellschaft. Oftmals werden diese Medienbegriffe in größere Begriffs- und Argumentationsstrukturen eingebunden, die, wie schon angedeutet, auch als *Medientheorien* bezeichnet werden. Solche Medientheorien entstehen manchmal aus Beobachtungen von Form, Nutzung und Wirkung von Medien, gelegentlich aber auch als prospektive[5] Modelle einer künftigen Nutzung und Bedeutung von Medien für Gesellschaften. *Medientheorien beschreiben also vergangene, aktuelle und auch künftige gesellschaftliche Formen der Gestaltung, Nutzung und Wirkung von Medien.* Sie beschreiben damit auch das, was als *Medienkultur* bezeichnet wird.

Viele historische Medientheorien wurden von kritischen Denkern und Wissenschaftlern entwickelt, die wir heute als *Medientheoretiker* oder *Medienphilosophen* bezeichnen. In diesem Kapitel werden einige dieser Persönlichkeiten, denen eine besondere Bedeutung

---

[5] prospektiv: vorausschauend und die Weiterentwicklung betreffend

hinsichtlich der Entwicklung heutiger und künftiger interaktiver Medien zukommt, mit ihren Arbeiten charakterisiert, auch wenn die Arbeiten in Zeiten entwickelt worden sind, in denen die heutigen Medientechnologien nicht nur nicht vorhanden, sondern oftmals noch nicht einmal vorstellbar waren. Ihre Bedeutung erschließt sich in vielen Fällen erst Jahrzehnte nachdem die entsprechenden Medien die Gesellschaft durchdrungen haben.

Die einzelnen Medientheorien stellen im Allgemeinen aus der Betrachtung eines Mediums Vergleiche mit anderen Medien her. Insofern gibt es nur Ansätze einer *generellen Medientheorie*, die im Zeitalter der Konvergenz der Medien durch Digitalisierung und die zunehmende Realisierung multimedialer Systeme von besonderer Bedeutung wäre. *Medienontologien* versuchen Medien systematisch hinsichtlich ihrer Technologien, Eigenschaften und Wirkungen zu ordnen und die Grundlage einer solchen generellen Medientheorie zu schaffen. Auch hier liegen uns nur erste Ansätze vor.

# 2.1    Medienbegriffe

Medien sind im Hinblick auf die uns hier interessierenden Fragestellungen vor allem *Träger* und *Vermittler* von *Kommunikation* und *Interaktion* zwischen kommunizierenden oder handelnden *Akteuren* oder *Artefakten*.

*Natürliche Medien* realisieren sich auf der Grundlage natürlich gegebener Kanäle.

Beispiele:

| Natürliches Medium | Physische Grundlage |
|---|---|
| Sprache | Sprachmotorik, Schall und Hörvermögen |
| Handlung | Sensomotorik und Newtonsche Physik |

*Künstliche Medien* realisieren sich auf der Grundlage von *Medientechnologien*. Diese technischen Verbindungen zwischen kommunizierenden Akteuren oder Artefakten werden in den Medienwissenschaften oft auch *Kommunikationskanäle* genannt (siehe Abschnitt 2.9).

Beispiele:

| Künstliches Medium | Medientechnologie |
|---|---|
| Fernsprechen | Telefon |
| Fernschreiben | Telegraph, Telefax |
| Fernsehen | Video- und Nachrichtentechnik |
| World Wide Web (WWW) | Internet |

Es muss in der Diskussion um Medien besonders darauf geachtet werden, dass Medien nicht mit Medientechnologien und so mit ihren physikalischen Grundlagen und Voraussetzungen verwechselt werden.

Man kann an den Beispielen der oben aufgelisteten Medien erkennen, dass *Medien gesell-schaftliche Konventionen benötigen und schaffen*. Sie erzeugen individuelle und gesellschaft-liche Wirkungen. Sie bilden eine Voraussetzung für die Entstehung von sozialen Systemen und ihrer Kultur und damit die Grundlage für die Entstehung von Gesellschaften.

Im Weiteren werden wir eine Reihe von Medientheorien kennen lernen, denen Medienbeg-riffe, Interpretationen und Bewertungen zugrunde liegen, die eine besondere Bedeutung für unsere heutige Mediengesellschaft haben.

## 2.2    Medienontologien

*Medienontologien* sind *Klassifizierungssysteme* für Medien. Sie sollen dazu dienen, Aussa-gen, rückblickende Bewertungen, insbesondere aber auch Vorhersagen über die Produktion, Verbreitung und Nutzung spezifischer Medien treffen zu können.

*Einzelmedienontologien* strukturieren einzelne Medien, indem sie diese verfeinern und diffe-renzieren. Sie unterstützen auf diese Weise das Verständnis für diese Medien sowie die Sys-tematisierung und damit Professionalisierung ihres Einsatzes, vor allem im Hinblick auf die Produktion dieses Mediums und seine ökonomischen Randbedingungen.

Beispiele für Medien, für die umfassende Einzelmedienontologien entstanden sind, sind vor allem

- geschriebene Sprache (Typographie, Literatur)
- gesprochene Sprache (Oralität, Rhetorik)
- Film (Genres, Filmtechnologien)

*Generelle Medienontologien* versuchen eine Vielfalt von auch kombinierbaren Medien zu erfassen und systematisch zu ordnen und zu beschreiben. Zur Schaffung solcher genereller Medienontologien hat es bislang nur erste Anläufe gegeben, die aber alle letztlich entweder nicht ausreichend umfassend, aktuell oder schlüssig waren. Trotzdem waren einige Medien-philosophen mit abstrakten Ansätzen wichtige Vorreiter, um eine lebhafte Diskussion über die Generalisierung von Medien zu entfachen:

- McLuhans Extensionen (Ausweitungen) des Menschen (siehe Abschnitt 2.4)
- Flussers Gedanken zu Kommunikation (Kommunikologie) (siehe Abschnitt 2.5)
- Virilios Medien der Bewegung (Dromologie) (sieh Abschnitt 2.7)

- Baudrillards Konzepte zu Original und Kopie (Simulationen, Simulacra) (siehe Abschnitt 2.8)

Die sich zunehmend ergebenden Möglichkeiten einer *Multimedialität* im Sinne der gegenseitigen Einbettung und Verknüpfung unterschiedlichster Medien durch die technische Medienkonvergenz fordert geradezu eine generelle Medienontologie als Teil einer umfassenden Medientheorie.

# 2.3     Intermedialität

Medienontologien erfordern Erkenntnisse über Ähnlichkeiten und Unterschiede zwischen den Medien. *Intermedialität* bezieht sich auf die Unterschiede und Bezüge zwischen Medien, also die *mediale Differenz* oder umgekehrt gesehen, die *mediale Relation*.

Beispiele für eine *differenzielle Medienanalyse* sind Fragestellungen, wie nach dem

- Unterschied zwischen gesprochener Sprache (Oralität) und Schrift (Text) oder dem
- Unterschied zwischen Schrift (Text) und Bild (Fotographie, Graphik, Film).

Der Zweck *primärer Intermedialität* ist es, Aussagen über die Eigenschaften und die Nutzbarkeit von Medien, insbesondere geeigneter Inhalte zu treffen, wie zum Beispiel:

- Was kann mündlich, und was kann schriftlich kommuniziert werden?
- Was kann im Buch, und was kann im Fernsehen kommuniziert werden?
- Was ist der Unterschied zwischen physischen Handlungen und Handlungen in virtuellen Realitäten?

Der Zweck *sekundärer Intermedialität* ist die gegenseitige Beeinflussung unterschiedlicher Medien *(mediale Interferenzen)* und das komplexe Zusammenspiel vieler Medien *(Multimedialität)* zu erklären. Dabei stellen sich aktuelle Fragen wie zum Beispiel:

- Wie wirken Text und Graphik in Lehrbüchern oder E-Learning-Systemen zusammen?
- Wie können das Fernsehen und das WWW wirkungsvoll verknüpft werden?

Eine weitergehende Form der Intermedialität, man könnte sie, in Fortsetzung der beiden genannten Formen, auch *tertiäre Intermedialität* nennen, ist gerade durch die Medienkonvergenz von neuer Bedeutung. Es handelt sich um die *Transformierbarkeit* und, medienhistorisch gesehen, die *Übersetzbarkeit* von Medien ineinander. Beispiele dafür sind:

- Wie lassen sich numerische Tabellen in grafische Diagramme unter Beibehaltung der Information übersetzen?
- Wie kann eine vernetzte Website in einen linearen Text übersetzt werden, so dass die wesentliche Information der Website erhalten bleibt?

- Wie kann ein Film in repräsentative Einzelbilder (Fotographien) so umgesetzt werden, dass ein Storyboard entsteht?

- Wie können visuelle Informationen einer Website für sehbehinderte Menschen aufbereitet werden?

Viele Fragen der Intermedialität berühren zwangsläufig auch medienkulturelle Fragen und können daher nicht im Sinne einer formalen Gleichheit oder einer formalen Relation zwischen Medien behandelt werden. Vielmehr ist zu klären, ob und wie unterschiedliche Medienkulturen zusammengeführt oder übersetzt werden können.

## 2.4      Marshall McLuhan: Extensionen des Menschen

Marshall McLuhan (1911 – 1980) muss als der Pionier der Medientheorie angesehen werden, der nicht nur bemüht war, eine generelle Medientheorie zu erarbeiten, sondern schon zu einem sehr frühen Zeitpunkt den *elektronischen Medien*[6] einen besonderen Stellenwert beigemessen hat.

Er unterschied in seinen Arbeiten vier *Medienepochen* (Kulturstufen der Medien) und beginnt seine Betrachtung mit der

I.   *oralen Stammeskultur*;
mit Entwicklung der Schrift beginnt der Übergang auf die

II.   *literale Manuskript-Kultur*;
die Entwicklung des Buchdrucks initiiert das Entstehen der

III.   *Gutenberg-Galaxis*;
mit Entwicklung und Anwendung der Elektrizität folgt das

IV.   *elektrische Zeitalter*.

In seinem Buch *The Gutenberg Galaxy* (1962) erklärt er das Buchzeitalter für beendet und das Zeitalter der „elektrischen Medien" für angebrochen. Das 20. Jahrhundert ist für ihn die Übergangszeit von der Epoche des Buches in die Epoche der elektronischen Medien. Nicht die Koexistenz der Medien, sondern ihre gegenseitige Ablösung war zunächst Teil seiner Theorie.

Bei der Analyse der Bedeutung der Medien stößt McLuhan auf deren Raum-Zeit-Wirkung. Elektrizität ersetzt nach seiner Vorstellung das mechanistische Prinzip der „*Explosion*" durch die „*Implosion*", die die Welt zu einem Dorf - dem *Global Village* - zusammenzieht. Die „*elektrische Geschwindigkeit*" überwindet dabei die Zeit; Distanzen verschwinden.

---

[6] McLuhan spricht von „elektrischen Medien" und von der Elektrizität als ihre technische Grundlage

In seinem bezüglich der öffentlichen Wahrnehmung wahrscheinlich bedeutendsten Buch, *Understanding Media: Extension of Man* (1964), charakterisiert McLuhan 26 Medien[7] des Alltags. Neben einer phänomenologischen Analyse schreibt er diesen Medien die Funktion zu, den Menschen „auszuweiten" und diesen im Hinblick auf Wahrnehmungsfähigkeit, Schnelligkeit, Kraft und auch Macht zu verstärken, um so auf die Welt verstärkt einwirken zu können. McLuhan vergisst dabei nicht darauf hinzuweisen, dass diese Medien auf den Menschen zurückwirken und ihn verändern. Er geht soweit, von *Amputationen des Menschen* zu sprechen. Jede neue Extension „amputiert" vorhandene Organe, wie zum Beispiel das Rad das Bein „amputierte". Diese Symbolik erfasst und verdeutlicht die Beobachtung, dass die intensive Nutzung von Medien die eigenen, zunächst vor allem körperlichen, zunehmend auch geistigen Fähigkeiten verkümmern lassen. Medien führen so zu einer substanziellen Veränderung von Individuum, Identität und Gesellschaft.

In seinen Werken weist McLuhan auch immer wieder auf Transformations- und Einbettungsfähigkeiten von Medien hin. Er verdeutlicht, dass neue Medien zu Beginn immer nur neue Einbettungen und Transformationen vorhandener Medien waren. Dieser Beobachtung fügt er die viel zitierte Bemerkung hinzu (z.B. in McLuhan, 1964):

> *The Medium is the Message.*

Diese Aussage wurde vielfältig interpretiert. Eine wichtige Interpretation ist die Feststellung, dass Medien nicht neutrale Vermittler von Informationen sind, sondern eine Medialisierung (Kodierung) von Informationen immer auch Auswirkungen auf den Inhalt haben. Im Extremfall übernehmen die Medien selbst die Funktion von Inhalten und suggerieren den Empfängern Nachrichten. Darüber hinausgehend wurde vielfach interpretiert, dass die Botschaft eines Mediums die Wirkung auf den Menschen und nicht etwa sein Inhalt sei. Dies geht weit über die bis dahin formale und technische Sicht auf Medien hinaus, wie sie zum Beispiel bei Shannon und Weaver (1949) dargestellt wurde (vgl. Abschnitt 2.9.1). Die Trennbarkeit von Form und Inhalt wird dabei grundsätzlich in Frage gestellt.

Die Medientheorie McLuhans enthält noch vielfältige weitere Konzepte und Hypothesen, die insbesondere unter strenger wissenschaftlicher Methodik oft in Frage gestellt wurden. Dies hat gerade zu Beginn des Informationszeitalters zu einer geringen Würdigung der Arbeiten McLuhans geführt. Erst die heutige Zeit intensiver Medialisierung, die immer weniger unter dem Primat der Informationsvermittlung steht, hat den Beobachtungen und Theorien McLuhans eine neue Bedeutung und Anerkennung verliehen. Dabei wird weniger eine Geschlossenheit und Schlüssigkeit seiner Theorie in den Vordergrund gestellt, als vielmehr die Kreativität und Radikalität, aber auch der allgegenwärtige Kynismus[8] in seinen Aussagen. Im Zeitalter der weltweiten Verbreitung und Allgegenwärtigkeit des Fernsehens, der Telefonie,

---

[7] symbolisch jeweils ein Medium zur Ablösung jedes Buchstabens in unserem Alphabet

[8] uneigennütziger Spott und Ironie bei der Wahrnehmung von Missständen

des Computerspiels und des Internets finden die zunehmenden körperlichen und geistigen Verkümmerungen des Menschen wieder größere Aufmerksamkeit in den öffentlichen genauso wie in den wissenschaftlichen Auseinandersetzungen. Viele der Postulate von McLuhan werden erst heute spürbar, oft nicht im wörtlichen Sinne seiner Hypothesen, zweifellos jedoch in der vorhergesagten Dynamik und Dramatik ihrer Folgen.

## 2.5     Vilém Flusser: Dinge und Undinge

Vilém Flusser (1920 – 1991), Schriftsteller, Kommunikationsphilosoph, Medienkritiker und nicht zuletzt „Kommunikologe", wie er sich selbst bezeichnet, oder auch „digitaler Philosoph", wie ihn andere nannten, hat die Medientheorien mit Beiträgen bereichert, die sich zunächst vor allem mit medienkulturellen Fragen und später insbesondere mit ausgeprägten Interpretationen und Anwendungen des Informationsbegriffs beschäftigt haben.

Flusser versieht seine theoretischen Betrachtungen mit einem *Stufenmodell der Kulturgeschichte der Medien*. Der Mensch beginnt mit der

I.    Stufe des konkreten Erlebens, gefolgt von der

II.   Stufe des Interesses an dreidimensionalen Objekten, dem dann die

III.  traditionellen Bilder (zweidimensionale Bilder) und zuletzt die Welt der

IV.   technischen Bilder folgen.

Für Flusser war das Hervorbringen der Schrift der erste Schritt über die Bilder hinaus. Die Schrift erlaubte die Auflösung der Bilder in Begriffe. Er war aber kein Verfechter der Qualitäten von Verschriftlichung, waren Texte aus seiner Sicht doch schwerfällige und unzulängliche Linearisierungen viel komplexerer Sachzusammenhänge.

Die neue Hinwendung zum Bild, elektronisch implementiert und bei Flusser „Techno-Bilder" (Bilder auf Bildschirmen) genannt, war die überfällige Ablösung der *Linearität* alphabetischer Texte (Flusser, 1997). Er bezeichnet Fotographien und Filme als Übergangsphänomene zwischen gerahmten Leinwänden und körperlosen Bildern. Technologische Bilder ersetzen nach seinen Wahrnehmungen zunehmend die Linearität von Texten.

Flusser stellt aber mit Konzentration auf die technologischen, elektronischen Bilder gleichzeitig die *Auflösung linearer Zeiterfahrung* fest, die einhergeht *mit der Auflösung historischen Bewusstseins*. Er stellt fest, dass dieser Verlust von vielen als Krise empfunden wird. Die Notwendigkeit, aber auch die Möglichkeit selbst zu entscheiden, wo begonnen und welche Richtung eingeschlagen wird, nennt er *Interaktivität*. Diese Vorstellung von Interaktivität deckt sich insofern mit dem heute verwendeten Begriff, dass der Benutzer eine aktive Rolle bei der Nutzung des Mediums erhält und dieses dann reagiert.

Vilém Flusser bezeichnete die Lehre vom menschlichen Kommunizieren als *Kommunikolo-gie*[9], einem lebendigen Prozess (Flusser, 1998). Wahrnehmen, Verhalten und Kommunizieren müssen gemeinsam reflektiert werden. Kommunikation ist nach Flusser ein Ersatz: sie ersetzt das Erlebnis.

Flusser hat sich nicht nur im direkten Zusammenhang mit dem Informationsbegriff mit *Dingen* beschäftigt. Insbesondere beobachtete er den zunehmenden Verlust an physikalischen, greifbaren Dingen und die Verbreitung von Virtuellem, *Undingen,* wie er sie nennt (Flusser, 1993). Statt Dinge (Physisches, „Begreifbares") zu schaffen, schaffen wir zunehmend Undinge (Virtuelles). Undinge verwirren den Menschen. Sie sind nicht „begreifbar". Der Mensch wandelt in seinem Verständnis Natur in Kultur und Kultur in Müll. So wird letztlich alles zu Müll. Dies passt auch zu Flussers immer wiederkehrenden Fragestellungen zum dem aus der Physik stammenden Konzept der Entropie. Information ist das Auftauchen des Unwahrscheinlichen. Desinformation, Kitsch, Rauschen, Begriffsmüll und Unsinn begleitet das Auftreten des Wahrscheinlichen. Flusser orientiert sich dabei letztlich auch am Informationsbegriff von Shannon.

Flusser beschäftigt sich aus den Kommunikationswissenschaften heraus, wie kaum ein Anderer, mit dem Begriff der Information und damit zusammenhängend mit Codes. Er spricht von Information im Zusammenhang mit Formung und schreibt sie als „In-Formation". Die Kodierung von Information erfolgt in allgemeiner Weise durch Formgebung beim Sender. Die Dekodierung beim Empfänger findet durch Formwahrnehmung oder durch einen der Form gerecht werdenden Gebrauch eines Artefakts statt. Die Kodierung und Dekodierung von Information mit Hilfe von Schrift ist nur ein praktischer Spezialfall. Information lässt sich durch jede Art wahrnehmbarer Ausprägung kodieren und dekodieren. Bei ihm wird der Schuh durch „In-Formation" (Formgebung) zur Nachricht, die der Empfänger durch geeignete Nutzung, nämlich Tragen des Schuhs, „dekodiert". Flusser liefert damit eine der grundlegendsten Interpretationen und Erklärungen von Information und deren Kodierung und Dekodierung.

## 2.6    Neil Postman: Infotainment und Edutainment

Neil Postman (1931 – 2003) war Professor für Kultur- und Kommunikationswissenschaften an der New York University (NYU). Er war Autor einer Vielzahl sozialkritischer Publikationen, die sich mit der Bedeutung und Wirkung von Medien auseinandersetzen. Als Schüler von McLuhan zeigte er ein grundsätzliches Interesse an einer generellen Medientheorie, wenn er beispielsweise immer wieder Feststellungen wie die Folgenden trifft:

---

[9] Kunstwort aus „Kommunikation" und „Biologie"

- Medien setzen heimlich und machtvoll ihre spezifischen Realitätsdefinitionen durch;

- Medien bringen eine besondere Form von (verschmutzter) Umwelt hervor;

- Medien prägen die Kultur und das Milieu der Menschen darin;

- Menschen sind nicht denkbar ohne Medien, in denen sie Erfahrungen sammeln und sich artikulieren.

Postman versteht sich als „Medienökologe", indem er Medien zuspricht, eine bestimmte Umwelt hervorzubringen.

Die Nähe zu McLuhan zeigt sich konkret in Aussagen wie dieser (Postman, 1996, S. 117):

*It is naive to suppose that something that has been expressed in one form can be expressed in another without significant changing its meaning, texture or value.*

Er geht aber weiter als McLuhan, wenn er feststellt, dass die Medien seiner Zeit nur wenig die Funktion der Informationsübermittlung wahrnehmen und stattdessen inhaltsleer wie Metaphern ihre Modelle von Realität still und heimlich durchsetzen (Postman, 1996). Medien übertragen, nach seiner Ansicht, nicht nur kodierte Information, sie sprechen selbst und besitzen daher keine neutrale Transportfunktion. Diesen Unterschied kann er bereits am Übergang von der oralen Kultur der mündlichen Kommunikation zur typographischen Kultur der Schrift und des Buchdrucks festmachen. Die Typographie ist keine neutrale Kodierung des gesprochenen Worts. Die Schrift und das weit verteilbare gedruckte Buch lösten den Zusammenhang von Sprecher und Zuhörer und erlauben die Konservierung, die Erinnerung und damit die Verknüpfung der Gegenwart mit der Vergangenheit und der Zukunft. Die Literalität bildete die Grundlage der Demokratie moderner Staatssysteme, wie er am Beispiel des amerikanischen Gesellschaftssystems zeigt. Während McLuhan die Bedeutung der Sinne und ihr synästhetisches Zusammenspiel in den Vordergrund stellt, geht es Postman weniger um die individuellen und mehr um die sozialen und gesellschaftlichen Wirkungen.

Seine bedeutendsten Leistungen für die Medienwissenschaften liegen jedoch weniger in einer allgemeinen Medientheorie als vielmehr in der differenziellen, intermedialen Analyse, wie elektronische Medien, insbesondere das Fernsehen, die Kultur von Buch und gesprochenem Diskurs nicht ablösen, sondern ersatzlos auslöschen. Hierbei stellt er, ausgehend von der amerikanischen Fernsehkultur fest, dass das Fernsehen, im Gegensatz zum Buch und der öffentlichen Diskussion, ein Medium der Fragmentierung und Auflösung von zusammenhängendem Wissen und Argumentationsfähigkeit mit sich bringt. Er führt dies einerseits auf die Kontextfreiheit von Bildern, insbesondere Fernsehbildern, zurück. Diese laufenden Bilder stehen in keinem Zusammenhang und schaffen sich selbst Kontexte, die allerdings keinen relevanten Bezug zum Zuschauer haben. Ob Werbespot oder Nachrichten, ein Bildkontext löst den nächsten ab, ohne eine Spur im Zuschauer zu hinterlassen. Allerdings bindet es durch seine unterhaltende Wirkung die Aufmerksamkeit und Zeit der Zuschauer und hält diese von bedeutungsvollen Formen der sozialen oder gesellschaftlichen Auseinandersetzung ab. Das Fernsehen erkämpft sich in der amerikanischen Gesellschaft ab 1950 das Informationsmonopol und wird daher bestimmend für die weitere kulturelle Entwicklung.

Seine konsequente weitere Auseinandersetzung findet mit dem Bildungssystem statt (Postman, 1996). So stellt er am 17.1.1996 in einem öffentlichen Interview[10] fest:

> *I don't think any of us can do much about the rapid growth of new technology. However, it is possible for us to learn how to control our own uses of technology. The "forum" that I think is best suited for this is our educational system. If students get a sound education in the history, social effects and psychological biases of technology, they may grow to be adults who use technology rather than be used by it.*

Er hält das (amerikanische) Schulsystem für ungeeignet, Menschen diese Basisfähigkeiten zu vermitteln, die sie zur Nutzung und Auseinandersetzung mit Medien benötigen. So spricht er der Schule letztlich sogar die Fähigkeit ab, den Schülern die Bedeutung des gedruckten Worts für das kulturelle Leben vermitteln zu können (Postman, 1986, S. 162):

> *Our schools have not yet even got around to examining the role of the printed word in shaping our culture.*

Er empfiehlt stattdessen die Rückbesinnung auf die Wirkung von *Narration, Spiritualität* und nationale (amerikanische) *Grundwerte* schon in der frühen Erziehung (Postman, 1994). Er misst dem Inhalt des Curriculums weniger Bedeutung bei, als der Lehr- und Lernform selbst (Postman, 1996).

Postman verweist in seinen Ausführungen auch immer auf die bevorstehenden, möglicherweise noch stärkeren Wirkungen des neuen Mediums Computer, ohne sich hiermit in vergleichbarem Detail auseinanderzusetzen, wie mit dem Medium seiner Generation, dem Fernsehen. Er unterscheidet zu diesem Zweck drei *Medienrevolutionen*, die jeweils von einer Medientechnologie ausgelöst wurden,

    I.   den Buchdruck,

    II.  die optisch-elektronischen Medien und insbesondere das Fernsehen und

    III. den Computer.

Diese und begleitende Medientechnologien erzeugen nach Postman *Kulturstufen*, bei denen er die *Werkzeugkultur*, von der *Technokratie* und diese von der Kulturstufe des *Technopols* abgelöst sieht (Postman, 1992). Während Werkzeuge noch in die Kultur integrierte Hilfsmittel waren, war schon der Taylorismus gekennzeichnet von der Überlegenheit der Technologie über den Menschen (Taylor, 1913). Der Mensch wurde zum Lückenfüller für die Technologie, die somit den Menschen beherrschte (Technokratie). In der letzten Stufe des Technopols findet sich jeder Lebenszweck fast ausschließlich in Apparaten und Technik. Der Computer und alle ihn einbettenden Apparate sind der Einstieg in diese letzte Kulturstufe.

---

[10] Quelle: http://www.pbs.org/newshour/forum/january96/postman_1-17.html

# 2.7 Paul Virilio: Rasender Stillstand

Neben ihrer grundsätzlichen Eigenschaft der Vermittlung zwischen kommunizierenden oder interagierenden Personen oder Systemen haben Medien immer auch eine zeitliche Wirkung. Dies kann der zeitliche Ablauf der Kommunikation oder Interaktion selbst sein, aber auch die Veränderung der Wahrnehmung von Zeit und, damit verbunden, die Veränderung der Wahrnehmung von Raum, in unserem Handeln und Sein.

Paul Virilio, ein französischer Schriftsteller und Medienphilosoph (geb. 1932) hat sich in seinen Arbeiten sehr intensiv mit zeitlichen Wirkungen von Medien beschäftigt. Er schuf dazu den Begriff oder das Gebiet der *Dromologie*[11], der Lehre von der Geschwindigkeit. Virilio bezeichnet damit sein Wissensgebiet, das sich mit dem Wesen der Geschwindigkeit auseinandersetzt. Die *Dromosphäre* ist in seiner Sprache unsere *Zeitumwelt*, der *Zeit-Raum* (Virilio, 1996).

In der Entwicklung und Kontrolle von Geschwindigkeit erkennt Virilio ein wesentliches Moment für die Gestaltung von Gesellschaften. Er stellt die These auf, dass die Beherrschung der Geschwindigkeit die verborgene Seite von Reichtum und Macht ist. Virilios Dromologie ist dabei im Wesentlichen eine Theorie der Medien, weil jedem Medium eine bestimmte Geschwindigkeit immanent ist, bzw. es in besonderer Weise Wahrnehmung von Geschwindigkeit und Zeit erzeugt.

Virilio artikuliert ein Unbehagen, das inzwischen viele in sich tragen. Es handelt vom *Verlust von Zeit und Raum*. Es gibt keine verlässlichen *Bezugsysteme (Referenzsysteme)* mehr. Man ist gleichzeitig überall und letztlich nirgends mehr. Die ständige zeitliche Optimierung, und die Hektik des Alltags als eine Wirkung der modernen Medien, hat Abreise und Ankunft verschwinden lassen. Es gibt nach Einschätzung von Virilio künftig keine wirklichen Reisen mehr, es gibt nur noch die unmittelbare zeitlose (Tele-)Präsenz, die *allgemeine Ankunft* gegenüber der bisherigen *speziellen Ankunft*, die mit Fortbewegung von einem zum anderen Ort verbunden war (Virilio, 1992).

Wir haben die *Zeitdauer*, den entscheidenden Effekt von Zeit, wo immer möglich, verkürzt. Am stärksten wirkt sich dies im Bereich der elektronischen Medien aus, wo die Zeitdauer sich weitgehend auflöst. Warten wird dort als Verlust definiert, Unmittelbares als Gewinn. Die Echtzeit, wie Virilio sie definiert, erlaubt *„sich über große Entfernungen zu versammeln oder telepräsent zu sein, d.h. gleichzeitig hier und andernorts zu sein"*.

Virilio testiert eine neue Form der Umweltverschmutzung, die *Verschmutzung der Dromosphäre*, des Zeit-Raums. Er erklärt sie als *„eine Art von Verschmutzung, die die Lebhaftigkeit des Subjekts und die Beweglichkeit des Objekts betrifft, indem sie die Strecke soweit verkümmern lässt, bis sie unnütz geworden ist"* (Virilio, 1996, S. 53).

---

[11] dromos (griech.): Lauf

Virilio charakterisiert das 19. Jahrhundert als das Jahrhundert der Revolution der Massenverkehrsmittel und das 20. Jahrhundert als das Jahrhundert der Revolution der elektronischen Übertragungstechniken.

## 2.8    Jean Baudrillard: Simulacra und Simulation

Jean Baudrillard (geb. 1929), ein französischer Kultur- und Medienkritiker, beschäftigt sich mit dem Phänomen *Original und Realität*, vor allem damit, welche Beziehungen zwischen *Original und Kopie* oder zwischen *Realität und Simulation* bestehen (Baudrillard, 1981; Baudrillard, 1996).

Im Zeitalter der digitalen Medien und der Reproduzierbarkeit digitaler Artefakte gibt es keine physischen Originale mehr, die eine Referenz für alle Kopien bilden könnten. Bei interaktiven Medien löst die Simulation das gegenständliche Handeln ab, so dass sich zunehmend ursprünglich intuitiv unterscheidbare *Realität und Virtualität* vermischen.

Baudrillard stellt das Verschwinden des Realen zugunsten von *Simulation* und *Hyperrealität* fest. Er spricht von einer allgegenwärtigen Dominanz der Zeichen, beruhend auf neuen Medientechnologien. Seiner Ansicht nach bestimmen Information und Codes die heutige Gesellschaft.

Simulation ist nach Baudrillard kein Spiegel oder ein Modell von Realität mehr. Hyperrealität generiert sich ohne Referenz im Realen. Es entstehen Kopien von Kopien, die keine Referenz, kein Original mehr haben. Man nennt Kopien ohne Original *Simulacra (sing. Simulacrum)* (Baudrillard, 1981). Die Referenzlosigkeit wird durch digitale Modelle verstärkt, denen man im Computer im Gegensatz zu physischen Objekten auch keine Originalität mehr zusprechen kann. Sie materialisieren zwar gelegentlich durch entsprechende Computerausgabeperipherie (z.B. Drucker), können aber im physischen Raum nie die kultivierte Rolle eines Originals einnehmen. Baudrillard weist darauf hin, dass in diesem Zusammenhang der semiotische[12] Unterschied zwischen *Signifikat (Zeichen)* und *Signifikant (Objekt)* verschwindet. Zwischenwelten, Simulationen treten an Stelle konkreter Realität. Die Simulationen verfügen über keine Bezugsysteme mehr, sie bezeichnen nichts Reales mehr. Simulationen interagieren nur noch mit anderen Simulationen, die den unmittelbaren Zugang zur sinnlichen und unmittelbaren Wahrnehmung der Welt verschüttet haben. *Zeichenwelten* treten nun an die Stelle konkreter Realität.

Baudrillard ist der Ansicht, dass wenn die Grenze zwischen Realität und Repräsentation weiter verschwimmt, Medien das öffentliche Leben vollständig ersetzen werden.

---

[12] näheres zur Semiotik findet sich in Nöth (2000)

# 2.9        Technisch-informatische Medienbegriffe

Weitgehend unabhängig von den kulturwissenschaftlichen Medientheorien haben sich andere
entwickelt, die ihren Ursprung in der Medientechnologie finden. Sie knüpfen sich eher zufällig an den bisherigen Medientheorien an und geben diesen eine Grundlage zur Realisierung
und Empirie. Das Bedürfnis und gleichzeitig die Hilflosigkeit der großen Medienphilosophen, diese Anknüpfung herzustellen, finden wir beispielsweise in den Ausführungen von
McLuhan und Virilio. Beide versuchten aus dem manchmal vermuteten oder postulierten
technischen Potenzial auf zu erwartende Folgen neuer, insbesondere elektronischer Medien
hinzuweisen. Postman schaffte es unter dem Hinweis der klaren Trennung von Medien und
Medientechnologien immer, eindeutig innerhalb eines Teilsystems zu verbleiben, dem der
Realisierung und Ausgestaltung oder dem der Anwendung und Wirkung.

Praktisch alle Medienphilosophen artikulieren ihre Sorge über die aus ihrer jeweiligen Zeit
heraus beobachtete Entstehung interaktiver Medien. Gerade die Interaktivität, die Bidirektio-
nalität und eigene Aktivität dieser neuen Medien deutet auf eine neue, in ihren Potenzialen
und Wirkungen weitgehend unbekannte Qualität hin.

## 2.9.1        Claude E. Shannon und Warren Weaver: Information, Code und Nachricht

Erste mathematisch-systemtechnische *Kommunikationsmodelle* stammen aus den frühen
Entwicklungsphasen der *Informations- und Nachrichtentechnik*, bei denen die Übertragung
von Nachrichten im Vordergrund stand. So findet sich bereits bei Shannon und Weaver
(1949) ein grundsätzliches Modell der Kommunikation, das immer wieder als Grundlage
weiterentwickelter Formen der Mensch-Computer-Kommunikation diente (siehe Abbildung 4).

Das Kommunikationsmodell von Shannon und Weaver sieht vor, dass es zwischen den beiden kommunizierenden Akteuren einen *Kommunikationskanal* gibt, über den *Nachrichten*,
d.h. kodierte Informationen, in Form von technischen *Signalen* ausgetauscht werden. Der
Kanal kann dabei *störungsbehaftet* sein, d.h. er kann die übertragenen Nachrichten verfälschen oder mit einem die Inhalte überlagernden Rauschen versehen. Die beiden Kommunikationspartner verfügen über einen möglichst übereinstimmenden *Code*, den sie zur Kodierung bzw. Dekodierung von Information in den Nachrichten verwenden.

Shannon und Weaver haben mit diesem Modell dem Medium die Rolle einer systemtechnischen Komponente, zugewiesen. Es wird zum *Kommunikationskanal*, der die kodierten Informationen, die hier auch *Nachrichten* und in der technischen Übertragung *Signale* genannt
werden, auch stören und damit verfälschen kann.

Technisch-informatische Modelle, wie das von Shannon und Weaver, beschreiben und erklären, anders als die hermeneutischen Medientheorien[13] der Medienphilosophen, nicht den
Zweck und den dazu verwendeten Inhalt von Kommunikationsprozessen, sondern vielmehr
nur die Möglichkeit, die Methode und die Begrenzungen des Transports von Information.

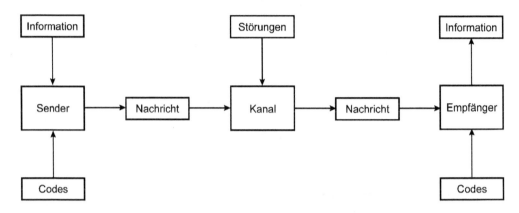

**Abbildung 4**    Kommunikationsmodell (in Anlehnung an Shannon und Weaver)

Shannon und Weaver gingen davon aus, dass ein Sender Information zu
Nachrichten kodiert, diese in Form von Signalen über einen Kanal überträgt
und vom Empfänger wieder zu einer Information dekodiert wird. Die gesendete und die empfangene Information können sich durch Störungen im Kanal
als auch durch die Verwendung unterschiedlicher Codes unterscheiden.

## 2.9.2    Alan Kay: Personal Computer und Interaktive Medien

Bis in die frühen 70er Jahre waren Computersysteme große zentralistische Systeme, bei
denen ein Computer oft Tausende von Benutzern an ihren Terminals mit meist menü- und
formulararttigen Anwendungen versorgten. Dieser Zentralismus, der sich zunächst in natürlicher Weise aus technologischen und ökonomischen Randbedingungen ableitete, folgte dem-
selben Konzept, nach dem Dampfmaschinen vor Hundert Jahren als zentrale Kraftmaschinen
über Transmissionen einzelne Arbeitsplätze mit Kraft versorgten. Erst die Entwicklung von
Elektromotoren führte zu einer breiten, dezentralen Verfügbarkeit künstlich erzeugter Kraft.

Alan Kay und einige andere Computerwissenschaftler postulierten, dass Computersysteme in
Form *persönlicher Computersysteme (Personal Computers oder PCs)* eine neue Qualität der
Nutzung darstellen würden (Kay & Goldberg, 1976; Kay, 1977). Ideen wie das *Dynabook*,
ein persönliches, computerbasiertes Repositorium und Archiv für Informationen, Konzepte

---

[13] Hermeneutik: Kunst der Auslegung und Deutung (von Schriften etc.)

und Bilder, passten nicht in das Konzept zentralistischer, nur im Rahmen von eng definierten Arbeitstätigkeiten zugreifbaren Computersystemen. Computer sollten außer im Kontext von Arbeit auch in anderen gesellschaftlichen Kontexten, wie Bildung und Freizeit, Anwendung finden.

Dieses neue Verständnis von „Personal Computing" war ein wichtiger technologischer und gesellschaftlicher Ausgangspunkt für die Entwicklung von Personal Computern oder PCs, die die ursprünglich zentrale Computerleistung zur persönlich verfügbaren Leistung machten. Interaktive Medien wie wir sie heute kennen, waren technisch nur durch diese hohe dezentralisierte Leistung möglich geworden. Inzwischen finden wir die Dezentralisierung sehr viel weitergehend als *Ubiquitous und Pervasive Computing*, der allgegenwärtigen Verfügbarkeit von Computern, bis hin zu Konzepten und ersten Realisierungen von *Intelligent Dust (Intelligenter Staub)*, der ultimativen Miniaturisierung und praktisch grenzenlosen Verteilung und Verfügbarkeit von Computerleistung und interaktiven Medien.

## 2.9.3 Donald Norman: Der unsichtbare Computer und Informationsgeräte

Computer wurden in den frühen Jahrzehnten ihrer Entwicklung als Kombination aus Fernschreiber und Fernseher entwickelt. Eine Tastatur zur Übermittlung alphanumerischer Eingabedaten an den Computer und ein Bildschirm zur Darstellung ähnlicher alphanumerischer Ausgabedaten bestimmten viele Jahrzehnte die Vorstellung, wie ein Computer auszusehen hat. Daran änderte auch die Möglichkeit nicht viel, statt nur alphanumerischer Daten auch graphische, farbige Darstellungen auf Bildschirmen mit Bitmap-Raster (Pixeldarstellungen) sichtbar machen zu können. Zur Adressierung einzelner Bildpunkte (Pixel) wurden Zeigeinstrumente wie die Maus oder die Rollkugel entwickelt, die die Tastatur ergänzten. Auch die beschriebene Dezentralisierung von Computerleistung ging zunächst ohne wesentliche Änderung dieses Modells von statten.

Donald Norman weist in seinem Buch *The Invisible Computer (Der unsichtbare Computer)* (Norman, 1999) darauf hin, dass Computer längst andere Formen angenommen haben und beispielsweise auch in Haushaltsgeräten oder mobilen Geräten integriert wurden. Auch in Anwendungen wie virtuellen Realitäten verschwindet der Computer zugunsten einer Anwendungswelt, die bestimmend für die *Mensch-Technik-Interaktion* wird. Der Computer verschwindet immer mehr in anderen Geräten *(Informationsgeräte, Information Appliances)* oder in der Lebensumgebung (Gebäude, Plätze, Fahrzeuge) von Menschen. Es ist nicht mehr der Computer, der auffällig im Vordergrund steht, sondern es ist vielmehr seine Funktionalität und seine Fähigkeit, in der Rolle eines Mediums zwischen Kommunikationspartnern zu vermitteln. Der Computer wird trotz seiner zunehmenden Funktionalität und Leistungsfähigkeit selbst immer weniger zum Gegenstand der Betrachtung oder Wahrnehmung. Er verschwindet gewissermaßen, wird de-facto unsichtbar.

Diese Entwicklung des Verschwindens der Maschine Computer in anderen Geräten und Umgebungen ändert die Frage, wie die Bedienung eines Computers aussehen sollte, grundsätzlich. Anstatt der Optimierung von Bildschirmdarstellungen und dort zu findenden Interaktionsformen, steht beim „unsichtbaren Computer" ausschließlich die Natürlichkeit der Interaktion in Bezug auf die Anwendung und ihre Gesetzmäßigkeiten im Vordergrund. Aus der *Mensch-Computer-Interaktion* wird die *Mensch-Anwendungswelt-Interaktion*. Dabei steht die Kontextualisierung und Situierung des Technikeinsatzes im Vordergrund. Der Computer präsentiert sich nicht mehr als Maschine, sondern als Teil der Anwendungswelt und ordnet sich ihr und dem menschlichen Akteur unter.

## 2.10      Weitere Medienbegriffe

Während die zitierten Medienphilosophen einen sehr weitgehenden Medienbegriff entwickelt haben, der sich für gesellschaftliche Fragestellungen nutzen lässt, haben diverse andere Disziplinen Medienbegriffe für ihre speziellen Belange und Fragestellungen erarbeitet.

### 2.10.1      Medien in den Naturwissenschaften

Das Medium hat im Bereich der Naturwissenschaften, vor allem in Biologie, Chemie und Physik eine wichtige Bedeutung. Medien sind dort meist Übertragungsstoffe in unterschiedlichen Aggregatzuständen, die es erlauben, andere Stoffe von einem Punkt zum anderen zu transportieren, ohne diese zu verändern. So wird beispielsweise von gasförmigen oder flüssigen Medien gesprochen, die feste Stoffe (irgendwelche Objekte) zu transportieren in der Lage sind oder aber auch von der Luft als Träger von Schallwellen.

Die Naturwissenschaften heben also im Wesentlichen die pure *Träger- oder Transportfunktion* eines Mediums hervor. Sie erlauben Ausgangs- mit Zielorten zum Zweck einer *Übertragung* zu verbinden. Das Medium steht also gewissermaßen zwischen Ausgangs- und Zielort und ermöglicht *etwas* ohne es zu verändern von Start zum Ziel zu bewegen.

### 2.10.2      Medien im Metaphysischen

Auch im Bereich der Metaphysik, insbesondere des Okkultismus, die auf keiner naturwissenschaftlich erklärbaren Grundlage Phänomene beobachten und beschreiben, spielen Medien eine bedeutende Rolle.

Ein Medium ist im Spiritismus, einem Teilbereich des Okkultismus, meist eine Person, die Verbindungen zwischen dem „Diesseits" und dem „Jenseits" herstellt, hebt also insbesondere die Transportfunktion von Information, also die Kommunikation zwischen zwei sonst getrennten Welten in den Vordergrund.

Im Okkultismus wird neben menschlichen Medien ähnlich wie in den Naturwissenschaften auch von stofflichen Medien gesprochen, die es erlauben, Kräfte (Telekinese) oder Gedanken (Telepathie) über Distanzen zu vermitteln.

Unabhängig von der wissenschaftlichen Nachvollziehbarkeit solcher Phänomene haben wir es hier mit einem kulturgeschichtlich und linguistisch bedeutsamen Medienbegriff zu tun, der unsere Hauptwelt, die sogenannte Realität mit Nebenwelten verbindet. Ähnliches vollzieht sich phänomenologisch in der Verknüpfung von Realität und digitaler Virtualität.

## 2.11    Zusammenfassung

Als Grundlage für die Analyse, Entwicklung und Bewertung von Medien benötigen wir Begrifflichkeiten und Theorien.

Wichtiger Ausgangspunkt ist die Unterscheidung von *Medien* und *Medientechnologien*. Medientechnologien sind Hilfsmittel zur Realisierung künstlicher Medien. Bei natürlichen Medien dienen stattdessen physische und physikalische Gegebenheiten als die Grundlage. Medien sind *Träger* und *Vermittler* von Kommunikation und Interaktionen zwischen kommunizierenden oder handelnden *Akteuren* oder *Artefakten*. Medien transportieren Informationen oder Dinge. Gestaltung und Nutzung von Medien benötigen und schaffen gesellschaftliche Konventionen. Sie erzeugen individuelle und gesellschaftliche Wirkungen. Medien sind die Grundlage für die Entstehung sozialer Systeme und Kultur.

Mit Hilfe von *Medienontologien* klassifiziert man im Rahmen von Medientheorien unterschiedliche Medien hinsichtlich unterscheidender Merkmale. Die Unterschiede und die Beziehungen zwischen Medien sind Gegenstand der *Intermedialität*.

Wichtige historische, aber bis in die heutige Zeit relevante Medientheorien wurden von folgenden Medientheoretikern und Medienphilosophen erarbeitet und beschrieben:

*Marshall McLuhan:*   Nach McLuhan sind Medien *Extensionen (Ausweitungen)* des Menschen. Sie erlauben dem Menschen eine Erweiterung seiner Sinne und motorischen Funktionen. Die Welt der elektrischen Medien löst die Welt des Buches und der Schriftkultur, die *Gutenberg-Galaxis*, ab. Raum und Zeit schrumpfen auf ein *Global Village*.

*Vilém Flusser:*   Flusser schafft einen sehr grundlegenden *Informationsbegriff*, indem er Kodierung als Formgebung und Dekodierung als konsequente Nutzung der vorgegebenen Form definiert. Seine Arbeiten heben die Ablösung von der linearen Schrift und der linearen Zeiterfahrung zur *Nicht-Linearität* und *Interaktivität* der elektronischen Medien, vor allem Bilder hervor. Er stellt den zunehmenden Verlust der dinglichen, physischen Erfahrungen und Erlebnisse durch elektronische Medien und Kommunikation fest.

*Neil Postman:*

Postman kritisiert die schleichende Veränderung der Gesellschaft durch die Macht der Medien. Er beklagt den Verlust an persönlichem Diskurs und direkter Kommunikation. Er analysiert insbesondere die Verbreitung des Fernsehens als nicht-diskursives und oft inhaltsleeres Medium und knüpft dabei an die Thesen von McLuhan an, indem er feststellt, dass Medien auch unabhängig von ihrem Inhalt starke Wirkungen erzeugen.

*Paul Virilio:*

Virilio diskutiert vor allem die zeitlich-räumliche Wirkung von Medien und definiert den Zeit-Raum als *Dromosphäre*, die zunehmend durch Medien verzerrt wird. Er stellt fest, dass elektrische Medien durch ihre Geschwindigkeit die Zeit verschwinden und den Raum kollabieren lassen und der Mensch das Erlebnis der Reise und des Raumes zugunsten der elektrischen technischen Übertragung und der Gleichzeitigkeit verliert.

*Jean Baudrillard:*

Baudrillard stellt die Veränderung der Welterfahrung durch den Verlust des Physischen und der Originalität durch *Kopie* und *Simulation* fest. Das Reale verschwindet zugunsten von Simulation und *Hyperrealität*.

Im Bereich von Technik und Informatik finden wir weitere Medientheorien:

*Claude E. Shannon:*

Seine Theorien, teilweise zusammen mit Warren Weaver entwickelt, stellen die Information und den Übertragungsvorgang in das Zentrum der Betrachtungen. Es wird die Rolle der Kodierung, Dekodierung und die Qualität des Mediums (Kanal) betrachtet.

*Alan Kay:*

Kay und andere beschreiben die Möglichkeit zur Mensch-Computer-Interaktion durch Dezentralisierung ursprünglich zentralistischer Computersysteme in Form eines *Personal Computers (PCs)*. Die hohe, persönliche verfügbare Rechner- und Speicherleistung stellt die Grundlage des *Personal Computings* wie am Beispiel des *persönlichen dynamischen Buches (Dynabook)* dar.

*Donald Norman:*

Norman und andere verweisen auf die Möglichkeit Computer in anderer Form in fast beliebigen anderen Geräten und Objekten *(Information Appliances)* den täglichen Lebens einzubauen und zur Wirkung zu bringen. Das bisherige Bild des Computers mit Bildschirm, Tastatur und Maus verschwindet zugunsten praktisch unsichtbarer Computer, die überall um uns herum wirken.

Weitere Medienbegriffe stammen aus Naturwissenschaft und Metaphysik. Dort wird vor allem die reine *Transport- und Kommunikationsfunktion* von Medien in den Vordergrund gestellt.

Der Medienbegriff beinhaltet übereinstimmend bei fast allen Definitionen und Interpretationen eine Vermittlungs- und Transportfunktion, die in ihrer Diskussion und Bewertung mehr oder weniger eng von systemtechnischen bis zu gesellschaftlichen Aspekten reicht.

# 3 Medientechnologische Meilensteine

Wie andere Technologien, blickt auch die Medientechnologie auf eine historische Entwicklung zurück, die in langen Phasen evolutionär, gelegentlich aber eher auch revolutionär verlaufen ist. Insbesondere in den letzten drei Jahrzehnten sind beschleunigte technologische Entwicklungen beobachtbar, die weltweite Auswirkungen gezeigt haben.

*Evolutionäre Phasen* verbessern vorhandene Lösungen durch kleine Entwicklungsschritte, die meist durch sorgfältige Analysen vorbereitet und anschließend umgesetzt werden. Die Entwicklung schnellerer Prozessoren, größerer Speichersysteme, höher auflösende Drucker und Bildschirme sowie schnellere Übertragungsnetze sind Beispiele dafür. Dabei bleiben die grundlegenden Systemkonzepte weitgehend erhalten. Die Anwendungen werden vor allem schneller, präziser, ressourcenschonender und damit *effizienter*.

In *revolutionären Phasen* werden die existierenden Lösungen grundlegend in Frage gestellt und, wenn möglich, durch neue Lösungen ersetzt. Die Entwicklung macht dabei „Sprünge". Ein Beispiel dafür ist die Entwicklung des World Wide Web (WWW), bei dem neue Adressierungen, Protokolle und Darstellungsprogramme (Browser) völlig neue Anwendungen ermöglicht haben. Revolutionen stellen Vorhandenes in Frage und ersetzen dieses durch Neues. Revolutionen starten allerdings zunächst mit meist instabilen, teuren und wenig ausgereiften Lösungen und setzen sich dadurch meist auch erheblicher Kritik aus. Nur wenige Nutzer, sogenannte *Early Adopters* sind am Anfang bereit, solche Technologien aufzugreifen (Norman, 1999).

Technische Revolutionen bilden das Gerüst für technologische Entwicklung. Sie erzeugen *Technologische Meilensteine*, die als Ausgangspunkt für oft langfristige, evolutionäre Entwicklungen dienen können. Evolutionen füllen dann die Lücken, schleifen die Kanten und geben dem rohen Gerüst auch eine ästhetische Hülle. Technologische Revolutionen gefolgt von Evolutionen erzeugen langfristig bedeutungsvolle Lösungen.

# 3.1     Die ersten künstlichen Medien

Wie wir in Kapitel 2 gesehen haben, geht der Entwicklung elektronischer Medien eine nicht minder bedeutungsvolle Entwicklung anderer Medien voraus. Orientiert man sich am breiten Medienbegriff McLuhans (siehe Abschnitt 2.4), der Medien als *Extensionen des Menschen* beschrieben hat (McLuhan, 1964), können wir in der Menschheitsgeschichte wichtige Meilensteine identifizieren, bei denen sich der Mensch mit Hilfe solcher Extensionen wesentlich leistungsfähiger gemacht hat.

Die folgenden Meilensteine sind wichtige technologische Entwicklungen medialer Systeme, die noch um viele weitere Beispiele ergänzt werden könnten. Wichtig ist die Erkenntnis, dass der Mensch unermüdlich daran gearbeitet hat, Körper und Geist durch *künstlichen Medien* zu unterstützen. Diese führten zu Erweiterungen seiner Wahrnehmungsfähigkeit, die es beispielsweise in Form von Fernrohren, Mikroskopen oder Röntgenapparaturen erlauben, Dinge wahrzunehmen, die der natürlichen, menschlichen Wahrnehmung verschlossen bleiben. Sie führten außerdem wie bei Gewehren oder Fahrzeugen zu motorischen Extensionen, die die Möglichkeiten der Einflussnahme des Menschen auf die räumliche, physische Welt erweiterten. Im Bereich der kognitiven Fähigkeiten unterstützten künstliche Medien wie beispielsweise Rechenmaschinen und Computer dabei, die Denkfähigkeit des Menschen zu erhöhen.

∼ - 28000   das Kerbholz wird als Rechenhilfsmittel benutzt

∼ - 5000   in Ägypten werden Dokumente auf Papyrusrollen verfasst

∼ - 3000   die (sumerische) Keilschrift entsteht und wird bis zum Jahr -400 verwendet

∼ - 2000   die chinesische Schrift wird entwickelt und bis heute verwendet

∼ - 1500   der Diskos von Phaistos gilt als das älteste, mit beweglichen Lettern hergestellte Druckwerk der Welt

∼ - 1400   mit der kretisch-mykenischen Silbenschrift „Linear B" wird das erste griechische Alphabet entwickelt

∼ - 200   mit dem Abakus wird im griechisch-römischen Einflussgebiet ein Rechenhilfsmittel nach dem Stellenwert-Prinzip entwickelt, das bis ins 16. Jahrhundert benutzt wird; Verwandte des Abakus werden auch heute noch im asiatischen Raum verwendet

∼ -150   etwa zur gleichen Zeit, zu der in China Papier aus dem Bast des Papiermaulbeerbaums benutzt wird, aber weit später als Seidenpapier, wird auch das erste Papier aus Hanf und Cannabis geschöpft; erst um etwa 700 verbreitet sich die Kenntnis über die Papierherstellung in der arabischen Welt, von wo es später auch nach Europa getragen wird

| 1455 | Johannes Gutenberg erfindet den Buchdruck mit beweglichen Metall-Lettern |
|---|---|
| 1510 | Peter Henlein erfindet die Taschenuhr („Nürnberger Ei") und damit ein mobiles System zur zeitlichen Synchronisation von Menschen in allen Lebenskontexten |
| 1623 | Wilhelm Schickard konstruierte den ersten, mechanischen Rechenautomaten und beschreibt diesen in einem Brief an Johannes Kepler, der ihn zur Erstellung seiner Rudolfinischen Tafeln verwenden wollte |
| 1737 | Jacques de Vaucanson entwickelt einen Flötenspieler-Automaten und später weitere komplexe Automaten, die als Vorläufer robotischer Systeme zu sehen sind |
| 1745 | Jacques de Vaucanson entwickelt den ersten vollautomatischen Webstuhl, der mit Lochkarten programmierbar war; das System heute wird als Vorläufers des Computers angesehen |
| 1804 | Josef-Marie Jacquard entwickelt auf der Grundlage der Vorarbeiten von Jacques de Vaucanson ein System zur Steuerung automatischer Muster-Webstühle mit Endlos-Lochkartensteuerung (beliebige Musterwiederholungen) |
| 1822 | Charles Babbage entwickelt mit der Differenzmaschine und der Analytischen Maschine zwei mechanische Rechenmaschinen; die Analytische Maschine konnte er zu seinen Lebzeiten nie vollenden, dennoch gilt sie als Vorläufer des modernen Computers |
| 1826 | nachdem es Joseph Nicéphore Niépce 1816 zuerst gelang, Bilder einer Camera Obscura auf Chlorsilberpapier festzuhalten, die er jedoch nicht fixieren konnte, gelang ihm das fotographische Fixieren 1824 zum ersten Male; zwei Jahre später nahm er das erste Foto der Welt auf, einen Blick aus dem Fenster seines Arbeitszimmers im französischen Le Gras mit einer Belichtungszeit von acht Stunden im Format 20 x 16 cm |
| 1839 | der französische Maler Louis-Jacques-Mandé Daguerre entwickelt auf Basis der Arbeiten von Niépce mit der Daguerreotypie eines der ersten fotographischen Positiv-Verfahren |
| 1843 | die englische Mathematikerin und Mitarbeiterin von Charles Babbage, Ada Lovelace, veröffentlicht einen schriftlichen Plan (Programm) zur Berechnung von Bernoulli-Zahlen mit der Babbage-Maschine |
| 1844 | erste Telegraphenleitung wird durch Samuel Morse konzipiert |
| 1860 | Johann Philipp Reis überträgt menschliche Sprache auf elektrischem Wege; ein Telekommunikationssystem ist entstanden |

| | |
|---|---|
| 1865 | der dänische Pastor Hans Rasmus Johann Malling Hansen konstruiert mit der Schreibkugel eine der ersten Schreibmaschinen; zwei Jahre später ging das patentierte Gerät in die Serienproduktion |
| 1876 | Alexander Graham Bell entwickelt das Telefon |
| 1887 | Emile Berliner erfindet das Grammophon und die Schallplatte, welche sich weitaus besser reproduzieren lassen als die Tonzylinder seines Konkurrenten Thomas A. Edison |
| 1889 | nachdem der Papierfilm durch den lichtempfindlichen Zelluloidstreifen, der von Henry M. Reichenbach entwickelt wurde, ersetzt wurde, beginnt der Aufstieg der Eastman Company, die schon ein Jahr zuvor die erste Kamera, die Kodak No.1, auf den „Massenmarkt" gebracht hatte |
| 1895 | die Brüder Louis Jean und Auguste Marie Louis Nicolas Lumière stellen den kinematographischen Apparat vor („Cinematographie") |
| 1897 | Ferdinand Braun entwickelt die Kathodenstrahlröhre („Braunsche Röhre") und damit die Grundlage für Bildschirme und das Fernsehen |
| 1921 | der Begriff "Roboter" wird von Karel Èapek in dem Theaterstück R.U.R. benutzt: Roboter dienen als Fronarbeiter (bzw. Sklaven) |
| 1923 | Beginn des Radioprogramms in Deutschland |
| 1930 | Vorführung des Fernsehens durch Manfred von Ardenne |
| 1937 | mit der elektro-fotografischen Xerografie (griech. Trockenschrift) entwickelt Chester Carlson das erste elektrische Kopierverfahren |
| 1939 | der erste farbige Kinofilm in Technicolor wird aufgeführt |
| 1947 | Edwin Herbert Lands Sofortbildverfahren „Polaroid" wird nach einer Reihe von Detailverbesserungen der Weltöffentlichkeit vorgestellt |
| 1948 | die Holographie wird durch Denis Gabor entdeckt, aber erst mit der Lasertechnik wird die Holographie 1960 praktisch einsetzbar |
| 1950 | in den 1950er Jahren wurde die Stereophonie entwickelt, d h. die zeitlich synchrone Aufzeichnung von zwei Tonkanälen einer Tonquelle, so dass Rechts-Links-Lokalisierung bei der Wiedergabe möglich ist |
| 1952 | Beginn des regulären Fernsehprogramms in Deutschland |

Diese natürlich unvollständig ausgewählten Meilensteine müssen als Wegbereiter der heutigen Medientechnologie gesehen werden. Insbesondere der Übergang von mechanischen zu elektrischen Systemen und damit gleichzeitig von materiellen zu immateriellen Medien markiert eine neue technologische Ära, die nahezu alle genannten Erfindungen und Entwicklungen wieder aufgreift, neu denkt und in eine Vielzahl von Lebenskontexten trägt.

# 3.2     Datenverarbeitung und elektronischen Medien

McLuhan sieht mit der Entwicklung elektrischer Medien die 500 Jahre dauernde Ära des Buchdrucks und des Buches, man würde heute sagen, der *Printmedien*, als beendet an. Die *Gutenberg Galaxis*, wie er die Ära des Buches nennt, wird durch die Elektrizität in ihrer Nutzung zur Generierung, zum Transport, zur Verarbeitung und zur Speicherung von Information abgelöst (McLuhan, 1962). Auch wenn wir heute, mehr als 40 Jahre nach den Voraussagen von McLuhan, feststellen müssen, dass die Printmedien neben den elektronischen Medien, wie wir sie heute nennen, dramatisch zugenommen haben, ist ihre Bedeutung deutlich größer als es McLuhan in den 60er Jahren des vorigen Jahrhunderts vorherzusagen in der Lage war. Wichtige Meilensteine der Entwicklung von Datenverarbeitung und elektronischen Medien waren, neben vielen Anderen, die hier nicht behandelt werden können, die Folgenden.

1941     Konrad Zuse baut mit der Zuse Z3 die erste frei programmierbare, auf dem binären Zahlensystem basierende Rechenmaschine der Welt; diese gilt heute als erster funktionsfähiger Computer, auch wenn er auf elektro-mechanischen Relais basierte

1942     mit Plankalkül entwickelt Konrad Zuse die erste höhere Programmiersprache, die allerdings erst vor kurzer Zeit realisiert wurde

1943     der Ingenieur J. Presper Eckert, der Physiker John W. Mauchly und der Mathematiker Hermann Heine Goldstine entwickeln an der Universität von Pennsylvania ENIAC (Electronical Numerical Integrator and Computer), einen Röhren-Computer, der noch auf dem Dezimalsystem basiert; finanziert wurde die Entwicklung vom amerikanischen Verteidigungsministerium; ENIAC diente hauptsächlich der Berechnung ballistischer Tabellen für Flugzeuge und Raketen sowie der Entwicklung von Atombomben *(Datenverarbeitung der 1. Generation)*

1945     Vannevar Bush, der Berater des amerikanischen Präsidenten Roosevelt, beschreibt im Zeitungsartikel *„As we may think"* das System MEMEX (Memory Expander) und damit die Prinzipien eines Hypermediasystems (Bush, 1945)

1948     in den Bell Laboratories wird von William B. Shockley, John Bardeen und Walter Brattainder der Transistor entwickelt

1956     Entwicklung von transistorisierten Computersystemen und höherer Programmiersprachen wie FORTRAN und ALGOL 60 *(Datenverarbeitung der 2. Generation)*

1963     Doug Engelbart stellt mit dem System NLS (später Augment) ein System zur Strukturierung und Verlinkung von Texten vor

1964    Entwicklung der IBM S/360 als ein wichtiger Stellvertreter für eine Reihe von großen elektronischen Computersystemen (Mainframes), auf der Grundlage teils schon integrierter Schaltkreise, die eine Vielzahl von Terminals für betriebliche Anwendungen steuern konnten *(Datenverarbeitung der 3. Generation)*

1965    Ted Nelson entwickelt ein Hypertextsystem und eine dazugehörige HTML-artige Markup-Sprache

1965    Computerkunst u.a. durch Charles A. Csuri, Frieder Nake, Georg Nees und Michael Noll (Computergraphiken)

1969    Einführung des ARPA-Netzes als militärischen Vorläufer des Internets

1971    der Netzdienst e-Mail wird entwickelt und das „@"-Zeichen findet seinen Weg als Separator in Mailadressen

1972    auf hochintegrierten Schaltkreisen basierte Computersysteme mit Multiprozessorkonzepten, Netzwerkfähigkeiten, Datenbanksystemen und standardisierten Betriebssystemen werden verfügbar *(Datenverarbeitung der 4. Generation)*

1972    Entwicklung des Bitmap-Bildschirms als Grundlage für WYSIWYG-Systeme (What You See Is What You Get)

1972    an der Carnegie Mellon University (CMU) wird, zusammen mit dem Militär, ein verteiltes Hypermediasystem entwickelt, das 1983 auf dem Flugzeugträger der US Navy USS Carl Vinson zur technischen Dokumentation eingesetzt wird

1973    das Netzprotokoll TCP/IP wird definiert

1976    Entwicklung des Ethernets zur Realisierung von Büronetzwerken durch die Firmen DEC und XEROX

1977    Entwicklung des Laserdruckers durch XEROX

1977    Commodore PET 2001 und Apple II gehören zu den ersten kommerziellen, textbasierten Personal Computer (PC)

1978    mit der „Aspen-Movie-Map" des MIT in Boston wird erstmals ein videobasiertes Hypermediasystem vorgestellt, das das Potenzial der Multimedialität von vernetzen Informationsräumen eindrucksvoll zeigt

1979    Entwicklung des XEROX Star für WYSIWYG-basiertes Desktop-Publishing (DTP) als Vorreiter aller späteren Desktop-Systeme (Seybold, 1981; Smith et al., 1982)

1980    Konzeption und Entwicklung wissensbasierter Systeme (speziell Experten-
        systeme) auf Grundlage von formalisierter Wissensrepräsentation *(Daten-
        verarbeitung der 5. Generation; Künstliche Intelligenz)*

1980    PCs mit dem Betriebssystem DOS durch IBM und Bill Gates als Grundlage
        für die weitere betriebliche Verbreitung von Personal Computer und Büro-
        software; andere weniger standardisierte Systeme wie CBM von Commo-
        dore, TRS von Tandy und ZX-80/81 von Sinclair finden Eingang in den
        privaten Bereich

1981    Standardisierung des MIDI-Systems als Grundlage für die Speicherung,
        Verarbeitung und Generierung von Computermusik

1982    Entwicklung der Sun-Workstation durch Andreas v. Bechtolsheim und Bill
        Joy als vernetzte Hochleistungscomputer für Arbeitsplätze in den Berei-
        chen Software-Entwicklung, Computergraphik (CAD) und Produktions-
        steuerung

1982    leistungsfähiger, arbeitsgruppen-orientierter, graphikfähiger Büro-PC App-
        le Lisa, der jedoch kein wirtschaftlicher Erfolg wird

1983    TCP/IP wird als Basisprotokoll im MILNET und im ARPA-Netz einge-
        setzt; seit dieser Zeit ist die Bezeichnung „Internet" weit verbreitet

1983    preiswerter graphikfähiger PC Apple Macintosh mit besonders leichter
        Bedienbarkeit (benutzergerechter PC)

1984    Standardisierung von ISDN durch die CCITT als digitales Telefonsystem
        zur Ablösung des analogen Systems

1985    Janet Walker von Symbolics realisiert den Symbolics Document Examiner
        als leistungsfähiges Hypermediasystem für die technische Systemdoku-
        mentation mit ausgeprägten Suchtechniken

1987    Apple entwickelt das System Hypercard als persönliches Hypermedia-
        system auf Apple Macintosh PCs

1989    Einführung des digitalen Telefonsystems ISDN in Deutschland (ab 1993
        EURO-ISDN)

1989    Tim Berners-Lee und Robert Cailleau entwickeln das World Wide Web
        (WWW) und HTML

1992    Marc Andreesen entwickelt am NCSA Mosaic, den ersten Browser für das
        WWW

1992    Einführung des weltweiten, digitalen SDH-/Sonet-Übertragungsnetzes
        (globales, digitales Breitbandnetz auf der Grundlage internationaler Stan-
        dards)

1992      Einführung des digitalen Mobilfunksystems GSM in Deutschland *(Mobil-funksystem der 2. Generation)*

2001      Beginn der Einführung des weltweiten, digitalen Mobilfunksystems UMTS mit breitbandiger Übertragungstechnik *(Mobilfunksystem der 3. Generation)*

Bei den genannten Meilensteinen sind mehrere Entwicklungslinien zu erkennen:

a.   Entwicklung von Computersystemen mit der dazugehörigen Betriebs- und Anwendungssoftware zur Realisierung von Datenverarbeitung;

b.   Entwicklung von Telekommunikationssystemen und Telekommunikationsdiensten;

c.   Überschneidung von Datenverarbeitungs- und Telekommunikationssystemen durch die digitale Konvergenz der Systeme (IuK: Informations- und Kommunikationssysteme);

d.   Entwicklung von vernetzten Informationsräumen durch vernetzte Computersysteme und Hypermediasysteme;

e.   Multimedialität der verarbeitbaren und übertragbaren Daten sowie deren Integration in interaktive Anwendungen wie Hypermediasysteme, Computerspiele und Lehr-/Lernsysteme (E-Learning).

Im Folgenden sollen noch einige Entwicklungen beschrieben werden, die neue Entwicklungen ankündigen und diese IuK-Technologien in besondere Lebenskontexte stellen.

## 3.3      Medien der Zukunft

Viele der in den vorhergehenden Abschnitten genannten medialen Meilensteine haben Entwicklungen eingeleitet, die noch nicht abgeschlossen sind. Teilweise fehlt den Lösungen der reale Bedarf, teilweise lassen Alltagstauglichkeit und Ökonomie der Systeme zu wünschen übrig. In einigen Fällen aber haben wir viel versprechende Entwicklungspfade erschlossen, die konkretisiert und weiter ausgebaut werden müssen, um das wirkliche Potenzial einschätzen und nutzen zu können.

### 3.3.1      Mobile Computing

Eine wichtige Entwicklung, die wir aus den Meilensteinen erkennen können, ist die *Miniaturisierung* von Systemen. Vom raumfüllenden Mainframe über den PC bis zum mobilen Smartphone, einer Mischung aus Informations- und Kommunikationssystem, führt die Entwicklung zu zunehmend in der räumlichen und zeitlichen Dimension flexibleren Systemen.

Durch die *Personalisierung* von Computersystemen durch den PC sind wir jederzeit in der
Lage, auf unsere persönlichen Computerressourcen zurückgreifen zu können. Durch die
Miniaturisierung stehen viele leistungsfähige *mobile Systeme* zur Verfügung, die wir an
jeden Ort mitnehmen und dort nutzen können. Gerade die *zeitliche und räumliche Flexibilität*
hat zu völlig neuen Nutzungskontexten geführt, wie dem Telefonieren während dem Auto-
fahren oder dem Nutzen des Internets im Flugzeug. Dabei ist zu beobachten, dass die Nutzungskontexte und die dazugehörige Formgebung der Systeme im Allgemeinen nicht von
langer Hand geplant, sondern mehr oder weniger zufällig oder spielerisch entdeckt wurden.
Viele dieser Systeme sind aus einer technologischen Entwicklung heraus entstanden *(technikzentrierte Entwicklung)* und nicht etwas aus einem sorgfältig analysierten Bedarf und
dazugehörigen Rahmenbedingungen und spezifischen Anforderungen *(nutzungszentrierte
Entwicklung)*. Auch die besonderen Wünsche, Präferenzen und Begrenzungen des Menschen
im allgemeinen Sinne standen selten im Mittelpunkt der Entwicklungen *(menschenzentrierte
Entwicklung)*.

## 3.3.2    Ubiquitous und Pervasive Computing

Die *Mobilität* und die *Miniaturisierung* moderner IuK-Systeme führen aber nicht nur zu
räumlichen und zeitlichen Flexibilisierung ihrer Nutzung, sondern auch zu einem nicht weniger wichtigen Phänomen: *IuK-Systeme werden unsichtbar.* Sie werden mehr und mehr in
unsere alltäglichen Umgebungen eingebettet und verschwinden aus dem Gesichtsfeld. Computer und Telekommunikationssysteme verlieren die Eigenschaft, eigenständige Geräte zu
sein und werden stattdessen in andere Geräte und in Lebensräume integriert. So entstehen
intelligente Häuser, intelligente Autos oder auch intelligente Kleidung die uns beobachten,
mit uns kommunizieren, Dienste anbieten und leisten, um uns dabei zu helfen, in der jeweiligen Lebenssituation möglichst effizient, komfortabel oder sicher zu sein.

Diese Form der Allgegenwärtigkeit von IuK-Technologien nennt man auch *Ubiquitous
Computing (ubiquitäre Systeme)*. Dabei stehen uns nicht nur einzelne Systeme zur Verfügung, sondern eine Vielzahl verteilter und miteinander kommunizierenden Systeme. Da es
bei der Nutzung dieser vielfältigen Systeme nicht zu ebenso vielfältigen und behindernden
Schnittstellenproblemen und damit Kompliziertheit kommen darf, ist die Durchgängigkeit
und Nahtlosigkeit einer solchen Nutzung von zentraler Bedeutung. Man spricht hierbei auch
von *Pervasive Computing.*

## 3.3.3    Roboter und Veepers

Während ubiquitäre Systeme von Grundgedanken her unsichtbare Medien sind, darf eine
andere, schon lange andauernde Entwicklung nicht übersehen werden. Es ist der schon immer während Wunsch des Menschen, andere intelligente Wesen, letztlich natürlich auch
künstliche Menschen, zu erschaffen. Die frühen Gedanken dazu finden wir in Erzählungen,

in der Literatur und im Film. Ob dies die Erzählung vom Golem, die Robotergeschichten von Isaac Asimov, Arthur C. Clarkes HAL oder Fritz Langs Roboterfrau Maria in Metropolis waren, der Traum von der Erschaffung künstlicher Menschen hat die Menschen immer fasziniert (Stork, 1997; Hayles, 1999; Wood, 2002). Heute sind wir in der Lage, Roboter zu bauen, die Gehen, Tasten, Sehen, Hören und Sprechen können. Sie können humanoide oder tierartige Formen annehmen. Sie sind ein „Fake" wie der schachspielende Türke des Baron von Kempelen, Spielzeug wie Microsofts Barney und Sonys Aibo oder leistungsfähige Industrieroboter, die ermüdungsfrei und präzise Autokarosserien zusammenschweißen oder auf dem Meeresboden Pipelines überprüfen und warten.

Neben den physischen Robotern werden überall dort, wo es nur um die Kommunikationsfähigkeit der Systeme geht, auch software-basierte, visualisierte, humanoide Systeme realisiert. Sie treten als *Talking Heads* auf, die die Nachrichten sprechen können, oder als *Avatare*, um in Spielen und anderen digitalen Räumen mitzuwirken. Sie erhalten zunehmend eine eigene Persönlichkeit, um letztlich als *Virtuelle Personen* oder *Veepers* nicht nur wie Roboter eine räumliche Autonomie, sondern vermeintlich auch eine geistige Autonomie, und zu diesem Zweck, auch *Intelligenz* zu erhalten (Turkle, 1995). Ob reale oder virtuelle Systeme, eine kritische Eigenschaft ist ihre soziale Kompetenz, d h. ihre Fähigkeit auf Vertrauen gegründete Verbünde mit anderen Systemen und Lebewesen einzugehen. Autonome, intelligente Roboter und Veepers sind neben den ubiquitären IuK-Systemen die nächste, und vielleicht letzte Bastion der Forscher und Entwickler. Mit ihrer Realisierung nimmt das Medium wieder Gestalt an, vor allem die Gestalt seines eigenen Schöpfers und Nutzers. Dies ist die ultimative Form der Anthropomorphisierung.

# 3.4    Zusammenfassung

Die Menschheitsgeschichte ist geprägt vom Wunsch, den Menschen mit Erweiterungen seiner perzeptiven und motorischen Fähigkeiten zu versehen. Diese Extensionen des Menschen, wie McLuhan sie nannte, treten in vielfältiger Form auf. Einige historische Entwicklungslinien sind besonders bemerkenswert, da sie die kulturelle Entwicklung des Menschen besonders geprägt haben:

1. *Geräte* und andere Hilfsmitteln zur Herstellung, Archivierung, Vervielfältigung und Transport (Buchdruck, Telegraphie, Kopierer, Fax);

2. *Fahrzeuge* und andere *Transportmittel* für materielle Güter und den Menschen selbst (Mobilität);

3. *Zeitmessinstrumente*, die die Synchronisation von Menschen ortsunabhängig ermöglichen (Uhren);

4. *Denkmaschinen*, die es erlauben, mathematische Modelle im Alltag anzuwenden (Rechenmaschinen);

5. Herstellung, Archivierung, Vervielfältigung und Transport von festen und bewegten *Bildern* (Fotographie, Film, Fernsehen, Video);

6. Herstellung, Archivierung, Vervielfältigung und Transport von *Tönen* und *Musik* (Schallplatte, Telefon, Radio).

Die Weiterentwicklung dieser Technologien sowie ihre mediale Verknüpfung führten zu einem breiten Spektrum an *elektronischen Medien*:

- Entwicklung von *Computersystemen*, mit der dazugehörigen Betriebs- und Anwendungssoftware zur Realisierung von *Datenverarbeitung*;

- Entwicklung von *Telekommunikationssystemen* und *Telekommunikationsdiensten*;

- Überschneidung von *Datenverarbeitungs- und Telekommunikationssystemen* durch die digitale Konvergenz der Systeme (IuK-Systeme: Informations- und Kommunikationssysteme);

- Entwicklung von vernetzten *Informationsräumen* durch vernetzte Computersysteme und *Hypermediasystemen*;

- *Multimedialität* der verarbeitbaren und übertragbaren Daten sowie ihre Integration in interaktiven Anwendungen wie *Hypermediasystemen*, *Computerspielen* und *Lehr-/Lernsystemen*.

Diese Systeme, zusammen mit einer vor allem durch *Miniaturisierung* bedingten Verfügbarkeit in nahezu beliebigen Lebenskontexten, führte zu einer *räumlichen und zeitlichen Flexibilisierung* sowie zu einer *Leistungssteigerung*, die neue Systemansätze in Bereich der Machbarkeit bringt:

*Mobile Computing*: mobile Systeme, die Informations- und Kommunikationsfunktionen auch kombiniert wahrnehmen können;

*Ubiquitous und Pervasive Computing*: allgegenwärtige und nahtlos gegenseitig und mit ihren Benutzern vernetzte Computersysteme mit unterschiedlichsten Funktionen und engen Anbindungen an den physischen Raum;

*Roboter und Veepers*: physische und virtuelle Nachbildungen von Menschen und Tieren mit zunehmend intelligentem und sozialem Verhalten.

Weitere Systemkonzepte werden entwickelt und versuchen ihren Platz im kulturellen Raum zu finden. Dabei stellen sich viele Ansätze als bislang wenig hilfreich oder praktisch nicht einsetzbar heraus (z.B. Staubsaugroboter), während andere in kürzester Zeit die Welt erobern (z.B. Mobiltelefone).

# 4 Interaktive Medientechnologien

Aus den im vorangegangenen Kapitel dargestellten medientechnologischen Meilensteinen haben sich inzwischen eine Reihe von Medientechnologien entwickelt und etabliert. Für die weitere gesellschaftliche Entwicklung in den Bereichen Wirtschaft, Kultur und Freizeit sind es insbesondere die *interaktiven Medientechnologien*, die die weitreichendsten Auswirkungen haben. Sie erlauben es, ihre Nutzer nicht wie die älteren Medien nur mit passiven medialen Inhalten wie zum Beispiel Zeitung, Rundfunk oder Fernsehen zu erreichen, sondern mit diesen auch in eine Art von *Dialog* oder *Wechselwirkung* zu treten. Aus dieser Interaktion heraus bezieht die jeweilige Medientechnologie das Potenzial, die Benutzer mit ausgewählter Information zu versorgen und diese in individueller, für die jeweiligen Benutzer geeigneter Form zu präsentieren. Die Benutzer können reagieren und sich über das Medium artikulieren oder über dieses mit anderen Benutzern in Kommunikationsbeziehungen treten. Eigentlich wird erst auf diese Weise das Medium zum *Vermittler* zwischen Menschen und Maschinen.

Die folgenden dargestellten, interaktiven Medientechnologien sind solche, die schon ihr hohes Potenzial und ihre Funktionsfähigkeit bewiesen haben oder die mit hoher Wahrscheinlichkeit auf dem Weg sind, eine bedeutende Rolle für die Mediengesellschaft zu spielen.

## 4.1 Graphical User Interfaces (GUIs)

Die ersten Jahrzehnte der Entwicklung von interaktiven Computersystemen waren gekennzeichnet von einer textbasierten Interaktion. Der Benutzer musste Kommando- oder Programmiersprachen verwenden, um mit den Systemen zu interagieren. Die verwendeten formalen Sprachen waren oft komplex und entsprechend schwer zu erlernen. Als Folge davon waren diese Systeme nur für einen kleinen Kreis von besonders geschulten Benutzern, sogenannten DV-Spezialisten, einsetzbar. Das Erlernen solcher Computersprachen war gewissermaßen der Schlüssel zur Nutzung von Computersystemen. Die Computer selbst waren darüber hinaus meist noch in abgeschotteten Rechenzentren eingeschlossen. Die Nutzer konnten ihre Programme über Lochstreifen, Lochkarten und später auch Terminals in die Computer übertragen.

## 4.1.1    Desktop-Systeme

Um das Jahr 1982 änderte sich die Welt der Computersysteme gravierend. Nach wichtigen Vorarbeiten bei Forschungsinstitutionen wie XEROX PARC[14] in Palo Alto (Silicon Valley, USA) wurden Computersysteme entwickelt, die unmittelbar verständlich sein sollten.

Ein Beispiel für solche Systeme war der XEROX Star, ein Bürosystem, dessen Benutzungs-konzept aus der Abbildung von Schreibtisch, Ordnern und Dokumenten auf einen bild-schirmbasierten Interaktionsraum bestand (Seybold, 1981; Smith et al., 1982). Durch graphi-sche Darstellungen war es plötzlich möglich geworden, auch komplexe Text-Graphik-Dokumente so auf dem Bildschirm zu visualisieren, wie sie später aus dem Drucker, vor allem den damals neu erfundenen Laserdruckern, kommen würden. Nach dem Prinzip *What You See Is What You Get (WYSIWYG)* sollte auf dem Bildschirm das Endprodukt, z.B. ein Dokument mit Text und Graphik in seiner endgültigen Form bereits zu erkennen sein (siehe Abbildung 5).

Man nennt Benutzungsschnittstellen, die physische Umgebungen nachahmen, auch *metapho-rische Systeme*[15].

## 4.1.2    Personal Computer (PC)

Den Durchbruch im Bereich der Arbeitsplatzcomputer erzeugten zwischen 1980 und 1983 preiswerte, einfachere Systeme wie der Apple Macintosh oder der IBM PC. Diese *Personal Computer* oder einfach *PC* mit ihrer zunehmend graphischen Benutzungsschnittstelle, dem *Graphical User Interface* oder *GUI*, bildeten die Grundlage für die breite Nutzung von weit-gehend standardisierten und uniformen Computersystemen im täglichen Geschäfts- und Privatleben.

Die *Uniformität* der Personal Computer bezieht sich auf die:

1. *hardware-technische Erscheinung*, bestehend aus Monitor, Tastatur, Maus und einem Container, der die Hauptplatine (Motherboard) und weitere Peripheriebausteine enthält;

2. *software-technische Erscheinung*, bestehend aus einem Desktop, der graphisch-inter-aktive Elemente wie Fenster, Icons enthält, die Programme, Ordner, Dokumente, etc. repräsentieren.

Der wichtigste technologische Beitrag des Personal Computers war die standardisierte hard- und software-technische Plattform, die Grundlage für die Verbreitung und die sinkenden Preise von Computern bildeten. Nur auf diese Weise war es möglich, die Grundlage für ein

---

[14] XEROX PARC .. XEROX Palo Alto Research Center

[15] Metapher im Sinne der Verbildlichung

weltweit vorhandenes Werkzeug und Medium zu schaffen, das später vernetzt auch als ein weltumspannendes Informations- und Kommunikationsnetzwerk wirken konnte.

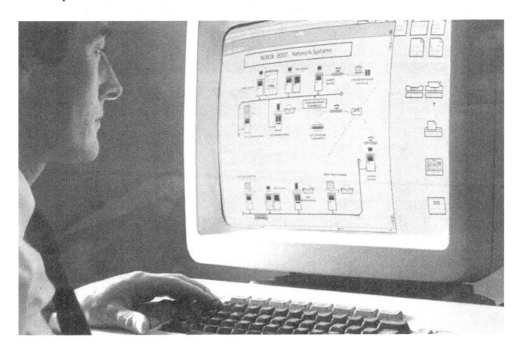

**Abbildung 5**   XEROX Star: erstes GUI-basiertes Desktop-System (Quelle: XEROX)

Der XEROX Star (Seybold, 1981; Smith et al., 1982) war das erste kommerzielle Computersystem für allgemeine Büroanwendungen, das mittels graphisch-textueller Darstellungen auf einem Bitmap-Bildschirm eine Bürowelt nachbildete. Die Computer waren über ein lokales Netzwerk (Ethernet) verbunden und waren in der Lage, die Dokumente mit Hilfe von Laserdruckern 1:1 auf Papier darzustellen und über Scanner und Text- und Graphikerkenner in das Computersystem für die weitere Verarbeitung wieder einzulesen.

## 4.1.3    Andere Graphical User Interfaces

Das Prinzip der metaphorischen Benutzungsschnittstellen als eine Basistechnologie interaktiver Systeme findet sich auch in anderen Anwendungsfeldern wieder. So lassen sich auch technische Labors in Computersystemen abbilden (siehe Abbildung 6).

GUIs haben inzwischen in praktisch alle Anwendungsbereiche von Computersystemen Einzug gefunden. Die Grundprinzipien sind problemnah, einfach und leicht auch über Anwendungen hinweg wieder zu erkennen. Sie bestimmen maßgeblich, welche Vorstellung große Teile der Bevölkerung von Computersystemen haben.

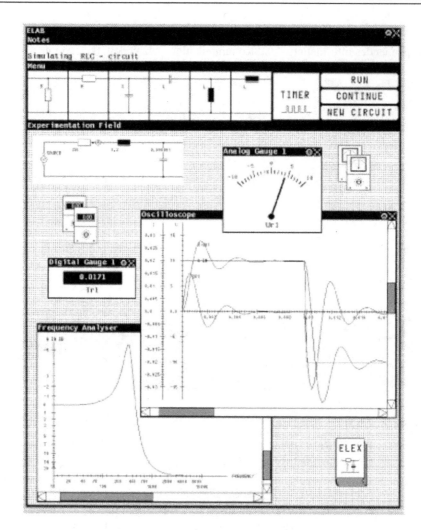

**Abbildung 6**   Metaphorisches Laborsystem ELAB (Herczeg, 1988)

Metaphorische Benutzungsschnittstellen bilden physische Arbeitsumgebun-
gen nach und ermöglichen Benutzern die Software ohne besondere Vorkenntnisse zu bedienen.

# 4.2     Computergraphik

Zeitgleich mit der Entwicklung von GUIs haben sich graphische Computersysteme entwickelt, die weitaus höhere Ansprüche und spezifischere Anwendungsziele verfolgten. Unter den Begriffen *Computergraphik* oder auch *Graphische Datenverarbeitung* wurden Computersysteme entwickelt, die hard- und software-technisch auf die effiziente Repräsentation und Darstellung 2- und 3-dimensionaler Graphiken optimiert sind.

Für die hardware-technische Seite bemühte man sich um die Übernahme von ursprünglich software-basierten Algorithmen in schnelle hardware-technisch unterstützte Lösungen. Insbesondere die mathematischen Transformationsfunktionen wie affine Abbildungen (Translationen, Rotationen, Skalierungen, Projektionen) sowie die Darstellungsalgorithmen (Projektionen, Erkennung verdeckter Linien und Flächen, Schattierungen) wurden durch schnelle, spezialisierte Hardware übernommen.

## 4.2.1     Frühe Systeme

Eines der ersten computergraphischen Systeme war Ivan Sutherlands Sketchpad (siehe Abbildung 7). Das System entstand im Rahmen einer Doktorarbeit auf einem eigentlich für andere Aufgaben gedachten Computersystem. Sutherland machte sich einen der wenigen existierenden leistungsfähigen Standardrechner zunutze und erweiterte diesen um Interaktionsfunktionen, die es erlaubten, Graphiken auf dem Computer zu erstellen (Modellierung) und diese interaktiv weiter zu bearbeiten. Auf diese Weise entstand eine technische Kultur von interaktiven computergraphischen Systemen über inzwischen 50 Jahre. Die Grundideen der Interaktion mit graphischen Darstellungen unterscheiden sich zwar inzwischen hinsichtlich der verwendeten Ein- und Ausgabehardware, die Prinzipien sind jedoch grundsätzlich dieselben. Ein graphisches Element wird mit einem Zeigeinstrument in Echtzeit selektiert, hervorgehoben und transformiert.

## 4.2.2     Computer-Aided Design (CAD)

Schnell entwickelten sich aus den ersten akademischen Anwendungen praktische Systeme vor allem für die Industrie. Ein damit eng verbundener Begriff war vor allem *CAD (Computer-Aided Design)*. Der Name verdeutlicht schon, dass es vor allem um gestalterische Prozesse ging, die mit computergraphischen Methoden simuliert wurden. Die Simulationen reichen damit von einfachen Drahtgittern, wie sie schon von Sutherland realisiert worden waren (Sutherland, 1963) bis hin zu naturalistischen Darstellungen von Geräten, Maschinen oder auch Gebäuden.

CAD wurde neben der „normalen" betrieblichen Datenverarbeitung eine eigene Entwicklungslinie in Hardware und Software. Es wurden besonders leistungsfähige Computersysteme entwickelt, um große Datenmodelle speichern sowie die nötigen mathematischen Transformationen realisieren zu können. Graphische Computersysteme waren auch die Vorreiter für sogenannte *Workstations*, leistungsfähige Personal Computer, die die Rechenleistung und die nötigen Arbeitsspeicher auf dem Schreibtisch des Konstrukteurs oder Architekten lieferten.

**Abbildung 7**   Ivan Sutherland bei der Entwicklung von Sketchpad

Sketchpad war eines der ersten interaktiven computergraphischen Anwendungsprogramme, die eine neue Dimension der Verwendung von Computersystemen einläutete (Sutherland, 1963). Viele Jahre wurden parallel zu den klassischen textbasierten Computeranwendungen interaktive Graphiksysteme in Hard- und Software entwickelt. Ivan Sutherland war einer der Pioniere der interaktiven Computergraphik.

## 4.2.3 Scientific Computing und Visualisierung

Aus den ursprünglich vor allem für konstruktive Arbeiten benötigten Graphiksystemen wurden zunehmend allgemeine *Visualisierungssysteme*, die es erlaubten, alle Formen graphischer Datenverarbeitung für technische und wissenschaftliche Anwendungen zu unterstützen. So entstand aufbauend auf diesen Systemen der ganze Bereich des *Scientific Computing*, wissenschaftlicher Datenverarbeitung mit besonderem Schwerpunkt im Bereich der 2-D- und 3-D-Visualisierung.

Die zu visualisierenden Daten stammen dabei u.a. aus komplexen anwendungsspezifischen Simulatoren und Modellierungssystemen. Die Dimensionalität der Daten ist typischerweise deutlich höher als 3-D. Die Daten werden aber in ihrer Dimension selektiert und auf 2-D- oder 3-D-Visualisierungen abgebildet. Der Sehpunkt (Viewpoint), aus dem die Szene beobachtet wird, kann vom Benutzer interaktiv gewählt werden.

## 4.2.4 Anwendungsbereiche

Anwendungsbereiche computergraphischer Systeme sind heute unüberschaubar vielfältig. Für die Entwicklung computergraphischer Systeme waren vor allem die folgenden Anwendungsfelder maßgebend:

- Produktkonzeption und Produktpräsentation;
- Maschinenbau, insbesondere Luftfahrt- und Kfz-Industrie;
- Architektur und Städtebau;
- Medizin, insbesondere Diagnostik;
- wissenschaftliche Datenvisualisierung (Scientific Computing);
- Computerspiele;
- Filmproduktion;
- Werbung.

Die Computergraphik wird zunehmend sowohl hardware- als auch software-technisch zu einem festen Bestandteil „normaler" Computeranwendungen, indem PCs Algorithmen und Hardwarefunktionen erhalten, die es leicht machen, computergraphische Bilder und Animationen darzustellen.

# 4.3 Multimedia

Multimediasysteme sind ein Sammelbegriff für Computersysteme, die über die klassische Nutzung von Text und Graphik hinausgehen. Erste Multimediasysteme waren in der Lage, durch Akustikkomponenten (Lautsprecher, Mikrofone, Synthesizer) auditive Ein- und Ausgaben zu verarbeiten bzw. zu generieren. Als nächste Komponente waren insbesondere Videoausgaben möglich.

Während frühe Multimediasysteme eher im Sinne des Darstellens oder Abspielen *zeitbasierter Medien* ausgabeorientiert waren, zeichnen sich neuere Multimediasysteme durch *interaktive Multimedialität* aus.

Zukünftig werden Multimediasysteme als Integrationssysteme vieler Interaktions- und Kommunikationsmedien des täglichen Lebens gesehen. Auf diese Weise entstehen *Home-Entertainment-Systeme*, die das multimediale Haus der Zukunft prägen und dort insbesondere Radio, Fernsehen, Telefon und Internet kombinieren. Gleichzeitig werden *mobile Systeme* entwickelt, die die genannten Medien auf kleinerem Format in persönlichen, tragbaren Geräten integrieren.

Die langfristige Zielsetzung mit Multimedialität ist, das bisherige Nebeneinander medialer Kanäle durch das synchronisierte, gleichzeitige Präsentieren und Erfassen zu ersetzen. Je natürlicher und ausgeprägter diese abgestimmte Gleichzeitigkeit der Medien erfolgt, wie z.B. Bild und Ton im Film, desto wirkungsvoller werden multimediale Systeme. Das ultimative Zusammenwirken mehrerer Medien in einer Weise, dass sie vom menschlichen Wahrnehmungssystem als zusammengehörigen Sinneseindruck akzeptiert werden, nennt man auch *Synästhesie*.

## 4.3.1 Text-Graphik-Systeme

Eine frühe Form der Multimedialität war das Ausbrechen aus einfach gerasterten, textbasierten Computersystemen. Man versuchte zunächst die zur Darstellung von 24x80 alphanumerischen Zeichen fähigen Bildschirme durch solche zu ersetzen, die es ermöglichten, einzelne graphische und symbolische Zeichen zur Darstellung einfachster Graphiken zusammenzusetzen. So entstanden Darstellungen von Formularen mit Trennlinien und graphischen Einzelelementen und Symbolen.

In einer zweiten Phase wurden in Anlehnung an computergraphische Systeme, aber technisch anderer Grundlage, richtige graphische Darstellungen ermöglicht. So wurde beispielsweise in frühen E-Learning-Systemen Lernstoff auch graphisch dargestellt (siehe Kapitel 5 und Abbildung 15). In Bürosystemen war es nun möglich, technische Berichte mit Diagrammen und technischen Zeichnungen zu versehen (Abbildung 5).

Die Verbindung von Text und Graphik basiert auf einer langen Erfahrung im Buchdruck und war zunächst als nichts anderes zu verstehen, als die dort vorhandenen Möglichkeiten auf das Medium Computer zu übertragen. Mit diesem Schritt war das Medium Buch weitgehend elektronisch erfassbar und realisierbar. In diesem Zusammenhang muss auch auf die anhaltende Diskussion verwiesen werden, dass von vielen Menschen auch heute noch Gedrucktes dem elektronisch Dargestellten vorgezogen wird. Als Gründe sind eine Mischung aus Gewohnheit, technischen Schwächen, wie dem Auflösungsvermögen von Bildschirmen, der allgemeinen Verfügbarkeit von Papier als auch dem haptischen Erlebnis eines gebundenen Buches oder auch eines Blatt Papiers zu sehen. Entwicklungen wie *E-Paper* oder *E-Ink* sind Versuche, die Qualität von Printmedien mit elektronischen Medien zu verknüpfen. Erste technische Erfolge liegen vor; eine breite Nutzung liegt jedoch noch in weiter Ferne.

Unabhängig von allen Schwächen sind heutige Computersysteme mit textuell-graphischen Darstellungsmöglichkeiten, insbesondere Textsysteme und speziellen Dokumentationssystemen, als weit verbreitete, nicht mehr wegzudenkende Hilfsmittel in allen Bereichen zu sehen. Gerade die Transformierbarkeit von elektronischen in gedruckte Medien und umgekehrt ist die Grundlage vieler Anwendungen in Arbeit, Bildung und Freizeit.

## 4.3.2    Zeitbasierte Multimedien

Während die ersten Computersysteme zeichenbasierte und geometrisch-graphische Informationen mit Ein- und Ausgabe verarbeiten konnten, war es in einzelnen Prototypen und Spezialanwendungen immer als Herausforderung angesehen worden, auch *zeitbasierte Medien* wie Audio- und Videoströme darstellen zu können. Das Ausgeben von Musik oder Film mit Computersystemen war eine der damit verbundenen Herausforderungen. Durch die zunehmend breiteren Ein- und Ausgabekanäle, aber auch höhere Verarbeitungsleistungen von Prozessoren und damit verbundener Spezialhardware sowie durch geschickte Kompressionsverfahren war es möglich geworden, digitalisierte Töne und Bewegtbilder darzustellen. Auf diese Weise wurde der Computer auch zum Aufzeichnungs- und Wiedergabegerät für diese zeitbasierten Medien.

Das Interesse bestand nur selten aus dem bloßen Speichern und Wiedergeben zeitbasierter Medien. Vielmehr schien es interessant, diese Medien auch digital generieren und interaktiv bearbeiten zu können. Im auditiven Bereich war es das Interesse, mit dem Computer Töne oder Musik zu kreieren oder zu Werken zu komponieren. Im visuellen Bereich fand zunächst die Möglichkeit, aufgezeichnete Filme zu schneiden und anderweitig zu bearbeiten (Postproduktion), besonderes Interesse. Bald kam, damit verbunden, auch der Wunsch auf, computergenerierte Filme zu erzeugen und sie anstatt oder zusammen komponiert mit herkömmlich aufgezeichneten Filmen zu präsentieren. Inzwischen wird nahezu jede Filmproduktion mit Computern erfasst, geschnitten und anderweitig nachbearbeitet und durch computergenerierte Inhalte (CGI) angereichert. Die heutigen Erwartungen an den Film sind mit anderen Mitteln als dem Computer nicht mehr zu leisten. Dies hat allerdings nicht dazu geführt, dass die filmerische Qualität gestiegen ist. Zunehmend werden visuelle und auditive, mit Computer generierte Effekte, sogenannte *Special Effects (FX)* als Ersatz für erzählerische (narrative) und dramaturgische Qualitäten im Film verwendet (Laurel, 1993; Murray, 1997). Der Film wird so mehr zum sensorischen als zum kognitiven Erlebnis. Das unbewusste Wahrnehmen erhält auf diese Weise einen höheren Stellenwert als das bewusste Denken. Für viele besteht Multimedialität von Computersystemen insbesondere aus der Möglichkeit, zeitbasierte Medien aufzeichnen, verarbeiten und präsentieren zu können.

## 4.3.3   Integrative Multimediasysteme

Das neue Medium Computer wurde und wird in seiner Entwicklung oft als einbettendes Medium für die alten Medien verwendet. Computer sind, wie wir schon festgestellt haben, außerordentlich gut in der Lage, Texte, Graphiken, Fotos, Filme, Töne, Sprache und Musik aufzunehmen, zu generieren, zu verändern, zu speichern und wiederzugeben. Die *Digitalisierung* dieser Medien führte zu dem, was wir in Abschnitt 1.2 als die *Medienkonvergenz* bezeichnet haben.

Das *Einbetten älterer Medien* im Computer ist eine wertvolle und zukunftsfähige Form, die bisherigen Medien und Inhalte künftig einheitlich mit Computersystemen behandeln zu können. Einige Entwicklungen stellen dieses integrative Potenzial in den Vordergrund, wie z.B. Home-Entertainment-Systeme, mobile Systeme und natürlich das *WWW*.

In der Vergangenheit musste für jedes Medium eine eigene technische Infrastruktur geschaffen werden. Bücherregale nahmen Bücher auf, Radios und Fernsehen liefern synchron gesendete Audio- und Videoinhalte, HiFi-Anlagen spielen Musik aus diversen Tonträgern wie Schallplatten, CDs oder Musikkassetten. *Home-Entertainment-Systeme* sollen diese einzelnen, in gewisser Weise monomedialen Systeme mit Hilfe einer computerbasierten integrierten Technologie zusammenführen und im Haus der Zukunft an prinzipiell jedem Ort verfügbar machen.

Auch mobile Systeme entwickeln sich inzwischen zu integrativen Multimediasystemen. Sie verknüpfen mobiles Telefon mit Foto- und Filmkamera, Adressverwaltung, Dateiverwaltung, Textsystemen, Spielen, Filmplayer und anderen multimedialen Anwendungen. Im synchronen und asynchronen Zusammenspiel mit Bürosystemen, Home-Office-Systemen oder Home-Entertainment-Systemen bilden sie die Grundlage für den *modernen Nomaden*.

## 4.3.4   Interaktive Medien

Neben ihrer Fähigkeit Daten verarbeiten zu können, ist das Besondere an Computersystemen auf die Eingaben der Benutzer, in Abhängigkeit der verfügbaren Daten, mit Ausgaben reagieren zu können. Mensch und Computer *interagieren* auf diese Weise, d h. sie stehen in *Wechselwirkung* und beeinflussen sich gegenseitig. Auf andere Weise betrachtet bedeutet dies, dass Computerprogramme in der Lage sind, *Verhalten zu erzeugen*. Die Eigenschaft der

*Interaktivität* ist eine neue Qualität, die über die Fähigkeiten der meisten alten Medien hinausgeht.

Die erste Phase der Interaktivität von Computern war, ein einfaches Eingabe-/Ausgabeverhalten unter Verarbeitung der Daten zu realisieren. Bestimmte Eingaben der Benutzer erzeugten bestimmte Ausgaben der Computersysteme. Diese *Datenverarbeitung* wurde so von Benutzern initiiert, gesteuert und die Ergebnisse genutzt.

Eine spätere Phase von Interaktivität zeigte sich mit den Desktop- und mit den graphischen Computersystemen (vgl. Abschnitte 4.1 und 4.2). Hierbei konnten Benutzer mit Hilfe eines Zeigeinstruments, meist der sogenannten Maus, dem Computer auch über Zeigehandlungen oder Bewegungsabläufe Daten eingeben oder auch Funktionen aktivieren. In diesem Zusammenhang wurde auch oft von *direkter Manipulation* gesprochen (Shneiderman, 1983; Norman, 1986; Shneiderman, 2005). Visualisierte Objekte wurden mit Hilfe des Zeigeinstruments und Tastatureingaben manipuliert.

Nach dem Zeitalter der direkt manipulativen Systeme entwickelt sich langsam eine noch ausgeprägtere Form der Interaktivität. Bei dieser fungiert der *menschliche Körper als Eingabeinstrument*. So können neben der bisherigen Eingabemodalitäten auch die menschliche Sprache, Gestik, Mimik und, anwendungsspezifisch, auch andere Formen der natürlichen menschlichen Ausdrucksfähigkeit für die Mensch-Computer-Interaktion genutzt werden. Für die Wahrnehmung von Ausgaben des Computers können als sensorische Kanäle das Hören, Sehen und Tasten dienen. Aus den engen Ein-/Ausgabemodalitäten werden weite *sensomotorische Kanäle*. Aus dem interaktiven, symbolverarbeitenden Computer wird ein *interaktives Multimedium*. Beispiele für solche Systeme sind *Augmented, Mixed und Virtual Reality* (weitere Details siehe Abschnitt 4.5).

## 4.3.5    Synästhetische Systeme

Das im vorangegangenen Abschnitt beschriebene interaktive Medium Computer kommuniziert mit einem Bündel an medialen Ausprägungen mit dem menschlichen Benutzer. Die einzelnen Modalitäten der Interaktion sind dabei oft unabhängig oder nur lose aufeinander bezogen. Je enger die Verknüpfung der einzelnen Kommunikationskanäle erfolgt und je besser diese aufeinander abgestimmt sind und den natürlichen Erwartungen und Fähigkeiten des Menschen gerecht werden, desto stärker verschmelzen diese einzelnen Wahrnehmungen zu einer *ganzheitlichen Gesamtwahrnehmung*.

Eine solche sensorielle und motorische Fusion einzelner Kanäle nennt man auch *Synästhesie* oder *simultane Synthese* (Klimsa, 2002). Diese Form der verknüpften Wahrnehmung ist nicht zu verwechseln, aber durchaus nicht unabhängig, von diversen pathologischen Formen der Verkreuzung von Sinneswahrnehmungen, wie zum Beispiel dem Schmecken von Farben (Cytowic, 2002).

# 4.4    Hypermedia

*Hypermediasysteme* organisieren multimediale Informationen in einem vernetzten Informationsraum (Bush, 1945; Woodhead, 1990; Bogaschewsky, 1992). Ein solcher Informationsraum kann mittels verschiedener *Such- und Zugriffsstrategien* genutzt werden. Die Informationen sind dabei in kleine, überschaubare Informationseinheiten gegliedert und über Assoziationen miteinander vernetzt.

In einem Hypermediasystem können Informationen unterschiedlicher medialer Form verwaltet werden. Am häufigsten werden textuelle Informationen organisiert. Diese wichtige Spezialisierung wird als *Hypertext* und die entsprechenden Systeme als *Hypertextsysteme* bezeichnet. Andere, in Hypermediasystemen immer häufiger verwendete Informationsformen sind vor allem Graphik, Audio und Video.

Prominentester und bedeutendster Vertreter dieser Systeme ist das WWW, das Hunderte Millionen Computer weltweit zu einem globalen Informationsraum vernetzt.

## 4.4.1    Hypermediastrukturen

Hypermediasysteme bedienen sich einiger, weniger informationstechnischer Grundkonzepte, nämlich *Informationsknoten*, *Assoziationen* und daraus gebildeter *Informationsnetze*. Ein Hypermediasystem besteht aus einem oder mehreren Informationsnetzen, die aus Informationsknoten bestehen, die mit anderen Informationsknoten über Assoziationen, auch *Links* genannt, logisch verbunden sind. Die Informationsknoten eines Hypermediasystems tragen die medialen Inhalte (z.B. Text, Graphik, Audio), den sogenannten *Content* und wieder Verweise (Links) zu anderen Knoten.

Im Präfix „Hyper" drückt sich das Vorhandensein einer *zweiten Informationsebene* über der eigentlichen Inhaltsebene aus. Diese Metaebene besteht vor allem aus den genannten, meist *gerichteten semantischen Assoziationen* (Hyperlinks, Relationen) zwischen den Nutzinformationseinheiten. Der Nutzen und die Wirksamkeit von Assoziationen als strukturbildender Mechanismus hängt mit der psychologischen und vielleicht physiologischen Bedeutung von Assoziationen im menschlichen *Langzeitgedächtnis* zusammen.

Enthalten Hypermedianetze neben dem medialen Inhalt und den Links auch Beschreibungen der Bedeutungen der Inhalte, sprechen wir auch von *semantischen Hypermediasystemen* oder dem *Semantic Web*.

## 4.4.2 Interaktion in Hypermediasystemen

Die Dialogkonzepte, die bei Hypermediasystemen Anwendung finden, müssen auf die speziellen Charakteristika einer solchen Lösung abgestimmt werden. Von besonderer Bedeutung ist die geeignete Wahl von Visualisierungen der Hypermediastruktur und von Selektionstechniken zur Auswahl des nächsten zu besuchenden Informationsknotens.

Der wichtigste Vorgang beim Durchsuchen von Hypermedianetzen ist die Auswahl der Assoziation (Link) und damit des daraus resultierenden Folgeknotens. Man kann dies durch eine Vielzahl von Interaktionsmethoden realisieren.

Hypertextsysteme stellen den aktuellen Knoten als eine oder mehrere visualisierte Informationsseiten dar. Die wählbaren Assoziationen (Links) sind durch Hervorhebung, Unterstreichung oder andere Informationskodierungen markiert. Die Auswahl erfolgt am einfachsten durch direkte Auswahl der Assoziation mit einem *Zeigeinstrument*.

Auch das Anbieten eines *Pop-Up-Menüs* mit den momentan auswählbaren Assoziationen ist eine sinnvolle, allerdings weniger gebräuchliche Technik.

Mit Hilfe vielfältiger Such- und Zugriffsverfahren kann ein Hypermedianetz genutzt werden. Charakteristische Verfahren für *Hypermediasysteme* sind *Browsing*, *Exploration* und *Navigation*. Weitere Suchstrategien wie *index-, muster- und querybasierte Suche* können zusätzlich verfügbar sein. Semantische Hypermediasysteme erlauben intelligente Suchmöglichkeiten, die sich auf die Bedeutungen der Inhalte und nicht auf die Inhalte selbst beziehen.

## 4.4.3 Anwendungen von Hypermedia

Inzwischen gibt es kaum mehr einen Anwendungsbereich, der nicht mit Hilfe von Hypermediasystemen, insbesondere heute natürlich dem WWW, unterstützt wird.

Inzwischen werden nahezu alle Anwendungsbereiche durch das WWW realisiert oder zumindest ergänzt. Exemplarisch sollen deshalb folgende Anwendungsbereiche, als zumindest historisch besonders herauszuheben, genannt werden:

- Hilfesysteme;
- Dokumentationssysteme;
- elektronische Lexika;
- juristische Texte;
- E-Commerce-Systeme (siehe Abschnitt 6.2.2);
- E-Brokerage-Systeme (Börsensysteme);
- E-Learning-Systeme (siehe Kapitel 5).

# 4.5      Augmented, Mixed und Virtual Reality

Mit der Zielsetzung die Unterscheidung zwischen realem und digitalem Raum zu verwi-
schen, wurden Medientechnologien entwickelt, die durch gezielte Stimulation menschlicher
Sinne den Eindruck von Realität vermitteln können.

Diese Denkweise lässt sich, wie in Abbildung 8 skizziert, durch ein eindimensionales Spektrum zwischen vollständiger Realität an einem Ende und vollständiger Virtualität am anderen
Ende darstellen (Milgram & Kishino, 1994; Milgram et al., 1994).

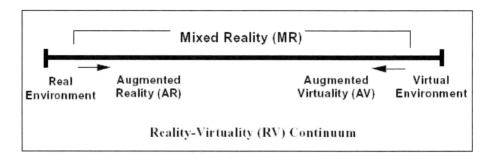

**Abbildung 8**    Spektrum von Physikalität und Virtualität (Milgram et al., 1994)

Während zunächst von einer klaren Trennung zwischen physikalischer und
digitaler Welt ausgegangen wurde, deren Trennfläche die Bildschirmoberfläche war, zeigt das Konzept von Milgram, dass es keine scharfe Trennung geben muss und dass Physikalität und Virtualität in beliebigen Zwischenstufen
eng verknüpft auftreten kann.

Dabei geht von davon aus, dass man entweder die Realität durch digitale Informationen
anreichert, man spricht hierbei von *Erweiterter Realität (Augmented Reality, AR)*, oder dass
man eine *Virtuelle Realität (Virtual Reality, VR)* mit der physischen Welt zu einer *Gemischten Realität (Mixed Reality, MR)* verknüpft. Beliebige Zwischenstufen sind in einem solchen
Kontinuum denkbar.

## 4.5.1      Virtual-Reality-Systeme

*Virtual-Reality-Systeme (VR-Systeme)* versuchen Benutzern den Eindruck zu vermitteln, sie
befänden sich mit ihrem gesamten Körper physisch in einer realen Umgebung. Die virtuelle
Umgebung wird durch Computer und geeignete Ein- und Ausgabesysteme multimedial simuliert. Die virtuelle Welt kann dabei ein Abbild einer realen Welt sein oder sie kann rein
künstlich sein.

Die Benutzer befinden sich bei typischen VR-Systemen meist innerhalb von großen, mehr-
seitigen Projektionssystemen (z.B. CAVE), in denen sie sich geringfügig hin- und herbewe-

gen können (Dodsworth, 1998). Die Positionen und Blickrichtungen der Benutzer werden dabei erfasst und die dazu passenden 3-D-Bilder in Echtzeit[16] erzeugt und an die Projektoren zur Anzeige übertragen. Der 3-D-Effekt entsteht meist durch Brillensysteme mit polarisierenden Gläsern oder auch durch sogenannte *Shutterbrillen*, bei denen die Brille jeweils nur durch das rechte oder linke Auge den Blick auf die Projektion freigibt. Andere VR-Systeme stellen nur auf einer Tischoberfläche eine dreidimensionale Welt dar (VR-Workbench).

Statt einer aufwändigen CAVE oder einer VR-Workbench und 3-D-Brillen können auch HMD (Head-Mounted-Displays) verwendet werden, die jeweils getrennt für die beiden Augen ein Bild auf kleinen Bildschirmen innerhalb des Helms vor den Augen erzeugen oder dies per Laser direkt auf die Netzhaut (Retina) des Auges projizieren.

Mit Hilfe von teilweise auch mit *Kräfterückkopplung (Force Feedback)* versehenen Handschuhen können virtuelle Objekte ertastet, gegriffen und bewegt werden. In einfacheren Installationen hilft eine spezielle, durch Bewegung in der Luft steuerbare Maus, eine sogenannte Bat, die Darstellungen im Sinne einer Navigation im 3-dimensionalen Raum zu beeinflussen.

Damit reichhaltigere Interaktionen möglich sind, lassen sich VR-Systeme auch an unterschiedlich gestalteten Bedienkonsolen realisieren, bei denen die Interaktion in klassischer Weise, wie z.B. bei einer Leitwarte, vorgenommen wird (siehe auch Kapitel 7). Dies wird insbesondere in Fahrsimulatoren angewandt, bei denen das Cockpit oder die Schiffsbrücke simuliert wird. Auf den 3-D-Effekt kann in diesen Fällen im Allgemeinen auch verzichtet werden, da es nur ferne Objekte zu erkennen gibt, bei denen ohnehin keine stereoskopische Wirkung durch eine wahrnehmbare Parallaxe auftreten würde.

Aus der prinzipiell gewünschten, ganzkörperlichen *Einbezogenheit (Immersion)* der Beobachter in das virtuelle Geschehen resultiert leicht eine körperliche Gegenreaktion (z.B. Gleichgewichtsstörungen, Übelkeit) gegenüber den immer zu einem gewissen Grad verfälschten, unnatürlichen oder ungewohnten sensorischen Erlebnissen. Man nennt solche Reaktionen auch *Simulatorsickness (Simulatorkrankheit)*.

Anwendungsbereiche für VR-Systeme werden insbesondere dort gesehen, wo Präsentations- und Handlungsräume benötigt werden, in denen Menschen vollständig integriert werden sollen, wie z.B. bei

- Architektur (virtuelle Begehungen von geplanten Gebäuden),
- Konstruktion (Begehung, Betrachtung und Handhabung von Fahrzeugen, Maschinen und Geräten, vor allem von Autos und Flugzeugen),
- Geographischen Informationssystemen GIS (Flug über Landschaften),
- Installationen in Freizeitparks (Fantasiewelten) sowie

---

[16] ohne wahrnehmbaren Zeitverzug

- Kunstinstallationen (Beobachter bewegt sich im Kunstwerk).

## 4.5.2    Augmented-Reality-Systeme

Unter dem Begriff der *Erweiterten Realitäten (Augmented Realities)* werden Systeme geschaffen, die über geeignete Präsentationssysteme die Realität durch meist symbolische und graphische Informationen anreichern (Milgram et al., 1994; Azuma, 1997; Bimber & Raskar, 2005). Ergänzende Informationen können in textueller, graphischer, fotographischer und auditiver Form präsentiert werden. *Augmented-Reality-Systeme (AR-Systeme)* nutzen für die Darstellung der digitalen Zusatzinformation Darstellungssysteme wie Retina-Displays, halbdurchlässige Head-Mounted Displays (HMD) oder Head-Up-Displays (HUDs) sowie Projektionen auf Oberflächen realer Objekte. Die wichtigsten Möglichkeiten der Überlagerung realer Objekte mit virtuellen Objekten mittels Hilfe verschiedener Ausgabegeräte und Ausgabetechniken finden sich in Abbildung 9. Bei der Ergänzung der digitalen Information ist hinsichtlich der Informationsdarstellung darauf zu achten, dass die primäre Information nicht oder nur unwesentlich verdeckt wird. Deshalb werden meist fein strukturierte, transparente, textuelle oder graphische Ergänzungen eingeblendet.

Anwendungsbereiche für AR-Systeme sind vor allem (siehe auch Azuma, 1997; Azuma et al. 2001):

- medizinische Anwendungen (z.B. transparente Sicht durch den geschlossenen Körper auf darunter liegende Organe oder tiefer liegende Gewebeschichten im OP);

- militärische Informationssysteme (die gesehene Szene eines Soldaten wird durch taktische Information, wie z.B. Freund-Feind-Markierungen, ergänzt oder um andere Sichtmodalitäten, wie z.B. Infrarot, Restlichtverstärkung oder Durchsichtigkeit ergänzt);

- Maintenance-Systeme (Geräte- und Maschinenteile werden digital beschriftet und durch Handhabungs- und Reparaturanweisungen ergänzt) (Feiner et al., 1993);

- Fahrerinformationssysteme (Anreicherung der physischen Szene in Fahrzeugen durch dynamische Informationen im Head-Up-Display (HUD), wie z.B. Landeanflugunterstützung im Cockpit oder Fahrdaten in der Windschutzscheibe bei Autos);

- Museumsinformationssysteme (Ausstellungsstücke, Geländebereiche und Bauten werden durch textuelle und graphische Information erweitert).

AR-Systeme gibt es derzeit vor allem noch in Form prototypischer Systeme, da es für praktische, reguläre Anwendungen oft noch einige Probleme mit den Präsentationen, der korrekten Überlagerung der physischen und der digitalen Sicht (*Registrierung* der Daten), Mobilität (Größe der Systeme) sowie der Echtzeitfähigkeit gibt.

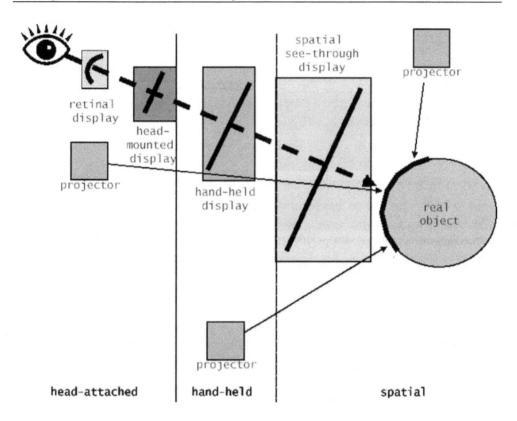

**Abbildung 9**   Ausgabetechniken in AR-Systemen (Bimber & Raskar, 2005)

Augmented-Reality-Systeme (AR-Systeme) können durch unterschiedliche Systemkonzepte realisiert werden. Das Einmischen von digitalen Artefakten in das physische Bild kann an diversen Stellen zwischen Auge und realem Objekt erfolgen, wie z.B. auf einem Retina-Display, einem Head-Mounted-Display, einem Handheld-Display oder auf einer im Handlungsraum positionierten, halbdurchlässigen Scheibe.

## 4.5.3   Mixed-Reality- und Tangible-Media-Systeme

Mit *Mixed-Reality-Systemen (MR-Systemen)* und *Tangible-Media-Systemen (TM-Systeme)* (Ishii & Ullmer, 1997) versucht man einem Benutzer den Eindruck zu vermitteln, einzelne Objekte in einer geeigneten Zusammensetzung aus physischen und digitalen Eigenschaften in einem gemischt realen und virtuellen Raum zu manipulieren. Damit werden die Ansätze aus dem Bereich der direkt manipulativen und metaphorischen Systeme vom Bildschirm in den physischen Raum gebracht.

*Mixed Realities (MR)* bestehen aus einer kleinen Welt, in der sich die Benutzer mehr oder weniger frei bewegen können, während *Tangible Media (TM)* aus einem meist kleinen Umfeld (z.B. Tischoberfläche) mit den dort befindlichen, physischen Objekten bestehen. Die Objekte befinden sich bei vielen Beispielen solcher Systeme auf Tischen, vor denen die Benutzer stehen oder sitzen. Mixed Realities setzen sich letztlich aus Objekten im Sinne von Tangible Media zusammen.

Die Objekte werden durch visuelle Information, meist durch Videoprojektionen (Beamer) um weitere Eigenschaften (z.B. Beschriftungen, Symbole, Farben) ergänzt. Auch auditive Ergänzungen können entweder als ambiente Töne und Geräusche hinzugefügt werden.

Benutzer können nun diese Objekte meist mit ihren Händen greifen und manipulieren (Verschieben, Drehen, Zusammensetzen, Trennen). Das System erkennt durch meist bildverarbeitende Komponenten diese Manipulationen und reagiert entsprechend der Anwendungslogik mit Seiteneffekten beliebiger Art, insbesondere mit veränderten digitalen Ergänzungen der Objektpräsentation. Dies erfolgt meist in Echtzeit, so dass die Benutzer den Eindruck bekommen, die physischen und die digitalen Eigenschaften der Objekte unmittelbar und direkt verändern zu können. Die Benutzer sollen glauben, dass es keine Unterschiede zwischen physischen und digitalen Eigenschaften der Objekte gibt. So werden vermeintlich digitale Eigenschaften physisch, und physische Eigenschaften werden digital. Benutzer sind so in der Lage, die gemischt physischen und digitalen Objekte zu (be-)greifen und zu manipulieren.

Für die Gestaltung der Benutzungsschnittstellen von Tangible Media, sogenannten *Tangible User Interfaces (TUIs)*, ist es notwendig, die Echtzeitanforderungen menschlicher Sensomotorik[17] zu erfüllen, so dass die Benutzer den Eindruck der *Unmittelbarkeit* und *Direktheit* ihrer Handlungen erhalten. Digitale und physische Eigenschaften sollen sich natürlich vermischen und die bisherige Trennung in Physisches und Digitales auflösen. Hierbei werden auf der Ebene einzelner Objekte synästhetische Erlebnisse vermittelt.

Tangible Media versuchen über die Idee von metaphorischen Systemen hinausgehend, die Interaktion mit Computersystemen und digitalen Information, die nur teilweise ein Abbild in der physischen Welt haben können, als natürliche Handlungsweisen zu modellieren.

Reizvolle Anwendungsfelder für Mixed Realities und Tangible Media finden sich überall dort, wo komplexe Objektstrukturen zu manipulieren sind und bei der Manipulation die besondere Fähigkeit des Menschen im Umgang mit physischen Objekten zunutze gemacht werden soll, also z.B.:

- Architektur (Modellierung von Landschaften, Gebäudeanordnungen, Lichtverhältnisse, Luftströmungen, etc.) (Ishii et al., 2002; Piper et al., 2001);

- Bürotätigkeiten (Arbeit mit Formularen) (Jacob et al., 2002; Koike et al., 2001);

---

[17] die Zeiten liegen typischerweise im Bereich von 10 ms bis 100 ms

- Motion-Tracking (Erfassen von Bewegungsdaten durch physisches Manipulieren von Objekten wie bei Robotersteuerungen, Trickfilmen etc.);

- Sicherheitskritische Systeme (Erhalten der sicheren, physischen Eigenschaften der Arbeitsmittel und Ergänzung mit zusätzlichen, sekundären digitalen Eigenschaften) (Cohen & McGee, 2004);

- Wohnungen und Wohnungseinrichtungen (Mobiliar, das neben den üblichen Nutzeigenschaften zusätzliche informationelle und kommunikatorische Eigenschaften aufweist) (Ueki & Inakage, 2004);

- Spiele und Simulationen (direktes Bewegen und Verändern von Objekten und Charakteren in einer Szene wie z.B. einer naturwissenschaftlichen Simulation oder einem Brettspiel) (Patten et al., 2001);

- Museumsinstallationen (Anreicherung von vom Besucher manipulierbarer musealer Objekte durch digitale Informationen über die Objekte);

- Kunstinstallationen (Einbeziehen der Betrachter durch einfache physische Handlungen);

- Erlebnisparks (Einbeziehen der Besucher in eine gemischt reale und virtuelle Welt, bei der diese nicht mehr oder nicht mehr eindeutig zwischen Realität und Virtualität unterscheiden können sollen).

# 4.6 Kommunikationsnetze

Viele der beschriebenen interaktiven Medientechnologien sind nur sinnvoll einsetzbar, wenn sie Teil eines Netzwerkes sind. Die Vernetzung kann dabei folgendermaßen motiviert sein:

- Vernetzung von *Mensch zu Mensch* über die Computersysteme wie bei Videokonferenzen oder Chaträumen mit Hilfe von entsprechenden Computeranwendungen;

- Vernetzung von *Computer zu Computer* für Datenaustausch sowie für verteilte Anwendungsdienste;

- Vernetzung von *Mensch zu Computer* über andere Computer wie beispielsweise beim WWW.

Die Vernetzung von Menschen und Computern wurde in der Vergangenheit durch Telekommunikationsnetze sowie durch Computernetzwerke geleistet. Ein wichtiger technologischer Schritt war die Digitalisierung der Netze und die Bereitstellung einfacher, standardisierter aber vielfältig einsetzbarer Kommunikationsprotokolle zur Kodierung, Adressierung, Verteilung und Dekodierung von Daten.

Leistungsfähige Kommunikationsnetze sind eine wichtige Voraussetzung für multimediale, interaktive Systeme, da die Reaktivität des Gesamtsystems neben den Verarbeitungszeiten vor allem vom Durchsatz und der Stabilität der Netze abhängig ist.

## 4.6.1    Digitale Kommunikationsnetze

Nach über einhundert Jahren analogen Kommunikationsnetzen, allen voran das Telefonnetz, wurden inzwischen auch diese digitalisiert. Der Grund war die damit verbundene Erhöhung der Flexibilität, Leistungsfähigkeit, Wartbarkeit und Qualität der Telefonnetze. An Stelle von mechanischen oder elektromechanischen, Hallen füllenden Vermittlungssystemen zur Herstellung der Verbindungen wurden spezialisierte computerbasierte Vermittlungssysteme eingeführt. Die vorhandenen Leitungsnetze konnten dabei zunächst weitgehend unverändert weiterbenutzt werden. Ein bekannter Schritt der Digitalisierung des Telefonnetzes war das weltweit standardisierte *ISDN-Telefonsystem*. ISDN steht für *Integrated Services Digital Network* und bedeutet, dass nicht nur die bisherige Sprachübertragung, sondern eine Vielzahl von damit verbundenen Kommunikations- und Datenfunktionen möglich sind, wie automatischer Rückruf bei Besetzt, Weiterschalten bei Abwesenheit, Anklopfen während eines Gesprächs, Makeln mit mehrerer Leitungen, Übertragung von Telefonnummern und anderen Informationen sowie das Einrichten von Telefonkonferenzen. Diese Dienste können von den Teilnehmern mit Hilfe ihrer ISDN-Endgeräte direkt aktiviert und genutzt werden. Aber auch die bisherigen analogen Telefonnetze konnten mit Hilfe sogenannter *Modems*[18] flexibel an die digitalen Computersysteme angeschlossen werden.

Eine Folge der Digitalisierung war die direktere Verwendbarkeit der Telefonnetze zur Vernetzung von Computersystemen. So wurden die höheren Bandbreiten und Leistungsmerkmale mit Hilfe von speziellen Hardwarekomponenten aus Computern gesteuert und Verbindungen gewählt. Interaktive Computeranwendungen wie Videokonferenzen, Kooperationsplattformen, verteilte Datenhaltung, Computerspiele oder auch Überwachungssysteme, Gebäude- und Anlagensteuerungen und andere telematische Anwendungen konnten damit flexibel, ökonomisch und zuverlässig realisiert werden.

Die Bedeutung des Telefonnetzes als grundlegende, weiter wachsende Kommunikationsinfrastruktur zeigt sich, wenn man bedenkt, dass es 1994 weltweit rund 650 Millionen Telefonanschlüsse gab. Bis 2004 ist die Zahl auf etwa 1,2 Milliarden angewachsen. Dabei hat sich der Unterschied zwischen den Industrie- und den Entwicklungsländern, die sogenannte *Digital Divide*, deutlich reduziert (siehe Abbildung 10).

---

[18] Modems sind *Modulierer* und *Demodulierer* zur Wandlung analoger in digitale Signale und umgekehrt

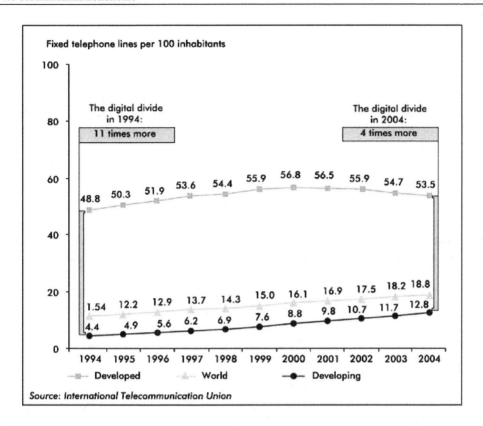

**Abbildung 10** Verbreitung von leitungsgebundenen Telefonanschlüssen pro 100 Einwohner
im Vergleich der Industrie- und Entwicklungsländer (Quelle: ITU)

Der höhere Bandbreitenbedarf führte Anfang der 90er Jahre zu leistungsfähigen und flexiblen Kommunikationsnetzen für die großen Distanzen wie das *SDH-Netz[19] (Synchrone Digitale Hierarchie)*, das bedarfsweise Bandbreiten von 2 Mbps[20] bis zunächst 155 Mbps ermöglichten. Auf diese Weise war es möglich, nicht nur Telefondienste, sondern auch Radio und Fernsehen sowie Computeranwendungen mit hohen Bandbreitenanforderungen weltweit nahtlos zur Verfügung zu stellen. Durch diese sogenannten *Transportnetze*, die heute Verbindungen auf Glasfasertechnologie mit mehreren Tbps[21] ermöglichen, kann praktisch jeder heute benötigte Bandbreitenbedarf weltweit realisiert werden. Selbst Privathaushalte konnten

---

[19] der Vorläufer von SDH war *SONET (Synchronous Optical Network)*

[20] 1 Mbps = 1 Megabit pro Sekunde = 1 Million Bit pro Sekunde

[21] 1 Tbps = 1 Terabit pro Sekunde = 1 Billion Bit pro Sekunde

sich innerhalb von ca. 10 Jahren von Bandbreiten wie 9,6 kbps[22] (Fax) bis heute typischerweise mehreren Mbps mit relativ geringen Kosten einrichten lassen.

Künftig wird nicht nur die Frage der Bandbreite eines Übertragungskanals von Bedeutung sein, sondern auch weitergehende Qualitätsmerkmale. Schon die garantierte, unterbrechungsfreie Bereitstellung eines Kanals mit einer Mindestbandbreite ist ein wichtiges Qualitätsmerkmal. Solche Qualitätsmerkmale werden auch unter dem Begriff *Quality of Service (QoS)* zusammengefasst.

## 4.6.2    Internet

Seit Anfang der 60er Jahre des vorigen Jahrhunderts wurde im Auftrag des amerikanischen Verteidigungsministeriums an der Realisierung ausfallsicherer Computernetzwerke gearbeitet, die nicht dieselbe Verletzlichkeit wie Telefonnetze aufwiesen (Tanenbaum, 2000). Die wichtigste Idee dabei war, ein Netzwerk so aufzubauen und zu nutzen, dass durch den Ausfall einzelner Computersysteme (Netzknoten) der Rest des Netzes durch geeignetes alternatives Verteilen (Routen) der Daten immer noch funktionsfähig bleibt. Diese Idee wurde 1969 mit Einführung des *ARPA-Netzes* Wirklichkeit. Das anfangs für militärische Anwendungen gedachte Netz wurde schnell in Form getrennter Teilnetze von Firmen und Hochschulen teils experimentell, teils praktisch genutzt.

Das Kodieren, Routen und Dekodieren der Nutzdaten zusammen mit diversen übermittelten Kontrollinformationen wurde bereits 1973 durch ein Protokollsystem, das sogenannte *IP-Protokoll (Internet-Protokoll)* zusammen mit einer Reihe von spezifischen Diensten zu Dateitransfer, Mailverkehr, Terminalsitzungen u.a. international standardisiert veröffentlicht. Dieser Kommunikationsstandard war sehr einfach zu nutzen und konnte leicht durch neue Teilprotokolle für neue Anwendungen weiter entwickelt werden. So entstand schnell eine Community von Technikern, Wissenschaftlern und Anwendern, die mit Hilfe dieses Protokolls leistungsfähige vernetzte, oft interaktive Computeranwendungen realisierten.

Ab 1977 wurde durch die ISO das *OSI-Modell* für offene Kommunikationssysteme mit 7 Schichten definiert. Ziel war es, auf Grundlage der mit den Vorgängernetzen gesammelten Erfahrungen ein plattformunabhängiges Netz zu schaffen, das allgemeine und anwendungsspezifische Netzdienste bietet, wobei komplexere Dienste auf einfachen Diensten im Sinne eines Schichtenkonzepts aufbauen. Die im Rahmen der Standardisierung definierten konkreten Protokolle konnten sich nur schlecht durchsetzen. Das Schichtenmodell wurde jedoch auch durch die sich weiter verbreitenden IP-basierten Protokolle im Prinzip beibehalten.

Zusammen mit den in Abschnitt 4.6.1 beschriebenen digitalen Basisnetzen konnte in wenigen Jahren ein weltweit funktionsfähiges Computernetzwerk aufgebaut werden, dem sich

---

[22] 1 kbps = 1 Kilobit pro Sekunde = 1000 Bit pro Sekunde

nach Technologiefirmen und Hochschulen auch schnell viele andere Unternehmen, öffentliche Verwaltungen und Privatnutzer angeschlossen haben. Der große Durchbruch war jedoch erst in den 90er Jahren zu verzeichnen, als neben den bekannten Diensten wie *E-Mail*, *Dateitransfer* oder *Remote Login* das *WWW* entwickelt wurde. 1989 entwickelte Tim Berners-Lee und Robert Cailleau die Sprache *HTML* zur Beschreibung von Dokumenten sowie das HTTP-Protokoll, um in einem Netzwerk in HTML kodierte Dokumente mit Hilfe einer sogenannten *URL* zu referenzieren und zugreifen zu können. Im Jahr 1992 wurde von Marc Andreesen ein leistungsfähiges und plattformunabhängiges Darstellungsprogramm für HTML-Seiten entwickelt, ein sogenannter Browser, der es erlaubt, Links zwischen den Dokumenten zu verfolgen, die entsprechenden neuen Seiten automatisch von den fernen Servern zu laden und in einem Bildschirmfenster darzustellen.

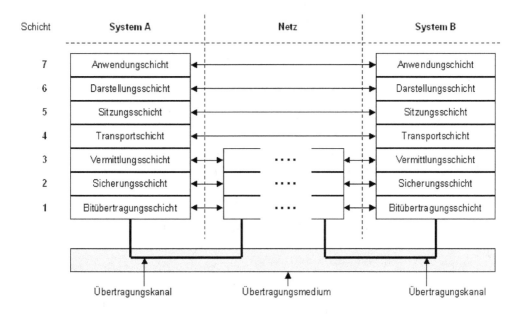

**Abbildung 11** ISO OSI 7-Schichten-Modell für Kommunikationssysteme
(Quelle: Abele, Universität Tübingen, 2000, http://tiss.zdv.uni-tuebigen.de)

Das 7-Schichten-Modell spiegelt den schalenartigen Aufbau von Nachrichten in einem standardisierten digitalen Netzwerk wider, in dem eine Nachricht beim Versenden auf jeder Ebene mit einer weiteren codierten Informationshülle (ähnlich wie ein Briefkuvert) versehen wird, die umgekehrt beim Dekodieren wieder dazu dient, die Inhalt geeignet weiter zu entschlüsseln und zu verteilen. Jede Ebene hat dabei eine besondere Netzwerkfunktion.

Zunächst nur als Arbeitsmittel zur Kooperation für Wissenschaftler gedacht, wurde das WWW schnell zum weltweit genutzten, allgemeinen Informations- und Kommunikationsraum für multimediale Inhalte. Von 1994 bis 2004 hat sich die Zahl der über das Internet vernetzten Computer auf etwa 775 Millionen fast vervierfacht. Die Zahl der Internet-Nutzer stieg dabei von 21 Millionen auf 873 Millionen. Die Digital Divide reduzierte sich dabei fast um den Faktor 10 (siehe Abbildung 12). Auch hier sind jedoch die prozentualen Zahlen der Versorgung mit Internetanschlüssen zu berücksichtigen.

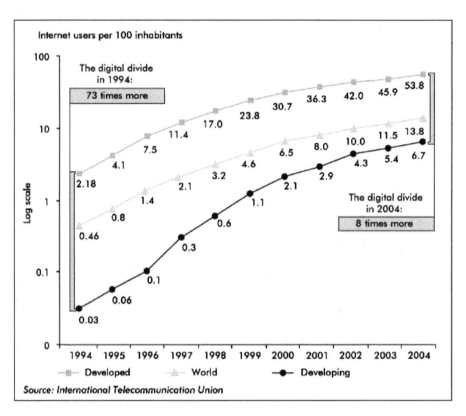

**Abbildung 12** Internet-Nutzer pro 100 Einwohner im Vergleich der Industrie- und Entwicklungsländer (Quelle: ITU)

## 4.6.3 Mobile Kommunikationsnetze

Während die leistungsfähigen, leitungsbasierten Netze die beschriebenen Dienste zwischen festen Orten möglich machten, wurde seit Beginn der Entdeckung der Elektrizität auch die drahtlose Ausbreitung elektromagnetischer Wellen untersucht und genutzt. Funksysteme, Radio- und Fernsehsender, Satellitenkommunikation sowie eine damit realisierte Vielzahl spezieller Anwendungen nutzen diese physikalischen Prinzipien. Kommunikationssysteme benötigen keine Leitungen. Ähnlich wie bei der Nutzung von Leitungsnetzen wurden parallel auch digitale Funknetze entwickelt, die beispielsweise bereits 1992 im *GSM-Mobilfunksystem*[23] in Europa ihre Nutzung fanden. Die Leistungsfähigkeit und Flexibilität von Funksystemen fand im Weiteren sowohl in den weiteren Mobilfunkstandards bzw. Mobilfunknetzen wie *GPRS* und *UMTS* ihren Niederschlag, als auch in der Vernetzung von Computersystemen durch sogenannte *WLANs*[24]. Auch für Anwendungen auf kurzen Distanzen innerhalb von Räumen oder am Körper des Menschen wurden Standards wie *Blue Tooth* entwickelt. Durch diese flexiblen, mit bedarfsweise geeigneten unterschiedlichen Bandbreiten ausgestatteten Systeme wurden Anwendungen möglich, die als gemischte Informations- und Kommunikationssysteme angesehen werden müssen.

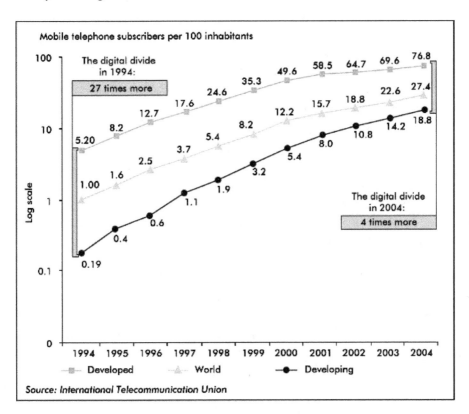

**Abbildung 13** Mobilfunk-Nutzer pro 100 Einwohner im Vergleich der Industrie- und Entwicklungsländer (Quelle: ITU)

---

[23] GSM .. Global System for Mobile Communications

[24] WLAN .. Wireless Local Area Network

Die Verbreitung der Mobilfunktechnologie ist im Zeitraum von 1994 bis 2004 von 56 Millionen auf 1,75 Milliarden Nutzer gestiegen. Damit hat die Mobilfunktechnologie das herkömmliche Festnetztelefon in etwa 10 Jahren überholt. Dabei ist insbesondere der Anstieg der Nutzung in den Entwicklungsländern bemerkenswert (siehe Abbildung 13). Die Gründe dafür sind vielfältig. Insbesondere spielt dabei die einfachere Bereitstellung und Wartung der Infrastruktur und der Wettbewerb unter den Anbietern (Provider) eine große Rolle. Die Digital Divide zeigt im Bereich des Mobilfunks die geringsten Auswirkungen. Allerdings sind hierbei auch wieder die prozentualen Zahlen der Versorgung mit mobilen Kommunikationseinrichtungen zu beachten.

Die Vernetzung von Mensch zu Mensch, von Mensch zu Computer und umgekehrt oder auch zwischen Computer und Computer war sowohl leitungsgebunden als auch funkbasiert möglich geworden. Die darauf aufgebauten interaktiven und multimedialen Anwendungen sind heute als praktisch unüberschaubar vielfältig und für die Zukunft offen anzusehen. Nur die menschliche Fantasie sowie die ökonomischen Randbedingungen zeigen derzeit die Grenzen auf. Die Technologie hat eine leistungsfähige Grundlage geschaffen, die es nun zu nutzen gilt.

## 4.7    Zusammenfassung

Interaktive Medientechnologien erweitern klassische mediale Anwendungen durch die Möglichkeit, mit ihnen und über sie zu kommunizieren oder zu handeln. Historisch sind einige Meilensteine herauszuheben, die interaktive Medientechnologien zur Grundlage unserer Mediengesellschaft gemacht haben:

*Graphical User Interfaces (GUIs)* haben die Bildschirmoberfläche zu einem leicht handhabbaren Interaktionsraum auch für Computerlaien gemacht. *Desktop-Systeme* auf *Personal Computern* haben weite Verbreitung gefunden, indem sie Büroumgebungen metaphorisch nachbilden. Andere bilden *Laborumgebungen* oder andere nützliche Anwendungswelten nach.

*Computergraphik* oder *Graphische Datenverarbeitung* dient zur Visualisierung von Datenräumen mittels 2- und 3-dimensionaler, meist farbiger Darstellungen. Spezialisierte *Graphikhardware* unterstützt die effiziente Datentransformation für umfangreiche Datenräume, die interaktiv visualisiert werden. Wichtige Anwendungsgebiete sind Produktdesign, Maschinenbau, Architektur, Computerspiele, Scientific Computing oder auch Werbung.

Hinter dem Begriff *Multimedia* verbergen sich neben Text-Graphik-Systemen auch zeitbasierte Medien wie Audio und Video, die in *Multimediasystemen* integriert präsentiert werden können. Die für die menschliche Wahrnehmung optimierte synchronisierte Präsentation multimedialer Informationen führen zu *synästhetischen Systemen*, die natürliche Wahrnehmungsprozesse simulieren.

*Hypermediasysteme* organisieren multimediale Informationen in einem vernetzten Informationsraum, der über verschiedene *Such- und Zugriffsstrategien* genutzt werden kann. Die Informationen sind dabei in kleine, überschaubare Informationseinheiten gegliedert und über Assoziationen (Links) miteinander vernetzt. Aus ursprünglich textbasierten *Hypertextsystemen* sind inzwischen multimediale Hypermediasysteme wie das *World Wide Web (WWW)* entstanden. Hypermediasysteme werden inzwischen in praktisch allen Anwendungsbereichen genutzt. Sie eignen sich insbesondere für Informationssysteme sowie für E-Commerce- und E-Learning-Systeme.

Eine besondere Form multimedialer, synästhetischer Systeme sind interaktive *Augmented-, Mixed- und Virtual-Reality-Systeme.* Virtual Reality versucht den menschlichen Benutzer in eine künstliche, meist 3-dimensionale Welt einzubetten. Augmented-Reality-Systeme erweitern hingegen die natürliche Welt um digitale Informationen, die der normalen Wahrnehmung überlagert werden. Mixed-Reality- und Tangible-Media-Systeme versuchen die reale und die virtuelle Welt ausgewogen gleichgewichtig zu verknüpfen und mit digital angereicherten Objekten (Tangible Media) auszustatten.

Eine wichtige technologische Komponente für alle genannten interaktiven Medientechnologien sind *digitale Kommunikationsnetze*, die aus ehemals einfachen Telefonnetzen zu leistungsfähigen, breitbandigen und weltumspannenden Übertragungsnetzen geworden sind. Sie ermöglichen Computersysteme und ihre Anwendungen weltweit auf standardisierter Grundlage zu vernetzen. Das *Internet* und seine standardisierten *Protokolle* sind dabei durch ihre relative Einfachheit und große Verbreitung inzwischen von größter Bedeutung.

# 5    Anwendungen: E-Learning

Die Phaseneinteilung im Leben eines Menschen in Spiel-, Bildungs- und Arbeitsphase hat sich als nicht haltbar herausgestellt. Gründe dafür sind u.a. kürzere Ausbildungszeiten, fortlaufender Fort- und Weiterbildungsbedarf im Berufsalltag sowie mehrere Berufe im Laufe eines Lebens.

*Bildung*, und der damit zusammenhängende mentale Vorgang, das *Lernen*, haben sich als Prozesse herausgestellt, die nicht einfach wie das „Füllen eines Speichers"[25] funktionieren. Nach einer geeigneten Grundbildung müssen immer wieder Lernprozesse neu aktiviert werden, um das benötigte Wissen aufzufrischen, zu ergänzen oder auch zu korrigieren. Man spricht inzwischen auch von *Lernen bei Bedarf (Learning on Demand),* wenn der Lernprozess immer wieder bedarfsweise aktiviert wird, anstatt auf Vorrat zu lernen.

Nicht nur für den ganzen Lebensablauf, sondern für auch den Alltag bedeutet dies, dass die Grenzen zwischen Bildung, Arbeit und Freizeit zunehmend fließend werden:

- Wissenserwerb und Wissensaktualisierung direkt am Arbeitsplatz (situiertes, bedarfsorientiertes Lernen);
- Lernen und Arbeiten zuhause (Fernstudium und Telearbeit);
- selbstgesteuertes Lernen aus Interesse und Lebensplanung (Aus- und Weiterbildung in eigener Verantwortung);
- spielerisches Lernen (Spiele, Simulationen, problemorientiertes Lernen).

Mit Hilfe des computerunterstützten Lehrens und Lernens, oft kurz mit *E-Learning* bezeichnet) beabsichtigt man bedarfsorientiertes und situiertes, d.h. an die jeweiligen Umgebungsbedingungen angepasstes Lernen zu ermöglichen (Kerres, 2001; Schulmeister, 2001; Schulmeister, 2002; Issing & Klimsa, 2002; Schulmeister, 2003; Kritzenberger, 2005). Dies führt zu einer Flexibilisierung des Lernens in vielerlei Hinsicht:

- Lernen ist jederzeit und aktuell möglich (zeitliche Flexibilisierung);
- Lernen ist überall und situiert möglich (räumliche Flexibilisierung);
- Lernen ist modular und nach Bedarf möglich (fachliche Flexibilisierung).

---

[25] der „Nürnberger Trichter" war eine dieser frühen Vorstellungen

Ideen zur Realisierung dieser Zielsetzungen durch interaktive Computersysteme gibt es seit den Anfängen der Informatik (Gunzenhäuser & Herczeg, 2001; Gunzenhäuser & Herczeg, 2005a; Gunzenhäuser & Herczeg, 2005b).

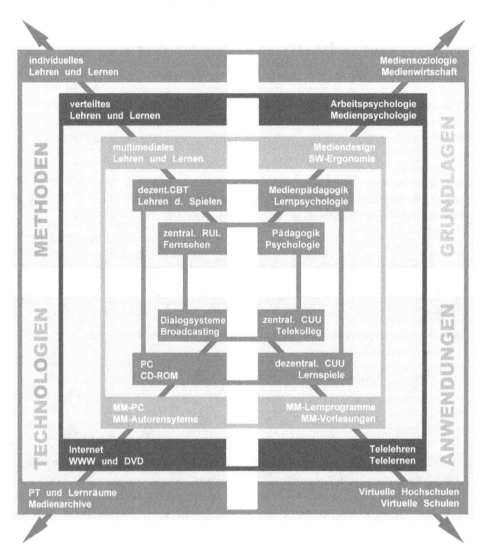

**Abbildung 14** Geschichte des E-Learning

> Die Entwicklung von E-Learning-Systemen kann entlang von theoretischen Grundlagen, Computer- und Kommunikationstechnologien, Methoden des Lehrens und Lernens sowie von Anwendungsformen von Lehr- und Lernsystemen erfolgen.

Die Entwicklung des E-Learning kann entlang von vier Dimensionen betrachtet werden (siehe Abbildung 14):

1. Methoden (medienpädagogische Verfahren für das E-Learning)

2. Technologien (Realisierungsformen von E-Learning-Systemen)

3. Grundlagen (Theorien und Modelle für das E-Learning)

4. Anwendungen (Anwendungsformen von E-Learning)

# 5.1    Zentralisiertes E-Learning

Die ersten E-Learning-Entwicklungen waren von vor allem zwei zentralisierten Technologien geprägt, dem *Fernsehen* und den *Großrechnersystemen (Mainframes)*.

Die erste, breit verfügbare E-Learning-Technologie war das Ausstrahlen von Fernsehkanälen mit Bildungsinhalten. Mit dieser Technologie wurde eine spezielle Unterrichtsform, das sogenannte *Telelernen* realisiert. Dabei wurden Unterrichtsstunden zunächst vor allem in klassischen Schulfächern wie Mathematik oder Physik ausgestrahlt. Später kamen Nutzungsformen hinzu, bei denen große Unternehmen einen Teil ihrer betrieblichen Weiterbildung mit geeigneten Videomodulen in teilweise betriebsinternen Videonetzen realisierten. Die Zuschauer hatten bei dieser Art des Lernens üblicherweise keine Kontrolle über den Ablauf des Unterrichts und hatten auch keine Möglichkeit, Fragen zu stellen oder anderweitig zu interagieren. In vielen Ländern, insbesondere großen Flächenländern wie Australien oder USA, wird diese Form der Verbreitung von Lerninhalten durch Fernsehen bis heute in großem Umfang betrieben. Einige Betreiber solcher Systeme erlauben den Zuschauern über Rückkanäle wie Fax, Telefon oder E-Mail Fragen zum Unterricht zu stellen, der in Live-Sendungen direkt behandelt, in anderen Fällen in asynchroner Weise beantwortet wird. Die fehlenden oder unzulänglichen Rückkanäle waren und sind eines der größten Defizite dieser Lerntechnologie.

Eine zweite frühe Form des Lernens mit elektronischen Medien war die Nutzung von mainframe-basierten Lernumgebungen, d h. die Nutzung von Großrechnersystemen, die mit einer Vielzahl von Terminals betrieben wurden und auf diese Weise Lernmodule bereitgestellt haben. Man sprach hierbei auch vom Rechnerunterstützten Lernen (RUL) oder dem Computerunterstützten Unterricht (CUU). Eines der größten Projekte und, damit verbunden, Systeme dieser Art war das PLATO-System[26], das bereits um 1960 an der University of Illinois zusammen mit der Firma Control Data (CDC) entwickelt und in Betrieb genommen wurde. Viele weitere Nutzer kamen hinzu. Das System ist mit laufenden Modernisierungen wie Chats und Diskussionsforen bis heute in Betrieb und verfügt über mehr als 15.000 Stunden

---

[26] PLATO .. Programmed Logic Automated Teaching Operations

interaktive Instruktionsmodule. Die Lernmethode basiert auf das einfache behavioristische Lernen (operante Konditionierung, programmierte Instruktion) nach B.F. Skinner und Lernen am Erfolg durch Versuch und Irrtum (Trial and Error) nach E.L. Thorndike (Edelmann, 2000). Als Bildschirme wurden beim PLATO-System schon frühzeitig graphikfähige Plasmabildschirme mit 512x512 Bildpunkten eingesetzt, um Text und Graphik als Medium nutzen zu können (siehe Abbildung 15). Ähnliche Systeme wie PLATO wurden von IBM und anderen Unternehmen, meist zusammen mit Hochschulen entwickelt. Alle diese Projekte waren von begrenztem Erfolg gekennzeichnet, da der Betrieb der Großrechner und die Entwicklung der Module sehr aufwändig und teuer war und die Lernformen sich auch nur sehr schwerfällig mit anderen pädagogischen Modellen verbinden ließen.

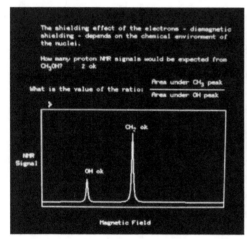 

**Abbildung 15**  Beispiele von PLATO-Lernmodulen

Das PLATO-System erlaubte es bereits vor über 40 Jahren mittels Plasmabildschirmen Lernmodule in Form von Text und Graphiken zur Vermittlung von Lerninhalten auf Computerbildschirmen sichtbar zu machen.

## 5.2    Dezentrales E-Learning

Mit der Entwicklung des Personal Computers (PC) ließ sich das bisherige, mainframebasierte, rechnerunterstützte Lernen durch eine dezentrale Form, das *Computer-Based Training (CBT)* ersetzen. Hierbei wurden interaktive Lernmodule auf CD-ROMs verteilt und auf den inzwischen verfügbaren PCs genutzt. Die Lerner wurden dadurch in höherem Maße räumlich und zeitlich flexibler. Die Lerninfrastruktur wurde wesentlich kostengünstiger. So fanden sich auch zunehmend kommerzielle Anbieter von Lernsoftware auf CD-ROMs. Auch die betriebsinterne Nutzung von Lernmodulen zur Einarbeitung oder Weiterbildung wurde vorangetrieben.

**Abbildung 16** SimCity von Electronic Arts zur Simulation einer Stadtentwicklung

> Simulationen erlauben es durch spielerisches Lernen auch komplexe dynamische Systeme zu verstehen, bedacht und zielgerichtet zu beeinflussen. Computerbasiertes Lernen ermöglicht so Lernprozesse, die bis dahin nicht möglich waren und völlig neue Qualitäten des Lernens bieten.

Oft wurde das Lernen mit spielerischen Elementen verbunden. Simulationen erlaubten komplexere Lerninhalte zu erarbeiten (siehe Abbildung 16). Der Motivationsgrad wurde insbesondere durch ansprechende dynamische Visualisierungen erhöht. Trotz medienpädagogischer und medienpsychologischer Verbesserungen blieb eine Vielzahl von Problemen bei der praktischen Umsetzung dieser Form des E-Learning übrig, die in den meisten Fällen eine intensive und nachhaltige Nutzung verhinderten:

- leichte Aufgaben stellen keinen Anreiz dar,
- schwierige Aufgaben werden nicht bearbeitet,
- Fehler werden wenig thematisiert und für Lerneffekte genutzt und

- viele Lernmodule binden die Lerner nicht auf Dauer (längerfristige Motivations-
  probleme).

Lernpsychologische Grundlagen und praktische Empfehlungen werden von Edelmann (2000) beschrieben. Ausführung zur Medienpädagogik und zum Instruktionsdesign im Zusammenhang mit neuen Medien finden sich in bei Niegemann (2001).

Obwohl sowohl technologisch als auch didaktisch viel in diese Form des Lernens investiert wurde, gibt es über den reinen Unterhaltungswert einiger Lernspiele wenig Berichte über einen erfolgreichen und längerfristigen Einsatz dieser Art des E-Learning.

## 5.3    Multimediales E-Learning

Als Folge der durchgängigen Digitalisierung der Medien wurden auch PCs zu Multimedia-PCs weiterentwickelt. Weitere technologische Komponenten einer Multimediaumgebung waren Datenprojektoren (Beamer), Mehrkanalaudiosysteme und DVDs als leistungsfähige robuste und mobile Speichersysteme.

Die Fähigkeit einer solchen Multimediaumgebung auch zeitbasierte Medien wie Audio, Video und Animationen zeitgerecht zu verarbeiten, war Ausgangspunkt weiterer Entwicklungen im Bereich der E-Learning-Systeme. So entstanden multimediale Lernmodule, die gerade solche Medien in den Vordergrund rückten. Auch wenn es oft nicht viel anderes als das Einbetten des lange bekannten Lehrvideos war, konnten die Systeme doch sehr viel flexibler mit einem reizvollen und auch nützlichen Medienmix aufwarten (Issing & Klimsa, 2002; Kerres, 2002).

Im Bereich der Lehre, insbesondere in Hochschulen, wurden multimediale Projektionen in Hörsäle gebracht. Diese multimedialen Vorlesungen erlaubten es, komplexe Sachverhalte zumindest anschaulicher und sensorisch reichhaltiger als bisher zu vermitteln. Die bessere Lernwirkung ist allerdings oft kaum und nur schwer nachzuweisen.

Die mit der Produktion und Verteilung von multimedialen Lehr- und Lerninhalten verbundenen Probleme und Hindernisse waren jedoch nicht zu übersehen:

- hoher Aufwand für die Erstellung der medialen Inhalte;
- zu Beginn teure Infrastruktur in Form von Multimedia-PCs und Ausstattungen in den Lehrräumen;
- hoher Pflegeaufwand für die technischen Plattformen durch vielfältige, inkompatible und sich ständig ändernde technische Standards;
- fehlende didaktische Konzepte.

# 5.4     Verteiltes E-Learning

Erst mit der allgemeinen Verfügbarkeit des Internets und des damit verbundenen World Wide Webs (WWW) fand multimediales E-Learning eine preisgünstige und allgemein verfügbare technische Grundlage (Schulmeister, 2002; Issing & Klimsa, 2002). Die hinzukommenden, digitalen Breitbandnetze erlaubten es auch, hohe Datenmengen, wie bei digitalisiertem Filmmaterial, leicht überall verfügbar zu machen. Broadcast- und Multicast-Protokolle in den Netzen ermöglichten, ähnlich wie früher beim Teleteaching über TV-Broadcasting, die breite Verteilung von zeitbasierten Medieninhalten. Weit verbreitete Desktop-Telekonferenzsysteme ermöglichten neben der asynchronen Verteilung von Inhalten und Nachrichten auch synchrone Kommunikation.

Wesentliche Anwendungen der nun verfügbaren Technologie waren:

Teleteaching: video-basiertes Verteilen von Lehrveranstaltung mit Rückkanal

Telestudium: internet-basiertes Studieren (multimediales Fernstudium)

CSCL:      Computerunterstütztes kooperatives Lernen (Computer-Supported Cooperative Learning) durch einen gemeinsamen multimedialen Lernraum mit einer Kommunikationsplattform und einem gemeinsamen Dokumentenmanagement (Kritzenberger, 2005)

Eine wichtige Form der E-Learning-Systeme auf Basis des Internets sind web-basierte Lernmodule, auch *Web-Based Training (WBT)* genannt (Schulmeister, 2002). Inhalte können dabei in allen typischen medialen Formen des WWW auftreten, insbesondere Texte, Graphiken, Animationen, auditive Elemente und Videos (siehe Beispiel in Abbildung 17). Dabei werden die Lerninhalte in Webseiten abgelegt und der Lernstoff mittels Weblinks vernetzt. Diese Methodik passt im Allgemeinen sehr gut zur Natur des Lernstoffes. Als Autorenumgebungen dienen am Anfang die verbreiteten Autorensysteme für Webseiten. Durch Web-Templates und Content-Management-Systeme (CMS) kann leicht eine weitgehende Form der Standardisierung der Präsentationsformen erreicht werden.

Auch bei der Anwendung des verteilten E-Learning mittels WBT-Systemen zeigte sich eine Vielzahl von Problemen:

- unzulängliche oder zu teure Übertragungsbandbreiten,
- fehlender Quality of Service (QoS) in den Netzen,
- ungeeignete oder unzulängliche Funktionalität der Kooperationsplattformen und Lernräume,
- schlechte Benutzungsschnittstellen in den Lernumgebungen;
- schlechte räumliche Lernbedingungen,
- ungeeignete Lernarchive,

- fehlende oder ungeeignete didaktische Konzepte für verteiltes Lehren und Lernen,
- fehlende Kooperationskompetenz der Nutzer,
- soziale Bindungsdefizite unter den Nutzern,
- Vertrauensprobleme in der Lerngemeinschaft.

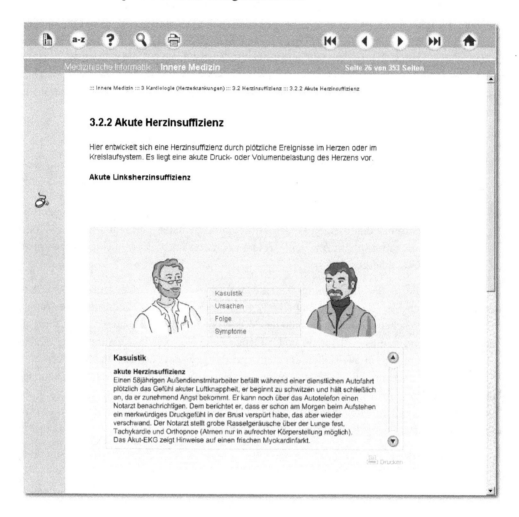

**Abbildung 17** Webseite des medizininformatiischen E-Learning-Systems medin

Webbasierte E-Learning-Systeme (WBT) sind jederzeit und praktisch überall zugreifbar und erlauben die vernetzte Darstellung multimedialer Lerninhalte. Der größte Teil aller heutigen E-Learning-Systeme sind web-basierte Systeme.

Die multimedialen Produktionen zeigen darüber hinaus häufig qualitative Mängel, da die Ersteller oft keine Experten im Bereich der Produktion unterschiedlichster Medienformen sind. Zwar werden in großen Projekten umfangreiche Lehrinhalte entwickelt, meist fehlen aber nachhaltige Konzepte zur Pflege und Weiterentwicklung, so dass die Lehrinhalte nach kurzer Zeit schon wieder unvollständig oder unbrauchbar werden.

## 5.5 Individuelles E-Learning

Das verteilte E-Learning auf Grundlage des Internets bietet ausgezeichnete Voraussetzungen, das Lehren und Lernen zu einem stärker individualisierten Prozess zu machen. Die trifft sich in günstiger Weise mit der Zielsetzung des bedarfsorientierten Lernens. Lebenslanges Lernen wird gegenüber dem bisherigen, klassischen Schul- und Hochschullehren und -lernen zwangsläufig zu einem persönlichen Vorgang, bei dem es entscheidend ist,

- in welchem Kontext sich ein Lerner befindet,

- welche technische Umgebung vorhanden ist,

- welche Vorkenntnisse vorliegen,

- welche Aufgaben gelöst werden sollten,

- ob Abschlüsse oder Zertifikate benötigt werden,

- welche persönlichen Lernpräferenzen vorliegen und

- inwieweit eine Person bereit ist, für ein Lernangebot zu bezahlen.

Diese Zielsetzungen müssen durch künftige technologische und ökonomische Modelle adressiert werden. Geeignete Lernarchive mit meta-modellierten, d h. semantisch definierten und ausgezeichneten und verknüpften Inhalten *(Semantic Web)* können über unterschiedlichste Kommunikations- und Interaktionssysteme gesucht, transportiert und präsentiert werden.

Es sind eine Reihe von potenziellen Problemen zu sehen, die mit individuellem Lernen in beschriebenen Sinn verbunden sind:

- selbstgesteuertes Lernen wird von vielen Menschen nicht beherrscht;

- Menschen müssen in einer Informations- oder auch Wissensgesellschaft ständig ihren Marktwert neu definieren und auch nachweisen;

- fehlende Flexibilisierung der Arbeitsverträge, um Lernphasen auch im betrieblichen Kontext möglich zu machen;

- Arbeitsplätze sind im Allgemeinen wenig geeignete Lernplätze;

- geeignete Lernangebote fehlen noch weitgehend (finanziell, inhaltlich, strukturell, motivatorisch);

- die alten Bildungssysteme müssten sich teilweise auflösen bzw. umgestalten.

Trotz dieser Schwierigkeiten wurden längst Entwicklungen in Richtung des lebenslangen Lernens in Bewegung gesetzt. Die stärkere Ökonomisierung des Bildungsbereiches, die leistungsfähigen IuK-Infrastrukturen sowie der Marktdruck nach gut und aktuell ausgebildeten Personen schaffen die Grundlage und den Druck für eine solche Entwicklung (Schulmeister, 2001). Der historische Verlauf der Entwicklung des E-Learning zeigt jedoch auch, wie langwierig und schwierig dieser Prozess ist. Es ist nicht zu erwarten, dass es eine Bildungsrevolution durch E-Learning geben wird. Eine evolutionäre Entwicklung hat aber längst eingesetzt und zeigt bereits vielfältige Auswirkungen.

Die wichtigsten Erfahrungen und Erkenntnisse aus den letzten 50 Jahren des E-Learning sind:

- vermeintliche Hindernisse („Blocking Factors") wurden praktisch immer nach einigen Jahren behoben, allerdings ohne besondere Auswirkung auf den Erfolg von E-Learning-Anwendungen;

- die erfolgreichen und die erfolglosen Konzepte wiederholen sich, weil die Entwickler oft keine historischen Quellen als Erfahrungsschatz heranziehen;

- die Entwicklung von Lernmodulen bleibt teuer, weil mit verbesserten Technologien und Methoden aufwändigere Module und Lernräume entwickelt werden;

- E-Learning baut bei den erfolgreicheren Projekten auf bewährte klassische Lehr-/Lernformen auf;

- E-Learning erfordert aktuellen Zugang zu inhaltlich bedeutungsvollen und qualitätsgesicherten Inhalten;

- wichtige Voraussetzung für erfolgreiches E-Learning, bleibt die Fähigkeit zu selbstgesteuertem und intrinsisch motiviertem Lernen.

Es ist jedoch in den letzten 50 Jahren klar geworden, dass es weniger technisch machbare, als vielmehr kulturell gewollte und integrierbare Lösungen sein müssen, die hier längerfristig bedeutungsvoll werden können. Trotz der bisherigen Schwierigkeiten und Hindernisse ist in den nächsten Jahren mit einem beträchtlichen Wachstum vor allem von internet-basierten Lernmodulen (WBT) zu rechnen, die zunehmend in Form von individuellen Bildungsangeboten durch private und öffentliche Bildungsinstitutionen angeboten werden. In vielen Fällen wird E-Learning dabei in Verbindung mit herkömmlichen Lehr- und Lernmethoden eingesetzt werden *(Blended Learning)*.

# 5.6    Zusammenfassung

Eine zunehmend an Bedeutung erlangende multimediale Anwendung ist das *computerunter-stützte Lehren und Lernen*, auch *E-Learning* genannt. Dabei haben sich in den vergangenen 50 Jahren die folgenden Systemformen entwickelt:

*Zentralisiertes E-Learning*:  Lernangebote werden über zentralistische broadcasting- und mainframe-basierte Technologien zu den Lernern gebracht;

*Dezentrales E-Learning*:  auf Grundlage der Verfügbarkeit von PCs werden vor allem CD-ROM-basierte Lernmodule verteilt (CBT);

*Multimediales E-Learning*:  durch Multimedia-PCs werden neben statischem Text und statischer Graphik auch zeitbasierte Medien wie Animationen, Audio und Video möglich;

*Verteiltes E-Learning*:  über das Internet und dem WWW werden web-basierte Lernmodule verfügbar gemacht (WBT);

*Individuelles E-Learning*:  alle E-Learning-Dienste werden individualisiert und auf die Lerngeschichte, die Bedürfnisse und die Präferenzen einzelner Lerner ausgerichtet.

E-Learning kann zu einer wesentlichen Flexibilisierung von Lernen in folgender Weise beitragen:

- Lernen ist jederzeit und aktuell möglich (zeitliche Flexibilisierung);
- Lernen ist überall und situiert möglich (räumliche Flexibilisierung);
- Lernen ist modular und nach Bedarf möglich (fachliche Flexibilisierung).

E-Learning steht trotz der vielfältigen verfügbaren Lösungen noch am Anfang seiner Entwicklung. Die Kultivierung dieser Anwendungen muss mit stabilen, nachhaltigen und motivierenden Eigenschaften einhergehen, damit eine breite Akzeptanz und Nutzung möglich wird. Ist eine solche Grundlage vorhanden, kann sich E-Learning zur technologischen und methodischen Grundlage lebenslangen Lernens entwickeln. Wichtige Schritte sind inzwischen unternommen worden, so dass E-Learning oft in Verbindung mit herkömmlichen Lehr- und Lernmethoden weiter Bedeutung gewinnen wird.

# 6 Anwendungen: E-Business

Nahezu alle *Geschäftsprozesse* lassen sich mittels elektronischer Medien verbessern. Der Einsatz von Informationssystemen und Telekommunikationsdiensten hat *Geschäftsabläufe* im Produktions- und Dienstleistungsbereich beschleunigt und die Grundlage geschaffen, große Informationsmengen systematisch Erfassen, Verarbeiten, Speichern, Präsentieren und Verteilen zu können. Viele neue Geschäftsprozesse sind durch heutige IuK-Technologien aber erst möglich geworden. Dazu gehören beispielsweise

- globale Marktplätze,

- personalisierte Massenmärkte,

- räumlich weit verteilte und aber zeitlich synchronisierte industrielle Produktionsabläufe oder auch

- global verteilte, aber eng gekoppelte und unter engen Zeitvorgaben funktionierende Finanzmärkte.

Als wichtigste *Vorteile elektronisch realisierter Geschäftsabläufe*, meist kurz *E-Business* genannt, werden genannt (Zwißler, 2002):

- höherer Durchsatz durch elektronische Verarbeitung;

- geringere Kosten durch den Ersatz von Papierdokumenten durch elektronische Datensätze;

- größere Robustheit durch automatische Verarbeitung und Prüfung;

- größere Transparenz durch bedarfsweise Offenlegung der Verarbeitungsvorgänge;

- bessere Interaktivität und schnellere Reaktionen;

- expliziter Mehrwert durch innovative Funktionalitäten und Verknüpfungsmöglichkeiten.

Elektronische Geschäftsprozesse weisen eine große Vielfalt im Hinblick auf die möglichen Anwendungen sowie auf die technologischen Grundlagen auf. Es gibt diverse Strukturierungsansätze und Abgrenzungen für das ganze Gebiet. Umfassende Darstellungen finden sich u.a. bei Wirtz (2001), Merz (2002) und Zwißler (2002). Den folgenden Ausführungen liegt teilweise die Strukturierung nach Zwißler zugrunde.

Wichtige *Funktionsformen elektronischer Geschäftsprozesse* sind elektronische Informationssysteme (E-Information) zum Angebot und zur Verfolgung von Produktion und Dienstleistungen, elektronischer Handel (E-Commerce), elektronische Geschäftsbeziehungen zwischen Unternehmen (E-Business), elektronische Finanzdienste (E-Finance) sowie Formen der elektronischen öffentlichen Verwaltung (E-Government). Jede diese Formen besitzt inzwischen ihre eigenen Prozessmodelle und technologischen Plattformen.

Hinsichtlich der eingesetzten Telekommunikation, die alle diese Formen benötigen, finden wir inzwischen neben der ursprünglichen Nutzung leitungsgebundener Kommunikationssysteme zunehmend auch Lösungen, die mit funknetzbasierten mobilen Systemen operieren (vgl. Abschnitt 4.6). Als typische neue Form entsteht dadurch beispielsweise elektronischer Handel auf Grundlage der Mobilfunknetze und von Mobiltelefonen als Endgeräte. Man spricht hierbei auch von M-Commerce (Zobel, 2001). Derartige, technologisch getriebene Varianten entwickeln sich ständig neu.

Neben funktionsfähigen *standardisierten Datenaustauschformaten* sind bei elektronischen Geschäftsprozessen vor allem auch Fragen der *Sicherheit* und des *Vertrauens* zu betrachten. Die Geschäftspartner müssen vor Datenmissbrauch und anderen Schäden, die aus den neuen technologischen Lösungen leicht entstehen können, ausreichend geschützt werden. Darüber hinaus müssen diese auch ohne persönliche „Face-to-Face-Kommunikation" eine Vertrauensgrundlage schaffen, die eine möglichst angenehme, unkomplizierte und ungehinderte Nutzung der Angebote ermöglicht. In diesem Zusammenhang müssen auch funktionsfähige Formen des *Zahlungsverkehrs* verfügbar sein, die zuverlässig, fair und auch für große Teile der Bevölkerung leicht zugänglich sein müssen. Dies ist insbesondere deshalb wichtig, da zunehmend Güter und Dienstleistungen nur noch über elektronische Geschäftsprozesse zugreifbar bzw. verfügbar sein werden und eine Ausgrenzung bestimmter Personen oder ganzer Bevölkerungsgruppen ausgeschlossen werden muss. Hierfür müssen auch zunehmend geeignete gesetzliche Grundlagen sowie Maßnahmen im Bildungssystem geschaffen werden.

# 6.1  Anwendergruppen und Anwenderbeziehungen

In Abhängigkeit von den *Zielgruppen*, die in eine elektronische Geschäftsbeziehung treten wollen, unterscheidet man diverse Formen elektronischer Geschäftsprozesse (Zwißler, 2002). Die Zielgruppen gehen dabei besondere *Kommunikationsbeziehungen* miteinander ein.

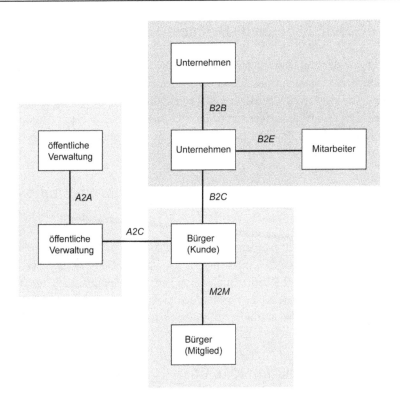

**Abbildung 18** Anwendergruppen und Anwenderbeziehungen (nach Zwißler, 2002)

Im Bereich des elektronischen Geschäftsverkehrs unterscheidet man vor allem drei Bereiche, nämlich öffentlichen Verwaltungen, Unternehmen und Bürger, die in diverse Geschäftsbeziehungen treten. Dabei entstehen typische Geschäftsprozesse.

## 6.1.1 Endkundenbereich (Business-to-Customer, B2C)

Treten Anbieter von Gütern oder Dienstleistungen mit ihren Endkunden in eine Geschäftsbeziehung, so spricht man auch von *Business-to-Customer- oder Business-to-Consumer-Anwendungen (B2C)*. B2C ist die Grundlage für E-Commerce-Systeme. Als *Endkunde* ist im Allgemeinen ein Privatkunde gemeint, der die Geschäftsbeziehung nicht nutzt, um selbst wieder geschäftlich aktiv zu werden.

## 6.1.2    Geschäftsbereich (Business-to-Business, B2B)

Betreibt nicht nur der Anbieter, sondern auch der Kunde einen gewerblichen Geschäftsbetrieb und dienen die Aktionen geschäftlichen Prozessen, so spricht man von *Business-to-Business-Anwendungen (B2B)*. B2B kann in vielen Fällen eine Folge komplexer Interaktionen zwischen den Geschäftspartnern bedeuten. Oftmals nehmen diese Aktionen auch die Form enger Kooperationen ein. Die Funktionsform ist dann eine *elektronische Kooperation (E-Cooperation)*.

## 6.1.3    Innerbetrieblicher Bereich (Business-to-Employee, B2E)

Im innerbetrieblichen Bereich werden elektronische Medien zur Zusammenarbeit zwischen Beschäftigten (Employees) eines Unternehmens genutzt *(Business-to-Employees, B2E)*. Sie dienen der Unterstützung oder Realisierung von *Arbeitsabläufen* innerhalb des Betriebs. Dies ist eine der bereits früh betriebenen Formen des elektronischen Geschäftsverkehrs, da die Einführung von Informationsverarbeitungssystemen in Betrieben im Wesentlichen diesem Zweck folgte.

## 6.1.4    Gemeinschaften (Member-to-Member, M2M)

Bei *Member-to-Member-Anwendungen (M2M)* benutzen Personen eine elektronische Infrastruktur um im Rahmen gemeinsamer Interessen miteinander zu kommunizieren. Typische Beispiele sind Foren und Chats, die der rein sozialen Kommunikation und dem Verfolgen gemeinsamer Interessen innerhalb einer *Gemeinschaft (Community)* dient. Man spricht auch von *virtuellen Gemeinschaften* oder Virtual Communities (*Cybercommunities*).

In den letzten Jahren sind viele überregionale oder auch globale Gemeinschaften durch Anwendungen dieser Art entstanden, die auf anderer Weise nicht möglich oder nicht praktikabel gewesen wären.

## 6.1.5    Öffentliche Verwaltungen (Authorities-to-Citizens, A2C)

Eine wichtige Form elektronischer Geschäftsprozesse ist die Beförderung und Realisierung des elektronischen Austauschs von Informationen, Anträgen, Erklärungen, etc. zwischen öffentlichen Verwaltungen und Bürgern *(Authorities-to-Citizens, A2C; Government-to-Citizens, G2C)*. Diese Beziehung ist die Grundlage von *E-Government*, wo mit Hilfe leistungsfähiger elektronischer Dienste der Verwaltungs- und der Zeitaufwand für Verwaltungen und Bürger verbessert werden soll. Beispiele sind die elektronische Steuererklärung oder das Meldewesen von Gemeinden.

### 6.1.6    Verwaltungsbereich (Authorities-to-Authorities, A2A)

Kommunizieren und kooperieren öffentliche Verwaltungen über elektronische Medien sprechen wir von *Authorities-to-Authorities-Anwendungen (A2A; Government-to-Government, G2G)*. Diese A2A sind eine seit vielen Jahren existierende, aber im Rahmen der öffentlichen Verwaltungsreformen stark zunehmende Form elektronischer Geschäftsprozesse.

Typische Anwendungsbeispiele sind der Datenaustausch zwischen Behörden im Meldewesen oder auch besondere Formen der Amtshilfe zwischen Behörden im Bereich der Strafverfolgung.

## 6.2    Funktionsformen elektronischer Geschäftsprozesse

In Abhängigkeit von ihrem Zweck und ihren Anwendergruppen entstehen wichtige *Grundformen elektronischer Geschäftsprozesse*. Hierbei sind insbesondere die damit verbundenen Aktionen charakterisierend. Außerdem folgen die Modelle inzwischen kulturellen und ökonomischen Entwicklungen und werden von eigenen Fachdisziplinen konzipiert und weiterentwickelt.

Die historisch wichtigsten Funktionsformen elektronischer Geschäftsprozesse sind:

- elektronische Informationsdienste (E-Information), die auf Abruf oder automatisch gewünschte aktuelle Informationen liefern,
- elektronischer Handel (E-Commerce) zum An- und Verkauf von Gütern,
- elektronische Finanzdienste (E-Finance) für das Bank- und Versicherungswesen,
- elektronische öffentliche Verwaltungsdienste (E-Government) sowie
- elektronische Kooperationsformen zur engen, elektronisch mediierten Zusammenarbeit von Personen und Unternehmen (E-Cooperation).

Diese Grundformen prägen sich in vielerlei praktischen Formen aus. Beispiele dafür finden sich in Abschnitt 6.3.

### 6.2.1    Elektronische Informationsdienste (E-Information)

Bei *elektronischen Informationsdiensten (E-Information)* geht es vor allem um die Suche, Verbreitung und Präsentation von Informationen. Der Informationsfluss zwischen Anbieter und Nutzer kann dabei uni- oder bidirektional erfolgen. Die dabei verteilten Informationen können, müssen aber nicht kommerzieller Natur sein. Beispiele sind:

- Firmenwebsites mit Produkt- oder Dienstleistungsbeschreibungen;

- Auskunfts- und Beratungsdienste;

- Medienabruf wie Fotos, Filme und Graphiken;

- öffentliche Informationsdienste wie Statistiken, Wetter, Bildung, Arbeit.

Ein wichtiger Träger für nahezu alle heute verfügbaren Informationsdienste ist das Internet mit dem World Wide Web (WWW). Darüber hinaus gibt es u.a. Faxdienste, E-Mails sowie SMS und MMS.

Bei Informationsdiensten finden sich praktisch alle in Abschnitt 6.1 genannten Anwendergruppen und Beziehungen zwischen diesen.

Bei E-Information finden sich sowohl *nachfragegetriebene Dienste (Pull-Dienste)* als auch *angebotsgetriebene Dienste (Push-Dienste)*. Durch die geringen Kosten und die hohe Automatisierung von Informationsdiensten beobachten wir heute eine in breiten Kreisen kritisierte Informationsflut, die von allem bei nicht nachgefragten Push-Diensten als lästig empfunden wird (z.B. Spam-Mails). Durch besondere Filterfunktionen (z.B. Spam-Filter) versucht man wieder Herr der Situation zu werden.

Ein wichtiges Problem bei elektronischen Informationsdiensten ist die oft unklare *Authentizität* der Information und damit fragwürdige Korrektheit und damit auch der zweifelhafte Wert der Informationen.

## 6.2.2    Elektronischer Handel (E-Commerce)

Der *Elektronische Handel (E-Commerce)* umfasst den Verkauf von Gütern und Dienstleistungen. Die Aktionen reichen dabei von Angebotspräsentationen, Bestellung und Bezahlung bis hin zur Auslieferung. Zentral sind dabei das Zustandekommen des Kaufabschlusses sowie der Leistungstausch, Waren gegen Bezahlung. Zu diesem Zweck werden sichere Transaktionen über das verwendete Netz benötigt.

Die wichtigste Anwenderbeziehung ist dabei eine B2C-Beziehung, in vielen Fällen eine Beziehung von wenigen Anbietern an viele potenzielle Kunden, d h. das Szenario ist auf einen *Massenmarkt* ausgerichtet.

Die Werbung (E-Marketing) zählt dabei zum Bereich von E-Information. Auch die Auftragsbearbeitung, Fertigung und Logistik zählt nicht zur Funktionsform des E-Commerce, sondern findet mit Hilfe anderer Systeme statt.

Die Ähnlichkeit zu Warenhauskatalogen ist groß. Entscheidend ist aber die potenziell hohe Aktualität von Produkten, Preisen und Lieferzeiten. Auch das Realisieren von Aktionen und das Gewährleisten von kundenspezifischen Sonderkonditionen und Rabatten ist leicht möglich.

Eine Sonderform des E-Commerce sind *E-Auktionen*, bei denen der Preis für eine Ware zunächst, möglicherweise unter mehreren Bietern, ausgehandelt werden muss. Solche dynamischen Formen der Preisgestaltung nennt man auch *Negotiation*.

## 6.2.3 Elektronische Finanzdienste (E-Finance)

*Electronic Finance (E-Finance)* umfasst im Wesentlichen standardisierte Finanzdienstleistungen für Endkunden. Beispiele dafür sind die *elektronische Kontoführung (Telebanking, Homebanking)* sowie der *elektronische Wertpapierhandel (Electronic Brokerage)*.

Die für E-Finance benötigten elektronischen Transaktionen müssen auf hohem technischem und organisatorischem Sicherheitsniveau realisiert werden. Eigene Protokolle und besondere Authentisierungsmechanismen sollen sicherstellen, dass nur die gewünschten Geschäftspartner die Transaktionen tätigen können.

Inzwischen sind eine Reihe von Finanzinstituten entstanden, die nur noch elektronische Dienste anbieten. Auch die klassischen Banken und Sparkassen bieten zunehmend günstige Konditionen für den elektronischen Finanzverkehr, um Kosten für Personal zu sparen und 24 Stunden und 7 Tage (24/7) verfügbar zu sein. Dabei dünnt sich das Angebot an Vor-Ort-Dienstleistungen in den Stadtteilen aus und die Kunden werden zunehmend zunächst durch geringere Kosten motiviert und später de facto gezwungen, an den elektronischen Dienstleistungen teilzunehmen. Da ein großer Teil der Bevölkerung aus verschiedensten Gründen daran nicht teilnehmen kann, sind zunehmend Ausgrenzungen von großen Bevölkerungsgruppen zu befürchten. Dies wird durch einen Generationenwechsel in der Bevölkerung zwar gemildert, nicht jedoch verhindert.

## 6.2.4 Elektronische Verwaltung (E-Government)

Der Begriff *E-Government* ist zu Beginn der 90er Jahre mit den Bestrebungen der damaligen Regierung von Bill Clinton aufgetaucht, als man damit begann, die Vorteile, die das Internet den Wirtschaftsunternehmen brachte, auch auf die öffentlichen Verwaltungen zu übertragen (Mehlich, 2002). Obwohl das Gebiet gerade noch am Anfang steht, kann man mit folgender Definition in Anlehnung an eine Definition der Gesellschaft für Informatik (GI) arbeiten:

> *E-Government ist die Durchführung von Prozessen der öffentlichen Willensbildung, der Entscheidung und der Leistungserstellung in Politik, Staat und öffentlicher Verwaltung unter intensiver Nutzung der Informationstechnik.*

Unter E-Government versteht man vor allem die Einführung von Online-Anwendungen in der öffentlichen Verwaltung. Dabei wird zunehmend auch der Begriff der *E-Governance* verwendet, der vor allem die Bund- und Länderfunktion zur Anpassung der Rahmenbedingungen für E-Government zusammenfasst, wie beispielsweise den Aufbau von Infrastrukturen und Ausrüstungen für elektronische Signaturen und elektronisches Ausweis-, Dokumenten- und Urkundenwesen (Mehlich, 2002).

E-Government bedient sich diverser Anwenderbeziehungen, besonders aber der Beziehung Government-to-Citizen (auch Authority-to-Citizen, A2C oder Government-to-Customer, G2C genannt). Eine wichtige Ebene für E-Government ist daher die kommunale Ebene, die eine Vielzahl direkter Dienste für den Bürger erbringt, die zunehmend auch elektronisch ermöglicht werden. Die möglichst breite Zugänglichkeit dieser Dienste ist von besonderer Bedeutung, da mit Einführung von elektronischen Diensten oft die persönlichen Dienstleistungen nach und nach abgebaut werden. Inwieweit die breite Bevölkerung heute schon dafür vorbereitet ist, darf in Frage gestellt werden. Da es aber ein langwieriger Prozess sein wird, um große Funktionsbereiche der öffentlichen Verwaltungen mit elektronischen Diensten auszustatten, ist es wichtig, bereits heute Erfahrungen mit solchen Diensten zu sammeln und diese bürgergerecht zu entwickeln. E-Government befindet sich trotz früher Vorläuferprojekte anders als andere Formen elektronischer Geschäftsprozesse noch ziemlich am Anfang. Ein Problem ist und bleibt wahrscheinlich die Vielfalt der Anforderungen, Lösungsansätze, Plattformen und Speziallösungen, die schon heute eine gemeinden- oder gar länderübergreifende Vernetzung und Integration der Lösungen behindert oder unmöglich macht. Insofern werden spezielle Formulare künftig durch spezielle Bildschirmformulare mit nicht standardisierten Datensätzen ersetzt werden. Durch elektronische Portale sowie Digitalisierungsstationen für Papierpost lassen sich jedoch heute bereits papierlose Verwaltungsprozesse realisieren, die zumindest die Grundlage für flexible und kontrollierte Arbeitsabläufe (Workflow) und automatisierte Informations- und Dokumentationszentren bilden.

## 6.2.5    Elektronische Zusammenarbeit (E-Cooperation)

Viele Geschäftsprozesse erfordern eine enge Kommunikation, Koordination und Kooperation der beteiligten Geschäftspartner. Aus nahe liegenden Gründen werden auch für Aktivitäten dieser Art elektronische Medien eingesetzt, um zu einer *elektronischen Zusammenarbeit (E-Cooperation)* zu gelangen.

 E-Cooperation bedarf nicht nur flexibler Kommunikation zwischen Personen. Es ist vielmehr notwendig, mit Hilfe von Kooperationsplattformen auch das gemeinsame Betreiben eines Dokumenten- und Daten-Repositories zu realisieren. Diese dynamischen Informationspools erlauben den Beteiligten einen gemeinsamen Informationsstand aufzubauen und aufrecht zu erhalten. Erfolgreiche E-Cooperation erfordert die Integration unterschiedlicher Informationsverarbeitungssysteme, sogenannter *Legacy-Systeme*, bei den beteiligten Partnern.

Theorien, Methoden und technische Plattformen für E-Cooperation werden im Gebiet des *Cooperative Computer-Supported Cooperative Work (CSCW)* entwickelt. Manche sprechen dabei auch von *Cooperative Computer-Supported Collaborative Work*.

Eine wichtige Grundlage für E-Cooperation ist im Bereich der Routinearbeiten die Modellierung und elektronische Abbildung von *Arbeitsabläufen (Workflow)*. Mit Hilfe sogenannter *Workflowsysteme* wird die Bearbeitung von Vorgängen durch eine elektronische Ablaufsteuerung unterstützt und überwacht.

Bei großen und komplexen Datenmengen werden *Dokumentenmanagementsysteme (DMS)* sowie *Data Warehouses* verwendet. Mit Hilfe von *Data Mining* können diese Daten vielfältig ausgewertet, zusätzlich vernetzt und für die Optimierung der Geschäftsprozesse eingesetzt werden.

# 6.3 Typische elektronische Geschäftsarchitekturen

Im Folgenden finden sich eine Reihe typischer Geschäftsprozesse mit spezifischen organisatorischen und technischen Architekturen (Systemarchitekturen). Darüber hinaus gibt es viele weiterer Formen, die sich auch ständig verändern und weiterentwickelt. Auch die Bezeichnungen für diese Geschäftsprozesse sind vielfältig und folgen nicht einer bestimmten Ordnung.

## 6.3.1 E-Information-Architekturen: Portale und Präsentationen

Je breiter Informationsdienste hinsichtlich ihrer Zielgruppen angelegt sind, desto einfacher müssen sie technisch und hinsichtlich ihrer Bedienung realisiert sein. Deshalb wird für die Technik meist auf die ohnehin breit verfügbare Web-Technologie gebaut, die es weitgehend unabhängig von Hardwareplattformen erlaubt, auf Informationsseiten zuzugreifen. Die Präsentationen erfolgen in einem *Browser*. Als Struktur der Informationen häufig wird das sogenannte *Portal* gewählt.

Portale sind menüartige Informationsstrukturen, die es den Benutzern erlauben, von einzelnen Einstiegswebseiten schrittweise zu spezifischen Inhalten zu gelangen. Das Navigieren erfolgt über Weblinks, die textlich oder bildlich so gewählt sind, dass sich der Informationsinhalt intuitiv erschließen lässt. Die Informationsseiten selbst können an die Eigenschaften der zu präsentierenden Information multimedial ausgeprägt werden. Zusätzlich zur Verfolgung von Links kann innerhalb der Portale meist über lokale Suchmaschinen nach Inhalten gesucht werden.

Die Informationsseiten der Portale können statisch, oft auf Grundlage einheitlicher Gestaltungsschablonen (Templates) vorbereitet werden. Sie können aber auch aus Inhalten verbundener Informationssysteme (Datenbanken) mit Hilfe der *Serverpage-Technik* bei Anfrage generiert werden. Eine starke Trennung von Inhalt und Darstellung ermöglicht die Pflege des

Systems durch spezialisierte Kompetenzen, vor allem Gestalter für die Präsentation und Anwendungsfachleute für die Inhalte.

Informationsportale nehmen inzwischen wichtige Funktionen in der Versorgung mit Informationen im öffentlichen und im privaten Bereich ein. Hier einige typische Portalanwendungen:

- Präsentation von Firmen und ihren Produkten und Dienstleistungen
- Stadt- und Touristikinformationen (siehe Abbildung 19)
- Wetterdienste
- Beratung für Recht, Gesundheit und Bildung
- Arbeitsvermittlung
- statistische Ämter
- Fahrpläne
- Lexika und Wörterbücher

Die Liste lässt sich fast beliebig fortsetzen und ständig entstehen neue Anwendungen, die bisherige Informationsdienste vor allem in gedruckter Form ersetzen. Das Potenzial ist noch lange nicht ausgeschöpft, wobei sich immer wieder die Frage stellt, wie werden die Angebote finanziert und aktualisiert. Abgesehen von öffentlichen Informationsdiensten finden sich zunehmend private Anbieter mit hochwertigen, kostenpflichtigen Informationsdiensten. Aber auch kollektiv aufgebaute Informationsportale wie z.B. die Wikipedia-Enzyklopädie zeigen, wie E-Information nicht nur eine unidirektionale, sondern eine hochwertige bidirektionale Dienstleistung mit Informationsnutzern und Informationsgebern werden kann.

Die Bedeutung und die Zunahme von E-Information sind kaum abschätzbar. Es muss aber davon ausgegangen werden, dass zunehmend alle Informationsdienste zumindest zusätzlich über das Internet mit dem World Wide Web elektronisch verfügbar sein werden. Es ist inzwischen sinnvoll und lohnend neue Informationsdienste sofort auf dieses Medium abzustützen, so dass Printlösungen bedarfsweise eher sekundär aus der elektronischen Lösung so weit wie möglich automatisch abgeleitet werden. Sogenannte *Mixed-Media-Lösungen* sind Konzepte, die mehrere Medien, z.B. WWW, CD-ROM und Printmedien, aus möglichst einer Quelle produzieren.

**Abbildung 19** E-Information-Portal der Hansestadt Lübeck (www.luebeck.de)

Informationsportale, wie zum Beispiel Stadtinformationssysteme, sollen auf kurzen Navigationswegen aktuelle Information bieten. Sie vernetzen sich mit anderen Informationsanbietern, geben Empfehlungen, bieten Buchungsmöglichkeiten, werben für Firmen, führen Umfragen durch und liefern aktuelle, in Bezug zum Portal stehende Nachrichten.

## 6.3.2    E-Commerce-Architekturen: E-Shops, E-Malls und E-Auktionen

Für viele Anwendungen von E-Information-Systemen bietet es sich an, auch *Transaktionen*, vor allem im Sinne einer Bezahlung oder eines Kaufs zu realisieren. Man spricht dann von E-Commerce-Systemen. Dies beginnt bereits beim Abruf kostenpflichtiger Informationen. Hierzu müssen Auftrag, Bezahlung und Lieferung realisiert werden. Der Auftrag findet durch interaktive Auswahl der gewünschten Information, die Bezahlung möglicherweise über Kreditkarte oder Lastschrift und die Lieferung durch die Online-Bereitstellung einer Datei oder Ähnlichem statt.

Das E-Commerce-Konzept kann weiter für die Auswahl, Bestellung, Bezahlung und Lieferung von beliebigen Dienstleistungen oder Waren weiterentwickelt werden. In *E-Shops* werden vor allem Waren in Warenhausportalen multimedial angeboten. Über einen Warenkorb kann der Kunde die Waren einsammeln und am Schluss an der Kasse bezahlen. Ausgeklügelte Angebotssysteme beraten den Kunden und bieten ihm über sogenannte *Recomendersysteme* aufgrund gesammelter Navigations- und Kaufinformation individualisierte Angebote an. Das bekannteste Beispiel dürften elektronische Buchhandlungen, insbesondere der Pionier *Amazon*[27] sein. Hier wurde von Investoren jahrelang ein neues Konzept subventioniert, das sich inzwischen nicht nur als ökonomisch, sondern auch als Markführer und Leitbild für eine neue Ära des „Shoppens" darstellt. Auf den ersten Blick sehen E-Shops wie E-Information-Systeme aus. In Wirklichkeit ist das E-Information-System nur ein kleines Frontend für ein herkömmliches vertriebsorientiertes Warenwirtschafts- und Logistiksystem. Das heißt, die eigentliche Wertschöpfung findet hinter der Kulisse statt. Wichtig für E-Shop-Systeme ist eine Ware, die sich über das WWW gut darstellen lässt sowie ein funktionsfähiges schnelles und skalierbares Warenwirtschafts- und Logistiksystem. Viele Projekte scheitern an diesen Voraussetzungen.

Kleinere Anbieter kämpfen mit dem Problem überhaupt wahrgenommen und als Anbieter angenommen zu werden. *E-Malls*, d. h. elektronische Einkaufszentren, versuchen im Verband nicht oder wenig konkurrierender Anbieter Kunden für ein Angebotsspektrum zu gewinnen, wo beim Kauf eines Produkts der Bezug zum Nachbaranbieter hergestellt werden kann (siehe Abbildung 20). Der Buchhändler verknüpft beispielsweise mit einem Buchantiquariat, möglicherweise über Provisionen bei erfolgreicher Weitervermittlung. Ähnliches findet sich beim sogenannten *Co-Branding*, bei dem sich Markenanbieter mit anderen Markenanbietern nicht konkurrierend verknüpfen und dem Kunden die gesamte Lösung „aus einer Hand" anbieten. Der Buchhändler verweist beim Kauf eines Buches, das als Geschenk ausgeliefert werden soll, gleich auf den Blumenhändler, der den passenden Blumenstrauß dazu liefert.

---

[27] www.amazon.de; inzwischen gibt es eine Vielzahl weiterer web-basierter Buchhandlungen wie BOL (www.bol.de), Buch.de (www.buch.de) oder Libri (www.libri.de)

Buch und Blumenstrauß werden gemeinsam verschickt und dem Kunden als „Bündel" ohne Mehraufwand verkauft.

Nicht immer stehen Preise für Waren oder Dienstleistungen fest. *E-Auktionen* erlauben es Waren zu ersteigern. Das höchste Gebot erhält nach Ablauf einer festgelegten Zeit, die von wenigen Minuten bis zu Wochen reichen kann, den Zuschlag. Die Kunden können in der Auktionszeit bieten und, falls sie überboten werden, weiter bieten. So treiben sich Kunden nicht nur aus Interesse an der Ware, sondern oft aus reiner Lust am Gewinnen zu Kaufpreisen, die keinen rationalen Bezug mehr zum Warenwert haben. Umgekehrt kann es dem Verkäufer passieren, dass er mangels Bieter die Ware zu seinem Mimimalgebot abgeben muss. Die Zahlung erfolgt auf unterschiedlichster Weise. Meist muss die Bezahlung erfolgt sein, bevor der Käufer seine Ware erhält. Das Risiko liegt dabei meist beim Käufer. Treuhänderkonten können das Risiko abfangen, erzeugen aber zusätzliche Kosten, so dass bei kleineren Werten die Risiken im Allgemeinen eingegangen werden. Das bekannteste Online-Auktionshaus *ebay* hat das System der Online-Auktion verbreitet und verknüpft sich mit einer Vielzahl von kommerziellen Anbietern und Preisberatern. Andere Auktionisten erlauben es Käufern einen Preis für eine gewünschte Ware oder Dienstleistung festzulegen und suchen dann einen entsprechenden Anbieter. Ein weiteres Modell sind *rückläufige E-Auktionen (Reverse Auctions)*, die von einem Startpreis ausgehend den Preis senken, bis ein Käufer einsteigt.

Es wurde immer wieder prognostiziert, dass E-Commerce-Systeme die klassischen Märkte zerstören würden. Dies ist bislang nicht eingetreten. So benutzen heute elektronische Buchhändler zum Teil die bestehenden Einzelhändler sogar als Auslieferstellen, bei denen der Kunde seine Ware abholen kann. In ähnlicher Weise verbinden sich die Vorteile von Online-Angeboten mit dem klassischen Fach- und Einzelhandel, so dass zunächst davon ausgegangen werden muss, dass die Vertriebssysteme sich nicht einfach austauschen, sondern komplexe Geschäftsbeziehungen eingehen, um den Kunden das komfortabelste Angebot machen zu können. Der günstigste Preis ist dabei nicht immer das entscheidende Kriterium. Viele leistungsfähige E-Commerce-Anbieter sind längst etablierte Handelsunternehmen mit leistungsfähigen Warenwirtschafts- und Logistiksystemen. Das Online-Frontend ist oft der kleinste, wenn auch nicht unwichtigste Teil des Gesamtsystems.

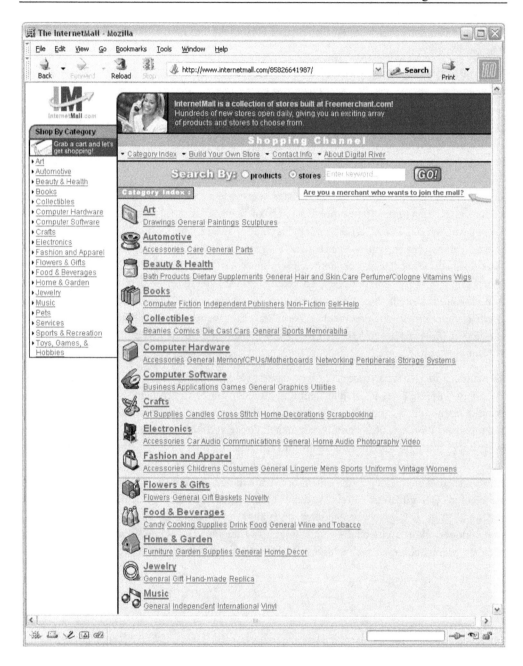

**Abbildung 20** E-Mall mit diversen E-Commerce-Anbietern (www.internetmall.com)

E-Malls bieten, ähnlich wie normale Einkaufszentren, die Möglichkeit mit mehreren Anbietern unterschiedlicher Waren gemeinsam aufzutreten. Der Kunde soll über ein Portal „alle" seine Einkäufe tätigen.

### 6.3.3    E-Finance-Architekturen: Telebanking und Electronic Brokerage

*Telebanking*, oft auch *Homebanking* genannt, ist ein Netzdienst, der für viele Bürger bereits so weit zur Selbstverständlichkeit geworden ist, dass sie sich kaum erinnern können, ihre eigene Bank persönlich besucht zu haben, da praktisch alle relevanten Bankaktionen damit realisiert werden können und selbst die Bargeldbeschaffung über fast beliebig verfügbare Geldautomaten kooperierender Kreditinstitute möglich ist. Diese Entwicklung hat konsequenter Weise dazu geführt, dass neue Banken oder Tochterunternehmen klassischer Banken inzwischen überhaupt keine aufsuchbaren Bankbetriebe mit den bekannten Bankschaltern mehr betreiben.

*Electronic Brokerage* war ursprünglich ein Dienst zwischen Banken und Börsen. Heute handeln Bürger selbst über entsprechende Portale, gewinnen dadurch Zeit und sparen Gebühren (siehe Abbildung 21).

Die laufend weiterentwickelten und aktualisierten Dienste mit *Sicherheitsmechanismen* haben eine Vertrauensgrundlage geschaffen, die zwar kritisch diskutiert, im Markt aber praktisch ohne größere Probleme zur Nutzung dieser Dienste durch die breite Bevölkerung geführt hat. Telebanking hatte selbst vor der Verfügbarkeit des Internets eine beträchtliche Verbreitung. In Deutschland wurden vor dem Internet die sogenannten Datex-Protokolle, wie z.B. Datex-J (BTX), über Telefonleitungen genutzt. Aus dieser Sicht heraus kann man sogar feststellen, dass Telebanking eine der frühen „Killerapplikationen" darstellt, die viele Bürger motiviert hat, sich in elektronische Geschäftsprozesse einzuklinken. Durch neuere, von der Kreditwirtschaft allgemein eingesetzte Sicherheitsstandards wie das *Home Banking Computer Interface (HBCI)* wurden grobe Sicherheitslücken beseitigt, was nicht bedeutet, dass die Nutzung von Telebanking heute keine Risiken für die Endkunden birgt. In diesem Bereich finden sich viele Kriminelle, die immer wieder mit neuen Tricks und Angriffen versuchen, das Geld der Kunden über andere als die beabsichtigten Pfade abfließen zu lassen. *Phishing*, d.h. das Ausspionieren von Benutzerkennzeichen und PINs ist eine inzwischen verbreitete, primitive, aber wirksame Methode an die Telebanking-Accounts der Bankkunden zu kommen. Allein die große Zahl von Bankkunden erlaubt es, auch bei kleinen statistischen Chancen naive Benutzer zu finden, die glauben nur ihre Accounts gegenüber der Bank zu bestätigen, während Kriminelle, oft aus anderen Ländern, die Zugangsdaten einholen und selbst nutzen.

Trotz übrig bleibender Risiken sind elektronische Finanzdienstleistungen bei allen Kreditinstituten eine strategische Ausrichtung, die teure Filialen in den Wohngebieten auf immer größere Einzugsgebiete reduzieren lässt. Es ist zu erwarten, dass in Kürze die ersten Kunden unakzeptable Aufwände auf sich nehmen müssen, um ihre Bank zum persönlichen Kontakt aufsuchen zu können. Aufgrund der intrinsischen Virtualität des Kreditwesens ist *Electronic Finance* daher als eine der Vorläuferbranchen für elektronische Geschäftsprozesse anzusehen. Dies gilt zunehmend für den B2C-Dienst Telebanking und noch in höherem Maße für die weltweite B2B-Vernetzung der Kreditinstitute zu einem weltumspannenden, zunehmend lückenlosen Transaktionsnetz für Finanzoperationen jeglicher Art.

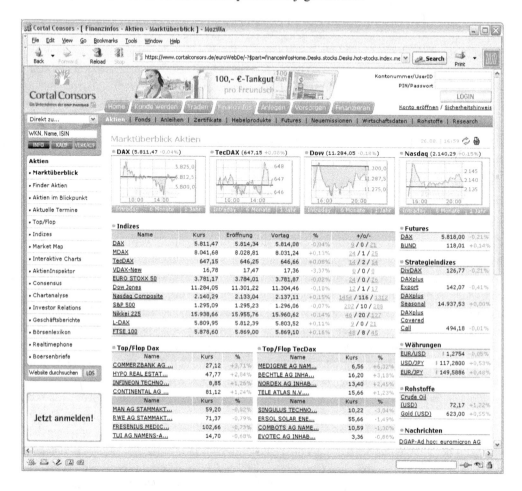

**Abbildung 21**  Web-Portal für Electronic Brokerage (www.consors.de)

> Web-Portal für Electronic Brokerage mit laufend aktualisierten Börsenkursen, Analysteninformationen und Werbung. Durch eine Registrierung kann direkt an internationalen Börsen gehandelt werden.

# 6.4     Elektronischer Zahlungsverkehr

Die meisten elektronischen Geschäftsprozesse bedürfen auch monetärer Transaktionen, sprich Bezahlvorgängen. Natürlich können in vielen Fällen dafür zunächst bekannte Zahlungsmethoden wie Überweisungen oder Schecks verwendet werden. Dies ist immer noch eine in vielen Fällen praktizierte Methode. Nun ist der elektronische Geschäftsverkehr, insbesondere natürlich E-Commerce, gekennzeichnet von schnellen, elektronisch unterstützten Such- und Entscheidungsverfahren. Es ist wenig attraktiv, auf dem einen Kanal zu bestellen und einem völlig anderen, womöglich auch noch langsamen Kanal, zu zahlen. Dabei wird der Vorteil der unmittelbaren, systemunterstützten Auswahl von Waren und Dienstleistungen teilweise wieder durch langsame und aufwändige Zahlungsvorgänge über andere Kanäle zunichte gemacht. Dies gilt auch, wenn beispielsweise der Kauf einer Ware in einem E-Shop durch eine Überweisung über Telebanking realisiert wird. Folgende Methoden erlauben besser adaptierte Zahlungsmethoden.

## 6.4.1     Lastschrift

Grundsätzlich kann ein Kunde einem Lieferanten oder Dienstleister berechtigen, die anfallenden Kosten über ein *Lastschriftverfahren* einzuziehen. Dies ist ein bekanntes und bewährtes Verfahren, sofern die Geschäftsbeziehung einigermaßen stabil, vertraulich und längerfristig besteht. Die Berechtigung zum Einzug muss explizit und schriftlich erteilt werden. Sind die Geschäftsbeziehungen eher kurzfristig und flüchtig, ist ein solches klassisches und bewährtes Verfahren nicht einsetzbar. Es werden daher schnellere und flexiblere Methoden benötigt.

## 6.4.2     Kreditkarten

Kreditkarten waren ursprünglich als Zahlungssystem entwickelt worden, um das Austauschen von Bargeld bei Zahlungsvorgängen im Alltag zu vermeiden. Stattdessen erfolgt eine Transaktion zur Zahlung über die Kreditkarte, die in vielen Fällen direkt und online auf Gültigkeit und noch verfügbarem Kreditrahmen geprüft wird. Als Seiteneffekt, man könnte auch sagen Zufallsabfallprodukt, lassen sich Kreditkarten günstig bei einzelnen Transaktionen einsetzen. Der Käufer übermittelt mit Bestellung seine Kreditkartendaten, so dass mit Lieferung eine entsprechende Belastung durch den Lieferanten oder Dienstleister erfolgen kann. Die zunehmende Nutzung von Kreditkartenzahlungen im Internet wird zumindest bei Transport der Daten im Netz oft durch gesicherte Protokolle wie z.B. HTTPS abgesichert.

Der vielfache Missbrauch des Verfahrens ist hinlänglich bekannt. Durch Zusatznummern, die nur auf den Karten stehen, nicht aber Teil der Kreditkartennummer sind, wurde der Missbrauch geringfügig erschwert, da hierbei typischerweise die Karte selbst vorliegen muss. Offen herumliegende Belege mit der Kreditkartennummer werden dabei für Betrüger nutzlos. Trotz der Risiken und des massiven Missbrauchs ist das Kreditkartenverfahren weit verbreitet. Der Missbrauch wird im Allgemeinen durch Versicherungen abgesichert, so dass es für die Kunden bei sorgfältigem Umgang mit den Kreditkarten selten zum persönlichen Finanzschaden kommt. Durch nicht unerhebliche Ausgabegebühren zahlt der Kunde diese Versicherung natürlich mit. Die Händler beteiligen sich am Komfort und der Versicherung des Verfahrens durch eine Provision an der Kaufsumme in der Größenordnung von 2-6%. Dies ist ein Beispiel, dass es nicht nur eine Frage der Sicherheit ist, ob ein Zahlungsverfahren Verbreitung findet.

## 6.4.3    Geldkarten

Geldkarten sind eine Anwendung von *Smart-Cards*. Smart-Cards sind scheckkartengroße Plastikkarten mit eingegossenem Mikrocomputer und Speicher. Sie erlauben es mit anderen Computeranwendungen über anwendungsspezifische Protokolle zu kommunizieren. Insbesondere können „Kartenleser" diese komplementären Computer darstellen mit denen eine Smart-Card kommuniziert. Daten, die verschlüsselt oder signiert werden, werden an die Smart-Card übergeben und werden anschließend mittels eines dort fest eingespeicherten geheimen Schlüssels verarbeitet. Der verschlüsselte Datensatz geht dann zurück an den Kartenleser.

Auf Grundlage dieses Verfahrens können Smart-Cards als Geldkarten verwendet werden. Die verteilte Anwendung auf Geldkarte und Kartenleser führt Buchungen durch, die die Karte wie ein Konto behandeln. Die Geldkarte ist dabei so sicher wie das eingesetzte Verschlüsselungsverfahren (kryptographische Verfahren).

Inzwischen werden Geldkarten oft kombiniert mit Bank- oder Kreditkarten verwendet und sind daher millionenfach verfügbar. Sie sollen in naher Zukunft den anonymen Austausch kleiner Beträge ermöglichen, wie er insbesondere an Automaten benötigt wird. Trotz Verfügbarkeit der Geldkarten ist bislang eine noch schwache Nutzung festzustellen. Als ein Grund ist die Bindung des auf die Karte geladenen Geldes an die Karten zu sehen, die wie z.B. Bankkarten nach einiger Zeit ungültig und durch neue Karten ersetzt werden. Das auf die Karte gebuchte Geld muss dann wieder entladen oder umgeladen werden. Andere Gründe liegen in der erfahrungsgemäß kulturell starken Bindung von Bürgern an Papiergeld und Münzen, die jederzeit sichtbar und fühlbar sind. Einer Geldkarte sieht man den gespeicherten Wert nicht an. Auch portable Lesegeräte ändern daran nicht viel.

## 6.4.4    Micropayments und elektronische Gutscheine

Bei der Bereitstellung elektronischer Dienstleistung insbesondere im WWW werden bei den verschiedensten Gelegenheiten kleine Zahlungen fällig. So zum Beispiel beim Abruf bestimmter kostenpflichtiger Informationsseiten oder bei kleinen Dienstleistungen. Zahlungsvorgänge dieser Art, sogenannte *Micropayments,* im Bereich von Bruchteilen von Cents bis zu ca. 5 € dürfen dabei nur geringe Kosten verursachen, da sonst die Zahlung sinnlos würde. Zahlungen über ca. 5 € werden dagegen als *Macropayments* bezeichnet.

Die Realisierung vom Micropayments erfolgt durch das Kaufen von elektronischen Gutscheinen typischerweise elektronisch über Macropayments bei einem *Broker*. Die Gutscheine können dann beim Händler ohne Bankkontakt eingelöst werden. Dieser führt über die eingenommenen Micropayments Buch und rechnet diese dann über Macropayments mit einem entsprechenden Broker ab. Die Gutscheine sind im Allgemeinen zeitlich befristet, können aber gegen neue Gutscheine getauscht werden.

Die Gutscheine sind nicht frei verwendbar, da sie nur von bestimmten Brokern ausgegeben und wieder eingenommen werden. Kunden müssen also auch Gutscheine unterschiedlicher Broker für unterschiedliche Händler in ihrem *Wallet* verwalten. Ein Wallet ist eine Art elektronischer Geldbörse in Form einer Datei auf irgendeinem meist mobilen Datenträger, wie z.B. ein PDA, Smart-Card oder auch einem Mobiltelefon.

Das Verfahren wird von verschiedenen Anbietern eingesetzt. In ähnlicher Weise werden Punktekonten von Lieferanten als Treuebonus oder als Rabatte geführt, über die die Kunden einkaufen können. Diese sind im Nutzen aber noch stärker als die eigentlichen Micropayments eingeschränkt.

## 6.4.5     Elektronisches Geld

Elektronisches Geld oder *eCash* können als digitale Münzen angesehen werden. Die Münzen werden von einer Bank für einen bestimmten Kunden mit einem festen Wert und einer digitalen Signatur „geprägt" und in ein Wallet des Kunden eingespielt. Sie werden vom Händler dann wieder vernichtet, indem sie dieser beim Zahlungsvorgang von der ausgebenden Bank überprüfen und bestätigen lässt. Zu zahlender Betrag und verfügbare eCash-Münzen müssen betragsmäßig zusammenpassen, da Wechselgeld nicht möglich ist. Das Abzählen der Münzen passend zum Zahlbetrag kann eine *Wallet-Software* übernehmen.

Elektronisches Geld ist bei der Zahlung anonym und durch kryptographische Verfahren gegen Fälschung gesichert. Das mehrfache Ausgeben derselben elektronischen Münze wird durch das Generieren von Zusatzinformationen beim Zahlungsvorgang verhindert.

Trotz der Sicherheit des Verfahrens und einer Vielzahl von Vorteilen gegenüber Geldscheinen und Münzen konnte sich eCash nicht durchsetzen. Die Prüfung beim Zahlungsvorgang ist sehr aufwändig und über die Zahlungsdaten muss Buch geführt werden, damit keine Doppeleinreichungen möglich sind. Das Unternehmen DigiCash, das bis 1998 versucht hatte, diese elektronische Zahlungsform zu etablieren, ist nicht mehr am Markt. Die Deutsche Bank hat das Zahlungsverfahren lizenziert, setzt es inzwischen aber nicht mehr ein. Das Verfahren kommt in der Zukunft aufgrund seiner Vorteile möglicherweise wieder irgendwann zum Einsatz.

# 6.5    Codes und Datenaustauschformate

Beim elektronischen Geschäftsverkehr müssen zum Zweck der automatischen Verarbeitung oder Speicherung von Daten geeignete Datenaustauschformate definiert werden. Diese geben Codes und Datenstrukturen vor, die im Rahmen der Dienste einzuhalten sind.

## 6.5.1    Texte, Alphabete und Codes

Eine der ersten Festlegungen beim Datentausch war es, die zulässigen Zeichencodes festzulegen. Beispiel eines frühen Zeichencodes war der *ASCII-Code*. Dieser Code definierte Buchstaben, Zahlen, Satz- und Sonderzeichen und kodierte diese in 7 Bit. Weitere, auch herstellerspezifische und national angepasste Codes folgten. Inzwischen werden für den international funktionsfähigen Datentausch Codes mit universellen Alphabeten wie dem ISO 8859 eingesetzt. Dieser stellt eine Obermenge von ASCII dar, unterstützt aber landespezifische Alphabete. Eine Weiterentwicklung stellt die durch den Standard ISO 10646 *UCS-Codierung* dar, die 4 Byte pro Zeichen verwendet. Spezielle Varianten wie UTF-8 oder UTF-16 erleichtern die Kompatibilität mit einfacheren Codes wie dem ISO 8859 oder dem ASCII-Code. Man nennt diese Varianten den *Unicode*.

Bei der Übertragung von Dateien mit multimedialen Inhalten wie zum Beispiel Text, Graphik, Audio- und Videoinhalte werden Codierungsmethoden und dazugehörigen Dateitypen, sogenannte *MIME-Typen* festgelegt. Sie erlauben es, in ein Dokument verschiedene Dateitypen einzubetten, zu versenden und wieder korrekt zu dekodieren. Durch Kopplung von Sicherheitsmechanismen zur Authentizität, Vertraulichkeit und Datenintegrität (siehe Abschnitt 6.6) mit derart eingebetteten Daten erlaubt S/MIME auch Anwendungen mit höheren Sicherheitsanforderungen zu realisieren.

## 6.5.2    Electronic Data Interchange (EDI)

In vielen Anwendungen im Bereich des elektronischen Geschäftsverkehrs werden elektronische Formulare zur strukturierten Datenerfassung und Datenübertragung benötigt. Zur Unterstützung solcher Dienste wurde bereits in den 70er Jahren *EDI-Verfahren* etabliert.

EDI-Anwendungen wurden vor allem in der Großindustrie mit einem hohen Volumen an Bestell- und Liefervorgängen eingeführt. Kleine und mittlere Betriebe haben sich diesem Verfahren vor allem als Zulieferer angeschlossen.

Trotz seiner begrenzten Verbreitung war EDI ein wichtiger Schritt, auch Geschäftsverfahren zu standardisieren. Die bei EDI festgelegte Syntax ist dabei weniger wichtig als die standardisierten Strukturen, die auch in neueren Standards unmittelbar Anwendung finden können.

## 6.5.3 Extensible Markup Language (XML)

Bei Internet-basierten Anwendungen werden zunehmend, ähnlich wie bei EDI, standardisierte und in ihrer Bedeutung festgelegte Datensätze ausgetauscht. Auf Grundlage einer früheren Entwicklung, nämlich der Markup-Sprache SGML für strukturierte Dokumente, bei denen der Inhalt von der äußeren Form getrennt wurde, wurde zunächst *HTML (Hypertext Markup Language)* für die Darstellung von Daten in Webbrowsern und später *XML (Extensible Markup Language)* entwickelt.

Während HTML für die Bildschirmpräsentation gedacht war, dienen XML-Strukturen auch für die automatische Weiterverarbeitung von Daten. Sie dienen damit sowohl Präsentations- als auch Repräsentationsfunktionen.

Auf der Grundlage von XML entstehen zunehmend anwendungsspezifische *DTDs (Data Definition Descriptions)*, die die Funktion von EDI übernehmen können. Bei Erweiterung einer DTD bleiben die früher erstellten Dokumente nutzbar. Auch stören die Erweiterungen die bestehenden Anwendungen nicht, da neue Markups, das heißt die Ergänzungen, einfach ignoriert werden.

## 6.5.4 Dokumentenmanagement und Workflow

Elektronische Geschäftsprozesse laufen nicht nur zwischen vernetzten Geschäftspartnern ab, sondern vor und nach dem Austausch von Daten vor allem auch innerhalb von Betrieben. Zur Steuerung der Arbeitsabläufe, zum definierten Fluss von Dokumenten durch einen Betrieb sowie zum Dokumentenmanagement lassen sich sogenannte *Vorgangsbearbeitungssysteme*, auch *Workflowsysteme* genannt, verwenden.

Im Bereich der öffentlichen Verwaltungen wurde zum Zweck der Schaffung einer Plattform für das E-Government der *DOMEA-Standard (Dokumentenmanagement und elektronische Archivierung)* entwickelt. Mittels DOMEA kann ein Organisationskonzept für einen Geschäftsvorgang mit einer elektronischen Akte definiert werden, bei dem

- die Eingangsbearbeitung,
- Vorgangsbearbeitung,
- Postausgang und
- Archivierung

beschrieben werden. Auf Grundlage einer solchen Beschreibung kann eine (Teil-)Automatisierung des Vorgangs realisiert werden. Dabei können beispielsweise Anbindungen an Sachbearbeitungsfunktionen, Content-Management-Systeme, Formularmanagementsysteme sowie Zahlungsverkehrsplattformen erfolgen. Die Datenbeschreibungen können dabei auch mit XML-DTDs vorgenommen werden.

Als praktisch einsetzbares Instrument wurde bei DOMEA auch darauf geachtet, herkömmlich papierbasierte Vorgänge mit elektronischen Vorgängen sowohl verwaltungsintern als auch im Außenverhältnis verknüpfen zu können (hybride Vorgänge und Akten). Bei der praktischen Einführung von digitalen Medien ist dies eine wichtige Grundlage, da es normalerweise weder eine rein papierbasierte noch eine rein elektronische Informationsverarbeitung geben wird. Das papierlose Büro wird noch für viele Jahrzehnte, vielleicht auch auf Dauer eine Vision bleiben.

Dokumentenmanagement und Workflow wurde außer mit DOMEA mit vielen anderen Konzepten und Beschreibungsformalismen betrieben. Betriebliche IT-Systeme werden zunehmend im Betrieb wie auch in der Vernetzung nach außen durch derartige, meist hybride Systeme realisiert.

# 6.6    Sicherheitsmechanismen

Im Rahmen von elektronischen Geschäftsprozessen gibt es einen großen Bedarf an Sicherheit und Vertraulichkeit der ausgetauschten Informationen. Dieser Bedarf ist im Zusammenhang von E-Finance mit finanziellen Transaktionen mit möglicherweise großer persönlicher Tragweite offensichtlich, aber nicht auf diesen Bereich beschränkt. So unterliegt auch der Austausch nicht-monetärer Informationen nicht minder bedeutenden und vielfältigen Anforderungen an Sicherheit und Vertraulichkeit. Zur Gewährleistung dieser Anforderungen werden technische und organisatorische Sicherheitsmechanismen benötigt.

## 6.6.1    Vertraulichkeit

Ein wesentlicher Sicherheitsaspekt ist die *Vertraulichkeit* der zwischen zwei Kommunikationspartnern ausgetauschten Information. Die Information ist während der Übertragung aber auch bei Verarbeitung und Speicherung vor dem Zugriff unbefugter Dritter zu schützen.

Die Möglichkeit das ganze System von Sender, Übertragungskanal und Empfänger vor dem Zugriff Dritter zu schützen ist prinzipiell nur bei Inhouse-Kommunikation und auch dort nur bedingt möglich. Informationen können vor dem Zugriff Dritter bei der Übertragung aber durch *Verschlüsselung* mit Hilfe kryptographischer Verfahren gesichert werden.

## 6.6.2    Identität und Authentizität

Damit Personen über digitale Medien identifizierbar sind, erhalten sie üblicherweise eine Kennung und ein Passwort. Sie melden sich beim gesicherten System mit dieser Kennung, z.B. ihrem Namen an und beweisen durch die Eingabe eines Passworts, dass sie es auch sind. Natürlich ist dieser Schutz nur so sicher wie die Sicherheit des Passwortschutzes. Abgesehen davon, dass Passwörter sofern sie herumliegen, direkt missbraucht werden können, gibt es auch technische Möglichkeiten Passwörter durch Wörterbücher und andere Strategien herauszufinden.

Für die Zukunft werden zunehmend biometrische Verfahren entwickelt und eingesetzt werden, wie z.B. die Erkennung von Fingerabdrücken, Gesichtern, Stimmen oder der Retina (Netzhaut), die eine deutlich höhere Sicherheit als symbolische Verfahren besitzen sollen.

Neben der Authentizität von Personen ist es oft auch wichtig erkennen zu können, wer der *Urheber* eines Dokuments ist. Dies erfordert, dass die Identität des Urhebers untrennbar mit dem Dokument verbunden bleibt, auch wenn Ausschnitte aus dem Dokument genommen werden. Durch die Markierung sollen aber vor allem auch keine hörbaren oder sichtbaren, den Nutzen beeinträchtigende Veränderungen am Dokument vorgenommen werden. Verfahren, die dies leisten, werden auch als *digitale Wasserzeichen (Digital Watermarking)* genannt.

Durch organisatorisch-technische Maßnahmen sollen Nutzer und Anbieter von interaktiven Diensten künftig eine Form des *Identitätsmanagements* betreiben, bei dem Identität, Pseudonymität und auch Anonymität geeignet verwaltet und gesichert werden soll. Dies ist eine wichtige Voraussetzung für zukunftsfähige, elektronische Dienstleistungen.

## 6.6.3    Datenintegrität

Gespeicherte Daten oder Dokumente müssen auch gegen Veränderung geschützt werden. Mit Hilfe sogenannter *Prüfsummen* ist feststellbar, ob ein digitales Objekt verändert wurde. Gegen vorsätzliche Veränderung von Daten sind Prüfsummenverfahren nur dann funktionsfähig, wenn für die Prüfsummen wieder kryptographische Verfahren angewandt werden.

Eine Gefahr bleibt auch nach der Prüfsummenkontrolle, nämlich dann, wenn ein Angreifer die Daten ändert und wieder eine passende Prüfsumme erzeugt und geeignet verteilt. Hierzu muss neben der Datenintegrität die Authentizität bzgl. der Datenquellen abgesichert werden.

## 6.6.4    Autorisierung und Zugriffsschutz

Nach der Identifikation einer Person werden Mechanismen benötigt, die die Zugriffsrechte der Person auf die digitalen Objekte in einem System regeln.

Die Zugriffsrechte können sich auf lokal vorhandene Datenobjekte, wie zum Beispiel Dateien, Verzeichnisse oder Prozesse, beziehen. Für einen differenzierteren Schutz müssen in geeignet feiner Granularität Abschnitte einer Datei oder Datensätze geschützt werden. Die Zugriffsrechte regeln je nach Datenobjekt im einfachsten Fall lesenden oder schreibenden Zugriff.

Neben lokalen Zugriffsrechten wird auch ein Zugriffsschutz in Datennetzen benötigt. Dies leisten zum Beispiel *Firewalls*, die den Zugriff auf Teilnetze durch den Schutz bestimmter, dort verfügbarer Dienste regeln.

## 6.6.5 Nachvollziehbarkeit und Zugriffsprotokollierung

Bei wichtigen Aktivitäten in Systemen ist es notwendig, eine Protokollierung der Zugriffe vorzunehmen. In diesem Zusammenhang kann nicht nur über die im vorangegangenen Abschnitt beschriebene Autorisierung vorgenommen werden, sondern auch die Möglichkeit, später festzustellen, wer im System, zu welchem Zeitpunkt, welche Arten von Zugriffen praktiziert hat. So wird auch bei zulässigen Zugriffen eine Zuschreibung dieser Zugriffe zu Identitäten möglich.

## 6.6.6 Verfügbarkeit von Diensten

Eine besondere Form der Sicherheit ist die Verfügbarkeit eines Dienstes bei Bedarf. Da für manche Dienste eine stark schwankende und teilweise hohe Belastung zu rechnen ist, müssen besondere Maßnahmen getroffen werden, dieser Nachfrage nachkommen zu können. Beispiele für einen hohen Bedarf an Verfügbarkeit von Systemen finden wir bei elektronischen Finanzdiensten wie Telebanking oder beim Elektronischen Zahlungsverkehr.

Die Verfügbarkeit von Systemen kann durch eine dem Bedarf angemessene, eventuell auch dynamische Skalierung von Rechenleistung, aber auch durch Redundanzen gegen Systemausfall und Überlast gesichert werden. Dabei ist auch an den Schutz vor künstlicher Belastung durch Angreifer zum Zweck der Schädigung eines Diensteanbieters oder seiner Kunden zu denken.

## 6.7 Zusammenfassung

Elektronische, heute insbesondere digitale Medien erlauben in vielfältiger Weise Geschäftsprozesse zu verbessern und neuen Formen zu ermöglichen.

Wichtige Vorteile sind:

- höherer Durchsatz durch elektronische Verarbeitung;
- geringere Kosten durch den Ersatz von Papierdokumenten durch elektronische Datensätze;
- größere Robustheit durch automatische Verarbeitung und Prüfung;
- größere Transparenz durch bedarfsweise Offenlegung der Verarbeitungsvorgänge;
- bessere Interaktivität und schnellere Reaktionen;

- expliziter Mehrwert durch innovative Funktionalitäten und Verknüpfungsmöglichkeiten.

Elektronische Geschäftsprozesse dienen unterschiedlichen Anwendergruppen und deren
Beziehungen. Wichtige *Einsatzbereiche* sind:

- der Endkundenbereich *(Business-to-Customer, B2C)*,
- der Geschäftsbereich *(Business-to-Business, B2B)*,
- der innerbetriebliche Bereich *(Business-to-Employee, B2E)*,
- Gemeinschaften *(Member-to-Member, M2M)*,
- die öffentliche Verwaltung *(Authorities-to-Citizens, A2C)* sowie
- der interne Verwaltungsbereich *(Authorities-to-Authorities, A2A)*.

Weitere wichtige Einsatzbereiche für andere Anwendergruppen und deren Geschäftsbeziehungen entstehen laufend.

Im Rahmen dieser Einsatzbereiche treten diverse *Funktionsformen* auf. Die historisch wichtigsten Funktionsformen elektronischer Geschäftsprozesse sind:

- *elektronische Informationsdienste (E-Information)*, die auf Abruf oder automatisch
gewünschte aktuelle Informationen liefern,
- *elektronischer Handel (E-Commerce)* zum An- und Verkauf von Gütern,
- *elektronische Finanzdienste (E-Finance)* für das Bank- und Versicherungswesen,
- *elektronische öffentliche Verwaltungsdienste (E-Government)* sowie
- *elektronische Kooperationsformen (E-Cooperation)* zur engen, elektronisch mediierten Zusammenarbeit von Personen und Unternehmen.

Innerhalb dieser Funktionsformen treten diverse *Geschäftsarchitekturen* und *Geschäftsprozesse* auf. In den vergangenen Jahren haben insbesondere folgende Lösungen eine bedeutende Verbreitung gefunden:

- *E-Information-Architekturen* mit Lösungen wie Portale und Informationspräsentati-
onen,
- *E-Commerce-Architekturen* mit Lösungen wie E-Shops, E-Malls und E-Auktionen,
- *E-Finance-Architekturen* mit Lösungen wie Telebanking.

Viele dieser Geschäftsprozesse erfordern auch finanzielle Transaktionen, d.h. Bezahlvorgän-
ge, die in Verbindung der Dienste ebenfalls elektronisch ablaufen sollten. Für den *elektronischen Zahlungsverkehr* gibt es eine Reihe von Modellen:

- klassische *Lastschriftverfahren*,
- *Kreditkarten*,
- *Geldkarten*,

- *Micropayments* und *elektronische Gutscheine* sowie

- *elektronisches Geld.*

Einige dieser Methoden haben Verbreitung gefunden, andere wurden verworfen und warten auf einen künftigen Einsatz.

Zur Realisierung von effizienten elektronischen Geschäftsvorgängen müssen Daten in standardisierter Form ausgetauscht werden. Dazu wurden

- *standardisierte Zeichensätze* wie ASCII sowie die ISO 8859 und ISO 10646-Codes (z.B. Unicode),

- *standardisierte elektronische Formulare* (Electronic Data Interchange, EDI),

- eine flexible *Datenbeschreibungssprache* (Extensible Markup Language, XML) sowie

- Methoden zum *Dokumentenmanagement* und *Workflow,* wie zum Beispiel DOMEA für das E-Government

entwickelt. Diese Formate haben unterschiedliche Verbreitung gefunden und werden mit der Technologie immer wieder neu definiert und weiterentwickelt. Die Standardisierung findet dabei innerhalb bestimmter Anwendergruppen statt.

Alle beschriebenen Anwendungsfelder und Formen elektronischer Geschäftsprozesse bedürfen einer Reihe von *Sicherheitsmechanismen*. Zentral sind dabei

- die *Vertraulichkeit* durch Verschlüsselungsverfahren,

- die *Identität* und *Authentizität* von Personen durch Anwenderkennungen, biometrische Verfahren und zur Markierung von Daten und Dokumenten durch digitale Wasserzeichen,

- die *Integrität* von Dokumenten, z.B. durch Prüfsummenverfahren,

- die *Autorisierung* und der *Zugriffsschutz* von digitalen Objekten,

- die *Nachvollziehbarkeit* und *Zuschreibung* von Aktivitäten durch Protokolle sowie

- die *Verfügbarkeit* von Diensten durch dynamische Skalierung für schwankende Zugriffsdichte, Redundanzen für Ausfälle und Schutzmechanismen gegen künstliche Belastung.

Elektronische Geschäftsprozesse müssen effektiv, effizient und zur Zufriedenstellung ihrer Benutzer ablaufen, damit sie Akzeptanz finden und einen Nutzen bringen. Interaktive Medien sind aus der Geschäftswelt nicht mehr wegzudenken. Dabei muss jedoch ermöglicht werden, bisherige papierbasierte Verfahren mit elektronischen Verfahren zu mischen. Das papierlose Büro ist dabei nicht mehr das Ziel, sondern die flexible Integration und Verarbeitung unterschiedlichster Medienformen durch *hybride Systeme.*

# 7 Anwendungen: Prozessführung

Eine wichtige Errungenschaft des Industriezeitalters ist die Beherrschung großer und komplexer technischer Systeme. Wichtige Beispiele dafür sind Produktionsanlagen, Kraftwerke, Versorgungsnetze, medizintechnische Geräte und Transportsysteme wie Autos, Bahnen, Flugzeuge und Schiffe. Die Problemstellung besteht vor allem darin, die komplexen und dynamischen Prozesse, die in diesen Systemen ablaufen, zuverlässig zu überwachen und zu steuern. Man nennt diese Aufgabe auch *Prozessführung*. Die Systeme dazu nennt man *Prozessführungssysteme*.

Mit dem Zeitalter der Computertechnologie wurden zunehmend Computer unterstützend und automatisierend in Prozessführungssysteme aufgenommen. Dabei kam der Arbeitsteilung zwischen Mensch und Maschine eine besondere Bedeutung zu. Prozessführungssysteme sind so zu eng verzahnten Mensch-Maschine-Systemen geworden (Charwat, 1994). Durch die in diesen Prozessen befindlichen Massen, Energien, Schadstoffe oder auch Strahlungen bergen diese Systeme große Gefahren für Mensch und Umwelt. Aus diesem Grund nennt man die Prozesse zusammen mit den entsprechenden Prozessführungssystemen auch *sicherheitskritische Mensch-Maschine-Systeme*. Die Gefahren werden im Zusammenspiel von Mensch und Technik auch als *Risiken* beschrieben; ihre Abwehr führt uns zu Fragen der *Sicherheit*.

Die besondere Form der Arbeitsteilung zwischen Mensch und Maschine und die damit verbundenen Automatisierungen nennt man auch *Supervisory Control*, d.h. die Überwachung der teilautomatisierten Systeme durch menschliche Bediener, die man hier oft auch *Operateure* nennt.

Die aus den Prozessen entspringenden, umfangreichen und schnell veränderlichen Daten müssen den menschlichen Operateuren verständlich gemacht werden. Umgekehrt müssen Steuerungsparameter von den Operateuren handhabbar beeinflusst werden können. Die so entstehenden Benutzungsschnittstellen, die in Abhängigkeit von den Anwendungen unterschiedlich, z.B. *Leitwarte* oder *Cockpit*, genannt werden, sind inzwischen in vielen Fällen zu *multimedialen und interaktiven Computersystemen* geworden. Die Gestaltung dieser Systeme erfordert ein besonders gutes Verständnis der Möglichkeiten und Grenzen menschlicher Wahrnehmungs- und Handlungsfähigkeit in Verbindung mit aktuellen Kenntnissen in der effizienten, echtzeitfähigen Realisierung interaktiver Medien.

# 7.1  Anwendungsbereiche für Prozessführung

Die Anwendungsbereiche, in denen Prozessführungssysteme benötigt werden, sind sehr unterschiedlich. Prinzipiell sind auch kleine Anwendungen, wie das Überwachen eines Kochvorgangs im Backofen eine Prozessführungsaufgabe. Wir wollen im Folgenden allerdings den Schwerpunkt auf Anwendungen setzen, die mit einem hohen Risikopotenzial versehen sind, obwohl die Mechanismen oft unabhängig vom Risiko dieselben sind. Im Folgenden finden sich einzelne Anwendungen geordnet nach Anwendungsfeldern:

**Transportsysteme:**

- Flugzeuge
- Schiffe
- Bahnen
- Kraftfahrzeuge
- Raumschiffe

**Verkehrsüberwachung:**

- Flugsicherung
- Bahnleitsysteme
- Schifffahrtswegesicherung
- Straßenverkehrsleitsysteme

**Versorgungsnetze:**

- Energieversorgung
- Wasserversorgung
- Telekommunikation
- Computernetzwerke

**Kraftwerke:**

- Verbrennungskraftwerke (Kohle, Gas, Erdöl, Müll)
- Wasserkraftwerke
- Kernkraftwerke
- Solarkraftwerke
- Gezeitenkraftwerke

**Verfahrenstechnische Anlagen:**

- chemische Anlagen

- petrochemische Anlagen (Raffinerien)
- Fertigungsanlagen
- Abfüll- und Verladeanlagen

**Medizintechnische Systeme:**

- Anästhesiesysteme
- Intensivstationen
- radiologische Diagnosesysteme
- Bestrahlungssysteme

All diese Systeme funktionieren nur in einem präzisen und effizienten Zusammenspiel menschlicher und maschineller Wahrnehmungen und Aktivitäten. Dabei beobachten Operateure über die Prozessführungssysteme das Verhalten der Prozesse und die Prozessführungssysteme das Verhalten der Operateure. Bei Abweichungen ergehen Warnungen und gegenseitige Eingriffe in das Geschehen.

Damit Operateure in der Lage sind, die Systeme zu überwachen, müssen die damit verbundenen technischen und medizinischen Prozesse in geeigneter Weise multimedial aufbereitet und präsentiert werden. Im Vordergrund stehen meist Visualisierungen des Prozesszustandes, oft werden aber auch akustische und haptische Rückmeldungen gegeben. Aktivitäten müssen durch geeignete Interaktionsmöglichkeiten, also Benutzungsschnittstellen ermöglicht werden.

# 7.2 Aufgabenstellungen in der Prozessführung

Die Aufgabenstellung mit einem Prozessführungssystem besteht aus der Sicherstellung eines geordneten Prozessablaufes im zu überwachenden und zu steuernden Anwendungssystem. Die dazu nötigen einzelnen Aktivitäten sind vielfältig. Dabei sind *Normalbetrieb*, also der Betrieb nach Plan, sowie der *anormale oder gestörte Betrieb*, also das Auftreten von Abweichungen vom Normalbetrieb zu unterscheiden.

## 7.2.1 Normalbetrieb (Routine)

Im Normalbetrieb haben Operateure eines sicherheitskritischen Systems vorgegebene Aufgaben zu erfüllen. Dies kann beim Betreiben eines Flugzeugs bedeuten, dieses planmäßig und sicher von Flughafen A zum Flughafen B zu bringen. Beim Betrieb eines Kraftwerks heißt dies gemäß den physikalischen Prozessen und Randbedingungen sowie den gesetzlichen und ökonomischen Vorgaben eine Energieumwandlung von einer Energieform in eine andere Energieform in einem bestimmten Umfang und in einem bestimmten Zeitraum zu realisieren.

Im Normalbetrieb sind von den Operateuren folgende Aufgaben zu leisten:

- Überwachung des wie geplant ablaufenden Prozesses (z.B. Überwachung der erfolgreichen Produktion und deren Qualitätskriterien)

- Einflussnahme an Entscheidungspunkten zur Auslösung von geplanten bzw. regulären Zustandsänderungen (z.B. Ein- und Ausschalten von Teilsystemen, Erhöhen der Geschwindigkeit, Änderung der Route)

- Rückverfolgung des Prozessverlaufes über geeignete Zeiträume (z.B. Überprüfung des korrekten Produktionsablaufes, statistische Auswertungen der Abläufe)

Der Normalbetrieb wird den größten Teil der Zeit bei der Nutzung eines Systems ausmachen. Er ist daher daraufhin zu optimieren, dass die Operateure mit Übersicht, Konzentration und Verantwortungsfähigkeit nach den Vorgaben arbeiten können. Routineaufgaben sind geeignet zu unterstützen, ohne die Operateure in für die Aufgabenerfüllung kritische psychische Zustände wie Vigilanz (reduzierte Aufmerksamkeit), Langeweile oder Müdigkeit zu bringen. Die bei Prozessführungsaufgaben oft hohen Anforderungen an die Betriebssicherheit sind bei der Gestaltung der Systeme zu berücksichtigen. Verantwortung kann von den Operateuren nur dann getragen werden, wenn sie in der Lage sind, den Prozess zu überblicken und, wenn nötig, an den richtigen Stellen Einfluss zu nehmen.

## 7.2.2 Anormaler Betrieb (Abweichungen)

Reale Prozesse haben die natürliche Eigenschaft auch Abweichungen vom Sollverhalten zu zeigen (Anomalien, Störungen, Störfälle). So kann sich ein Flugzeug plötzlich auf Kollisionskurs mit einem anderen Flugzeug befinden oder die Landung durch schwierige Witterungseinflüsse zu instabilem Verhalten des Flugzeugs führen. In einer Produktionsanlage können sich Fehler und Blockierungen im Ablauf ergeben, die zuerst behoben werden müssen, bevor die Produktion weiter fortschreiten kann.

Typische Aufgaben beim Umgang mit Abweichungen sind:

- Erkennen der Abweichungen vom Normalbetrieb;
- Unterstützung der Interpretation von beobachteten Abweichungen;
- Erkennen der vorhandenen Systemzustände und deren Bewertung;
- Entscheidungsunterstützung bei der Wahl und Planung von Gegenmaßnahmen und Zielzuständen;
- Unterstützung und Kontrolle bei der Ausführung von Gegenmaßnahmen.

Jens Rasmussen (1984) hat ein Modell entwickelt, um die Kaskade von Aktivitäten im Falle des Auftretens von Abweichungen zu beschreiben (siehe Abbildung 22).

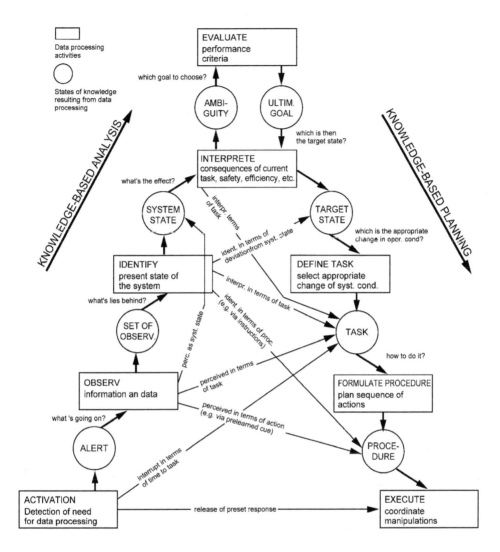

**RULE - BASED SHORTCUTS**

**Abbildung 22** Decision-Ladder nach Rasmussen (1984)

Die Decision-Ladder von Rasmussen stellt den Umgang mit unerwarteten Ereignissen in Prozessführungssystemen prozessartig dar. Dabei werden Beobachtungen wahrgenommen und als Systemzustände interpretiert und bewertet, bevor sie als Grundlage für Handlungsentscheidungen und nachfolgenden Aktivitäten benutzt werden. Kurzschlüsse zeigen meist fehlerhafte Verkürzungen der sonst systematischen Analyse-, Entscheidungs- und Handlungsprozesse.

Rasmussen hat dieses Modell *Decision-Ladder (Entscheidungsleiter)* genannt, da zunächst der diagnostische Teilprozess wie das Aufsteigen einer Leiter, dann oben der Teilprozess der Entscheidung und zuletzt der Teilprozess der Umsetzung der Entscheidung wie das Absteigen einer Leiter dargestellt werden kann. Gelegentlich gibt es auch fehlerträchtige Abkürzungen (Shortcuts) unter Umgehung einer geordneten Vorgehensweise entlang der Entscheidungsleiter.

Insbesondere dem Umgang mit Abweichungen sind besondere Überlegungen bei der Systemrealisierung zu widmen. Oftmals besteht nur wenig Zeit, um ein vom Normalbetrieb abweichendes System wieder in einen geordneten und sicheren Zustand zu bringen. Neben diesen zeitkritischen Randbedingungen sind auch hohe Anforderungen an multimediale Visualisierungen zu stellen, um Anomalien schnell und sicher erkennen zu können.

# 7.3     Arbeitsteilung Mensch-Maschine

Gerade im Bereich der Prozessführungssysteme lassen sich der Bedarf und die Möglichkeiten der Arbeitsteilung zwischen Mensch und Maschine gut erkennen.

Mensch und Computer haben besondere Fähigkeiten und Eigenschaften, die Ausgangspunkt für eine solche Arbeitsteilung sein sollten. Norman spricht in diesem Zusammenhang von *komplementären Systemen* (Norman, 1999, S. 159).

## 7.3.1     Menschliche Fähigkeiten

Menschen haben Eigenschaften, die sie im Rahmen von Prozessführungsaufgaben insbesondere für die folgenden Aufgaben qualifizieren. Der Mensch

- setzt Ziele,
- definiert die Teilprobleme und ihre Beziehungen zueinander,
- benutzt sein leistungsfähiges sensorisches System zur gesamtheitlichen Wahrnehmung von Ereignissen, Situationen und Trends,
- benutzt umfangreiches Allgemeinwissen und integriert Wissen aus verschiedenen Bereichen zur Problemlösung,
- baut auf vorhergehenden Erfahrungen auf und löst Probleme durch Analogieschlüsse,
- kontrolliert Teillösungen und fügt diese zu einer Gesamtlösung zusammen,
- führt komplexe Entscheidungen durch und
- kann Verantwortung tragen.

Der Mensch kann somit die Kontrolle in Situationen übernehmen, in denen Problemlösungs-
fähigkeit, Kreativität, Flexibilität und Bewertungen erforderlich sind.

## 7.3.2 Maschinelle Fähigkeiten

Maschinen, insbesondere Computersysteme

- führen komplexe und umfangreiche Aktivitäten weitgehend fehlerfrei durch,

- können sehr schnell Daten verarbeiten und reagieren,

- übernehmen die Funktion einer externen Gedächtnishilfe,

- helfen, Inkonsistenzen zu vermeiden oder aufzudecken,

- ermöglichen, die Konsequenzen von Aktionen zu berechnen und darzustellen,

- bieten verschiedene Perspektiven auf komplexe Daten,

- verbergen durch kontextabhängige und benutzergesteuerte Filterfunktionen irrele-
  vante Einzelheiten,

- lenken unsere Aufmerksamkeit auf wichtige Informationen oder Ereignisse und

- sind ermüdungsfrei wachsam.

Maschinen können somit insbesondere die Kontrolle in Situationen übernehmen, in denen
umfangreiche, gut definierte, schnelle und systematische Analysen und Reaktionen erforderlich sind.

## 7.3.3 Automatisierung

Die unterschiedlichen Eigenschaften von Mensch und Maschine führen zu Mensch-Maschine-Systemen, hier insbesondere sicherheitskritische Mensch-Maschine-Systeme, die eine
oft komplexe Verteilung von Aufgaben besitzen. Die Funktionen, die die Maschinen, zunehmend Computersysteme, übernehmen, nennen wir *Automatisierungen*.

Die Verteilung einer Aufgabe an ein Computersystem im Sinne einer Automatik erzeugt
unmittelbar die Frage, inwieweit diese Automatik bei Bedarf durch einen Menschen abgeschaltet und die Aufgabe durch diesen übernommen werden kann. Da das Ein- und Ausschalten von automatischen Funktionen neue Probleme des Zusammenspiels von Funktionen
wie auch das Vergessen oder die mangelnde Kompetenz von Operateuren aufwirft, muss
hiermit sehr sorgfältig umgegangen werden, da sonst der Nutzen der Arbeitsteilung zwischen
Mensch und Maschine schnell wieder zunichte gemacht werden kann. Eine Methode ist,
Automatisierungen auf verschiedenen Ebenen, von der manuellen bis zur vollautomatisier-
ten, zu organisieren. Dadurch kann der Operator stufenweise mehr oder weniger Einfluss
auf die Unterstützung und den Automatisierungsgrad nehmen. Ein Beispiel aus der Luftfahrt
hat Charles Billings entwickelt. Trägt man dieses Modell entlang der zwei Dimensionen

Automatisierungsebenen und Einbezogenheit des Operateurs auf, stellt es sich wie in Abbildung 23 dar. Die 7 Ebenen sind von unten nach oben:

1. direkte manuelle Steuerung (direct manual control)

   z.B. direkte Lenkung mit Körperkraft

2. unterstützte manuelle Steuerung (assisted manual control)

   z.B. dosierte Servolenkung in Abhängigkeit von der Geschwindigkeit

3. gemeinsame Steuerung (shared control)

   z.B. ABS (Antiblockiersystem) zur Vermeidung der Radblockierungen beim Bremsen

4. delegierte Steuerung (management by delegation)

   Einschalten des Tempomaten zur Konstanthaltung der Geschwindigkeit

5. bestätigte Steuerung (management by consent)

   Anfrage des Systems zum Einschalten des Vierradantriebs bei Glatteis

6. Steuerung in Ausnahmefällen (management by exception)

   Eingriff des Fahrers und kurzzeitiges Abschalten des Tempomaten bei Einscheren eines überholenden Fahrzeuges

7. vollautomatische Steuerung (autonomous operation)

   Starten eines automatischen Einparksystems nachdem die Parklücke angefahren wurde

Die Automatisierung komplexer Systeme geht einher mit Kritik und offenen Fragen wie zu Beispiel:

- Entmündigung von Operateuren;

- Automatisierung führt zu reduzierter Konzentration und Aufmerksamkeit von Operateuren und verhindert möglicherweise wichtige menschliche Wahrnehmungen und Reaktionen;

- wer trägt die Verantwortung bei Automatisierungen;

- wie kann man die Kompetenz von menschlichen Operateuren bei gleichzeitiger zunehmender Automatisierung erhalten oder sogar erhöhen;

- was bedeutet die zunehmende Abhängigkeit von technischen Systemen, die von ihren Nutzern nur noch teilweise oder gar nicht mehr verstanden werden.

Diese Fragen müssen von Entwicklern, künftig auch zunehmend Medieninformatikern, in diesem Bereich verstanden und mit der vollen Verantwortung, die damit verbunden ist, beantwortet werden. Die Realisierung von Automatisierungsfunktionen ohne eine solche Klärung ist in sicherheitskritischen Bereichen nicht akzeptabel.

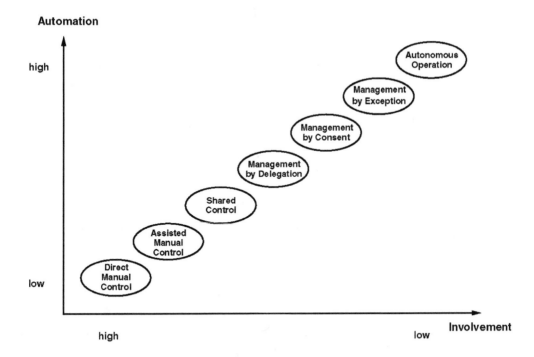

**Abbildung 23** Automatisierungsebenen (nach Billings, 1997)

Mensch und Maschine können in einem Spektrum von manuellen Systemen bis zur Vollautomatisierung verknüpft werden. Mit zunehmender Automatisierung fällt die Einbezogenheit und damit die Konzentration und Aufmerksamkeit der Operateure.

## 7.4 Präsentation und Steuerung von Prozessen

Wenn wir Prozessführungssysteme modellhaft betrachten, sehen wir drei Hauptkomponenten:

- den Operateur,
- das Prozessführungssystem und
- den Prozess.

Das Prozessführungssystem bildet den Prozess für den Operateur ab. Es soll ihn in eine für den Menschen verständliche und beeinflussbare Form übersetzen. Das Prozessführungssystem wirkt auf diese Weise als *Medium* zum Prozess.

Bei der Abbildung von Prozessen zur Überwachung und Steuerung durch menschliche Operateure können alle Möglichkeiten der menschlichen Wahrnehmung und Handlung einbezogen werden. Wir haben es also bei einem Prozessführungssystem mit der Aufgabe zu tun, ein interaktives multimediales System zu realisieren.

Die Aufgabe der Gestaltung der Benutzungsschnittstellen für Prozessführungssysteme wird zunehmend in Zusammenarbeit von Industriedesignern und Medieninformatikern geleistet.

## 7.4.1    Deformationen von Prozessen

Bei diesem Transformationsprozess gibt es - teils zwangsläufig, teils unbeabsichtigt - Deformationen des realen Prozesses (siehe Abbildung 24).

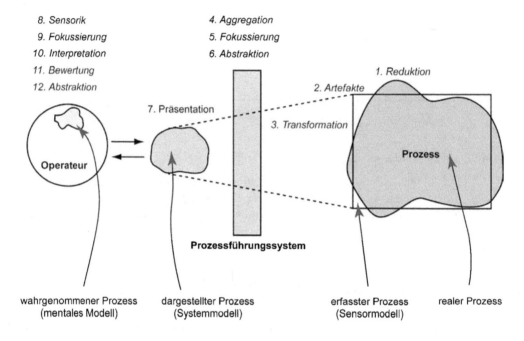

**Abbildung 24** Deformation eines Prozesses bei der Prozessführung

Prozessführung heißt immer einen Prozess unvollständig und fehlerhaft wahrnehmen und beeinflussen zu können.

1.  *Reduktion* durch maschinelle Sensorik erzeugt Lücken in der Abbildung

2.  *Artefakte* durch maschinelle Sensorik lassen nicht Vorhandenes erscheinen

3.  *Transformation* durch maschinelle Funktionen verfälscht die Sensordaten

4.  *Aggregation* durch maschinelle Funktionen fasst mehrere Komponenten zu einer Komponente zusammen

5. *Fokussierung* durch maschinelle Funktionen reduziert auf einen Ausschnitt des ganzen Prozesses

6. *Abstraktion* durch maschinelle Funktionen vereinfacht die Realität durch Bildung abstrakter Prozessgrößen

7. *Präsentation* durch maschinelle Funktionen visualisiert auch Nicht-Visuelles mit unklaren Konsequenzen hinsichtlich mentaler Modellbildungen

8. *Sensorik und Wahrnehmung* des Menschen mit ihren Beschränkungen erfasst nur einen Teil des Präsentierten

9. *Fokussierung* durch den Menschen reduziert den präsentierten Ausschnitt durch weitere Verengung

10. *Interpretation* durch den Menschen versucht die Dekodierung des Wahrgenommenen zur Extraktion von Information und damit zur Erkennung von Systemzuständen

11. *Bewertung* durch den Menschen beurteilt die Bedeutung von Systemzuständen

12. *Abstraktion* durch den Menschen führt zu einer weiteren Vereinfachung des Wahrgenommenen

Durch diesen komplexen Transformationsprozess werden die Sicht und die Möglichkeit zur Einflussnahme auf den realen Prozess in vielfältiger Weise eingeschränkt und verändert. Dies ist auch notwendig, da die menschliche Wahrnehmung, Informationsverarbeitung sowie Handlungsfähigkeit in der Relation zum Prozessgeschehen stark begrenzt ist. Die Kunst der Entwicklung eines aufgaben- und benutzergerechten Mensch-Maschine-Systems besteht nun offenbar darin, die richtigen Funktionen seitens der Maschine zu realisieren und diese mit den vorhandenen oder trainierten Wahrnehmungs- und Handlungsprozessen seitens des Menschen zu verschränken. Daraus besteht letztlich die gegenseitige Anpassung von Mensch und Maschine in einem solchen System.

## 7.4.2    Geräteschnittstellen

Die einfachste Form von Prozessführungssystemen sind Anzeigen und Interaktionsmöglichkeiten direkt auf bzw. in dem entsprechenden Gerät. So zeigt beispielsweise ein professioneller Hochdruckreiniger Wasserstand im Behälter und den Leitungsdruck an. Der Operateur kann entscheiden, ob er wartet bis der Tank leer ist oder vorher Wasser einfüllt. Der Leitungsdruck kann in Abhängigkeit von der zu verrichtenden Arbeit bis zu einem zulässigen Gesamtdruck justiert werden. Warntöne können darüber hinaus Problemsituationen anzeigen, wie zum Beispiel das Überhitzen der Pumpe.

Computergestützte Geräteschnittstellen finden sich zunehmend in Geräten aller Art. Hauhaltsgeräte, Unterhaltungselektronik aber gerade auch komplexere Geräte in industrieller oder medizinischer Nutzung sind kaum mehr anders denkbar als mit Unterstützung durch kleine einbettete Computersysteme, um Teilfunktionen zu automatisieren und eine visuellauditive Benutzungsschnittstelle nach außen zu realisieren. Donald Norman geht davon aus, dass zukünftige Computersysteme häufig als solche Information Appliances auftreten werden, als Geräte mit eingebetteten Computersystemen (Norman, 1999).

## 7.4.3     Bildschirmarbeitsplätze zur Prozessführung

Vielen Anlagen und Geräte werden mit Hilfe klassischer Computersysteme, heute oft PCs, überwacht und gesteuert. Beispiele dafür sind Telefonanlagen, Gebäudesteuerungen, kleine Produktionsanlagen und zunehmend auch medizintechnische Geräte.

Die Realisierung von Bildschirmarbeitsplätzen für sicherheitskritische Systeme darf dabei nicht einfach den Erfahrungen aus Bürosystemen folgen, da diese unter meist völlig anderen Randbedingungen betrieben werden.

Bildschirmarbeitsplätze für sicherheitskritische Systeme müssen neben einer hohen Robustheit in Hardware und Software auch hinsichtlich der Bildschirmgestaltung berücksichtigen, dass die Operateure mit hoher Zuverlässigkeit Situationen erkennen und bewältigen müssen. Systeme, bei denen einzelne Programme zu starten und zu beenden sind, die dann in frei verschiebbaren Fenstern erscheinen, sind hierfür ungeeignet. Hier sind auch Computermäuse als sonst gut bewährte Zeigeinstrumente an abgeschrägten Konsolen oder mobilen Systeme im Allgemeinen nicht verwendbar. In Abhängigkeit von der spezifischen Anwendung müssen besondere Benutzungsschnittstellen entwickelt werden.

## 7.4.4     Cockpits

Cockpits sind Prozessführungssysteme für Fahrzeuge, womit neben Straßenfahrzeugen Abbildung 25) u.a. auch Bahnen (Abbildung 26), Flugzeuge (Abbildung 27) und Raumschiffe (Abbildung 28) gemeint sind. Sie sind darauf optimiert, einen oder mehrere - oft zwei - Operateure in einem eng begrenzten räumlichen Umfeld optimal mit den Darstellungs- und Steuerungsinstrumenten zu verbinden. Dabei muss dem Umstand Rechnung getragen werden, dass die Operateure (Fahrer, Lokführer, Piloten, Astronauten) viele Stunden im engen Cockpit verbringen müssen. Cockpits sind gewissermaßen Einbettungen, die den ganzen Körper der Operateure vom Kopf bis zu den Füßen einhüllen und mit sensorischen und aktuatorischen Funktionselementen verknüpfen.

**Abbildung 25** Cockpit eines BMW mit Head-Up-Display

Das Fahrercockpit zeigt die bekannten Instrumente, die durch das Lenkrad sichtbar sind sowie ein modernes Head-Up-Display (HUD), das Navigationsinformation auf der Frontscheibe darstellt. Der Fahrer kann so die Navigationsinformation sehen, ohne den Blick von der Strasse zu nehmen.

**Abbildung 26** Fahrerstand eines ICE der Deutschen Bahn

Der Fahrerstand eines der ersten ICEs zeigt einige Bedienelemente und rechts und links Bildschirme mit darum herum angeordneten Funktionstasten. Im Fahrerstand müssen nur wenige Fahrdaten erfasst werden.

**Abbildung 27**  Cockpit eines Airbus A320

Das Cockpit eines modernen Verkehrsflugzeugs zeigt eine Reihe von kleinen Bildschirmen anstatt der früher verwendeten Instrumente. Man nennt Cockpits dieser Art deshalb auch *Glass-Cockpits*. An der Seite sind die beiden *Sidesticks* angeordnet, die die früheren Steuersäulen ersetzt haben. Viele Schalter sind durch bildschirmbasierte Softkeys ersetzt worden.

**Abbildung 28** Cockpit eines NASA Space-Shuttle

Das Cockpit der Raumfähre zeigt zwei Astronautensitzplätze mit teils identischen Anzeigen, die aus Flugzeugcockpits abgeleitet sind und bei der Landung auch wie in einem Flugzeug bedient werden. In der Mitte der Sitzplätze sind Steuerknüppel zu sehen.

Die Gestaltung von Cockpits folgt im Allgemeinen langen Traditionen in den entsprechenden Anwendungsfeldern. Nur selten wurden Erfahrungen und Techniken anwendungsübergreifend wahrgenommen und optimiert. So ist es auch auffällig, dass viele der Lösungen weder ergonomisch noch technologisch besonders ausgereift sind. Die vielleicht älteste Form von Cockpits, die wir aus der Luftfahrt kennen, hat es bis heute nicht erreicht, den Piloten eine hinsichtlich Körperhaltung (Sitze) oder Umgebungsgeräuschen angemessene und komfortable Arbeitsumgebung bereitzustellen. Andere, wie zum Beispiel die Automobilindustrie, realisieren inzwischen sogar für den einzelnen Fahrer anpassbare, orthopädisch optimierte

Sitze, während die Fahrer sich von ungeeignet positionierten Anzeigen für Navigations- oder Kommunikationssysteme vom Fahrgeschehen ablenken lassen.

## 7.4.5    Leitwarten

Große sicherheitskritische Systeme wie Kraftwerke, Produktionsanlagen oder Versorgungsnetze werden über große multimediale Rauminstallationen überwacht, die wir auch *Leitwarten* nennen.

**Abbildung 29** Leitwarte eines Kernkraftwerks

> Leitwarten von Kernkraftwerken bestehen aus Tausenden von einzelnen einfachen elektromechanischen Anzeigen und Steuerungsmodulen zum Steuern einzelner Systemkomponenten. Die sichtbaren Bildschirme in der Mitte der Konsole dienen nur als Zusatzsysteme und sind für die Überwachung und Steuerung nur unterstützend vorhanden.

Leitwarten sind meist große Räume, die an den Wänden Präsentationen mit aktiven Schaubildern zeigen. Auf Konsolen, die meisten inzwischen computergesteuert, befinden sich meist nach Systemteilen getrennte weitere Informationsdarstellungen und Einwirkmöglich keiten. In den Leitwarten arbeiten meist mehrere Operateure, die in Schichten den Betrieb der Anlage überwachen und steuern. Leitwarten erlauben es in besonderer Weise mehrere Personen an der Überwachung und Steuerung eines Systems zu beteiligen. Dies dient einerseits der Arbeitsteilung und andererseits der gegenseitigen Kontrollierbarkeit.

**Abbildung 30** Leitwarte für die Raumfahrt (DLR Oberpfaffenhofen)

Große Leitwarten, wie z.B. Kontrollzentren für die Raumfahrt, zeigen einzelne Arbeitsplätze zur Überwachung und Steuerung von Teilsystemen sowie große Raumprojektionen für die missionsrelevanten Daten und Videobilder.

**Abbildung 31** Leitwarte einer Produktionsanlage (Quelle: PSI)

Die Leitwarte zeigt eine Mischung aus bildschirmbasierter Überwachung und Steuerung und einer Rauminstallation.

Während Leitwarten, historisch gesehen, meist Speziallösungen waren, die ausschließlich für die entsprechende Anlage entwickelt worden waren, haben wir es heute oft mit computergenerierten Präsentationen zu tun. Die Basissysteme werden zunehmend multifunktionaler und können für verschiedene Anwendungen und Anlagen konfiguriert werden.

# 7.5 Störfälle und Unfälle

Eine wichtige Quelle zur Verbesserung von Prozessführungssystemen *sind Störfälle (Incidents)* und *Unfälle (Accidents)*. Solche Ereignisse müssen dazu detailliert rückverfolgt und untersucht werden. Dabei finden sich oft Hinweise, wie die Ereignisse durch eine bessere Gestaltung des Prozessführungssystems hätten vermieden werden können.

## 7.5.1 Ereignisanalysen

Ist ein Störfall oder ein Unfall in einem sicherheitskritischen System aufgetreten, werden Untersuchungen über den Ereignishergang durchgeführt. Dazu ist es notwendig zu rekonstruieren welche

- Akteure,

- Handlungen,

- Aufträge,

- Regeln,

- andere verknüpfte Ereignisse und

- Randbedingungen

beim und vor dem Ereignis beteiligt bzw. vorhanden waren. Eine solche Analyse ist nicht nur die Grundlage für die Frage der Verantwortlichkeiten, sie dient vielmehr als Grundlage für Maßnahmen, um das künftige Auftreten ähnlicher Ereignisse zu vermeiden.

**Abbildung 32** Reaktorkatastrophe von Tschernobyl

Eine der Ursachen bei der Reaktorkatastrophe von Tschernobyl war, dass die Operateure kein geeignetes Bild vom Zustand des Reaktors kurz vor der Katastrophe hatten. Das Prozessführungssystem hat den kritischen Zustand, verursacht durch Fehlhandlungen, zeitweise nicht geeignet wiedergegeben und war teilweise vorsätzlich deaktiviert worden.

## 7.5.2    Human-Factors-Analysen (HF-Analysen)

Bei Ereignisanalysen wird im Fall von Mensch-Maschine-Systemen besonderer Augenmerk gerichtet auf

- die Benutzungsschnittstelle der Systeme,

- die Qualifizierung der Operateure,

- die Arbeitsbedingungen und

- die Arbeitsumgebung.

Man spricht hierbei auch von *Human-Factors-Analysen (HF-Analysen)*. Diese HF-Analysen dienen einerseits zur Feststellung, inwiefern ein Prozessführungssystem für die Aufgaben wirklich geeignet war. Wichtiger aber sind die daraus abgeleiteten Erkenntnisse für Verbesserungen in diesen Faktoren. Auch wenn es tragisch wirken sollte, muss festgestellt werden, dass die Entwicklung von Prozessführungssystemen und die heute erreichten Qualitäten, beispielsweise im Fall von Auto- und Flugzeugcockpits, vor allem durch die Analyse von oft fatalen Unfällen profitiert haben. Diese Situationen haben sich in den meisten Fällen während der Entwicklung der Systeme nicht vorhersehen oder simulieren lassen. Wichtig ist jedoch, dass diese Analysen auch mit dieser Zielsetzung durchgeführt werden. Incident- und Accident-Reporting, d.h. das Dokumentieren von Störfällen und Unfällen ist die Grundlage einer konsequenten Weiterentwicklung der existierenden Systeme.

## 7.6    Risiko und Sicherheit

Der Begriff des *Risikos* ist untrennbar mit dem der *Sicherheit* verbunden. Aus diesem Grund ist es unabdingbar, im Zusammenhang mit sicherheitskritischen Mensch-Maschine-Systemen und damit verbundenen Prozessführungssystemen diese Begriffe zu klären.

Ein Mensch ist im Laufe seines Lebens gezwungen, ständig Entscheidungen zu treffen und dabei Risiken gegen möglichen Nutzen und Vorteile abzuwägen. Es gibt kein Leben, keine Bewegung und keinen Fortschritt ohne Risiken. Die Zielsetzung ist also nicht Risiken zu minimieren, sondern die möglichen Schäden oder Nachteile gegenüber Nutzen oder Vorteile abzuwägen.

Der Risikobegriff ist dabei im Allgemeinen nicht genau definiert und nur selten quantifiziert. Dies gilt noch ausgeprägter für den Begriff der *Sicherheit*, der praktisch keine wissenschaftlich fundierte, quantifizierbare Größe darstellt. Wir werden im Folgenden sehen, dass es unterschiedliche Risikobegriffe und damit verbunden auch unterschiedliche Sicherheitsbegriffe gibt, die bei der Gestaltung von Mensch-Maschine-Systemen von Bedeutung sind.

Der Umgang mit Risiken im Zusammenhang mit Technologie muss erlernt, beobachtet und organisiert werden. Dazu dienen organisatorische Prozesse, die *Risikomanagement* oder, umgekehrt gesehen, *Sicherheitsmanagement* genannt werden. Erfolgreiches Sicherheitsmanagement soll langfristig in eine *Sicherheitskultur* führen.

## 7.6.1    Risiko als subjektive Wahrnehmung

Risiko wird umgangssprachlich oft im Sinne der Möglichkeit, durch Gefahren Schaden zu erleiden, verwendet. Je höher das Risiko, desto höher die empfundene Wahrscheinlichkeit, dass ein solcher Schaden eintritt.

Diese Art der Risikowahrnehmung ist höchst subjektiv. Unterschiedliche Personen wird selbst bei identischer Situation unterschiedliche Wahrnehmungen eines Risikos haben. Der Grund dafür ist, dass diese Wahrnehmung von der momentanen persönlichen Einstellung und Erfahrung abhängt.

Nicht unabhängig von der subjektiven Risikowahrnehmung ist die Wahrnehmung von *Gefahr*. Gefahren gehen von der natürlichen wie auch der künstlichen Umwelt aus. Die Wahrnehmung von Gefahr steht vor allem mit dem Ausmaß einer empfundenen *Bedrohung* in Bezug. Die Bedrohung wird dabei als eher unbeeinflussbar vorhanden empfunden. Das Risiko kann nun verstanden werden, als die Bereitschaft, sich einer subjektiv wahrgenommenen Gefahr auszusetzen.

Risiko und Gefahr sind Kulturbegriffe, genau gesagt *kulturelle Konstruktionen*, die in unserer Gesellschaft eine wichtige Rolle für die Lebensfähigkeit der Menschen darstellen. Es gibt dafür keine festgelegten Bewertungen oder gar quantitative Skalen, sondern im besten Fall qualitative Skalen, vor allem sprachliche Ausdrucksformen, wie „eine große Gefahr" oder ein „geringes Risiko". Menschen sind gezwungen, bereits im Kindesalter eine angemessene Gefahr- und Risikowahrnehmung zu entwickeln. Dies ist eine Grundlage für die Überlebensfähigkeit in einer Welt, die voller Gefahren ist. Gefahren und damit Risiken werden dabei oft falsch eingeschätzt. Manchmal kommt es so zu mehr oder weniger großen unerwarteten Schädigungen, die, sofern gewisse Größenordnungen des Schadens nicht überschritten werden, notwendiger Teil eines Lernprozesses sind. Im Zusammenhang mit sicherheitskritischen Technologien, insbesondere sicherheitskritischen Mensch-Maschine-Systemen, gilt grundsätzlich dasselbe. Auch dort müssen Erfahrungen für eine realistische Risikoeinschätzung gesammelt werden. Entscheidend ist auch hier, dass gewisse Größenordnungen nicht überschritten werden. Wo die Größenordnungen liegen, ist mangels einer Quantifizierung von subjektiv wahrgenommenen Risiken nicht festlegbar und nicht feststellbar.

Die Subjektivität der Risikowahrnehmung zeigt sich in folgenden Beobachtungen (Heilmann, 2002):

- Risiken, die die Leute durch ihr eigenes Verhalten beeinflussen zu können glauben (z.B. Fahren eines Automobils), werden geringer eingeschätzt und entsprechend eher hingenommen als solche, die vom Können oder von der Entscheidung Dritter abhängen (z.B. Fliegen eines Flugzeugs).

- Freiwillig akzeptierte Risiken werden bei gleicher statistischer Verlustrate wesentlich geringer eingeschätzt und eher angenommen als aufgezwungene Risiken.

- Risiken werden höher eingeschätzt, wenn das Risiko einer Unternehmung die Allgemeinheit zu tragen hat, den Nutzen davon aber nur wenige haben.

## 7.6.2    Risiko als objektive Größe

In der Welt der Technik und der Wirtschaft werden subjektive Wahrnehmungen von Gefahren und Risiken nicht akzeptiert. Gefahren müssen durch *Kausalitäten*, durch *Ursache-Wirkungsketten* beschrieben und erklärt werden. Risiken sollen entsprechend durch vergleichbare, d.h. quantifizierte und objektivierte Maße beschrieben werden.

Risiko wurde in diesen Kontexten als *Wahrscheinlichkeit des Eintritts eines Ereignisses multipliziert mit dem Schadensausmaß des Ereignisses* festgelegt. Diese Definition geht davon aus, dass man die Eintrittswahrscheinlichkeiten von Ereignissen sowie die Tragweite von Ereignissen quantifizieren kann. In manchen Fällen scheint dies sinnvoll und möglich. So lässt sich durch statische Beobachtungen feststellen, wie wahrscheinlich der Ausfall eines technischen Systems, zum Beispiel des Triebwerkes eines Flugzeuges ist. Angenommen ein Flugzeug besitzt zwei Triebwerke, von denen mindestens eines zum Fliegen benötigt wird, lässt sich durch die Multiplikation der bekannten Ausfallwahrscheinlichkeiten der beiden Triebwerke die Wahrscheinlichkeit des Absturzes eines Flugzeuges errechnen. Nimmt man einen Absturz in unbewohntem Gebiet an, so muss man im Worst-Case vom Tod aller Passagiere und Besatzungsmitglieder sowie vom Totalverlust der Maschine ausgehen. Das Risiko lässt sich so, wenn auch nicht monetär, da Menschenleben betroffen sind, quantifizieren.

Die Quantifizierung von Risiken dient der *prospektiven Bewertung der Risiken von bestimmten Technologien*. Menschen, die als Operateure in einem Prozessführungssystem oder als andere Funktionsträger ein System betreiben, sind nicht in der Lage, solche objektivierte Risikoabschätzungen zu geben. Stattdessen werden sie, wie im vorausgegangenen Abschnitt beschrieben, ihre subjektiven Risikobewertungen vornehmen.

## 7.6.3    Eintrittswahrscheinlichkeiten und Zuverlässigkeit

Ein entscheidender Faktor bei objektivierter Risikokalkulation ist die *Eintrittswahrscheinlichkeit*.

Die Eintrittswahrscheinlichkeit des Versagens von technischen Systemen lässt sich recht gut errechnen. So gibt es beispielsweise die Größe *MTBF*[28], die aussagt, wie lange ein technisches Gerät, statistisch gesehen, fehlerfrei funktioniert. Für dynamische Systemkonfigurationen im

---

[28] MTBF .. Mean Time between Failures

laufenden Betrieb wurden numerische Methoden wie *PSA (Probabilistic Safety Assessment)* entwickelt, die es erlauben sollen, Risikobewertungen für Betriebszustände innerhalb von wenigen Minuten zu errechnen.

Das Problem bei Mensch-Maschine-Systemen ist, dass diese Geräte von Menschen bedient werden. Dabei kann es durch Fehlbedienungen zu erheblich höheren Ausfallwahrscheinlichkeiten kommen. So wurden beispielsweise in einigen Fällen Triebwerke versehentlich abgeschaltet, was unter Umständen denselben Effekt wie ein technischer Ausfall hat. Man muss also die menschliche Zuverlässigkeit in irgendeiner Weise einbeziehen.

Von Timpe (1976) und Zimolong (1990) wird *Zuverlässigkeit* definiert als

*„die angemessene Erfüllung einer Arbeitsaufgabe über eine bestimmte Zeitdauer hinweg und unter zuverlässigen Bedingungen, die ebenfalls zeitveränderlich sein können".*

Eine ähnliche Definition findet sich bei Bubb (1990):

*„Zuverlässigkeit (Reliability) ist die Wahrscheinlichkeit, dass ein Element eine definierte Qualität während eines vorgegebenen Zeitintervalls und unter vorgegebenen Bedingungen erbringt."*

Nach diesen ingenieurpsychologischen Definitionen ist die Zuverlässigkeit eine *Stabilitätsgröße* hinsichtlich des qualitativ definierten Erbringens von Leistungen über bestimmte Zeiträume und unter bestimmten Randbedingungen.

Anders als technische Zuverlässigkeit wird die menschliche Zuverlässigkeit durch die Wahrscheinlichkeit beschrieben, eine Aufgabe unter vorgegebenen Bedingungen für ein gegebenes Zeitintervall im Akzeptanzbereich durchzuführen. Der grundsätzliche Unterschied zwischen der technischen und der menschlichen Zuverlässigkeit liegt im Unterschied zwischen der Ausführung einer Funktion durch technische Systeme und der Ausführung einer Aufgabe oder die Lösung eines Problems durch einen Menschen. Der Mensch arbeitet dabei typischerweise im Gegensatz zu einer Maschine zielorientiert und ist dabei in der Lage, trotz hoher Wahrscheinlichkeit fehlerhaften Ausführens einzelner Handlungsschritte, das Ziel dennoch mit hoher Wahrscheinlichkeit zu erreichen. Problematisch kann dabei in sicherheitskritischen Anwendungen sein, dass es Handlungsfehler mit großer Wirkung und Tragweite *(fatale Fehler)* gibt, die nicht durch nachfolgende Handlungsregulationen korrigiert werden können. Die hohe Wahrscheinlichkeit fehlerhafter einzelner menschlicher Handlungen kann dadurch die Sicherheit von Gesamtsystemen grundsätzlich in Frage stellen. An dieser Stelle entsteht der wenig hilfreiche Begriff des *menschlichen Versagens*, der im Hinblick auf die natürliche Eigenschaft von Handlungen fehlerbehaftet zu sein, eine nur scheinbar neue Form oder Qualität von Fehlern zu definieren scheint.

Die *menschliche Fehlerwahrscheinlichkeit HEP (Human Error Probability)* berechnet sich

$$HEP = n/N$$

wobei n die Zahl der Fehler, N die Zahl der Gelegenheiten ist. Die *Zuverlässigkeit (Reliabilität, R)* einer menschlichen Handlung ist das Gegenteil der Fehleranfälligkeit einer Handlung

$$R = 1 - HEP = 1 - n/N$$

Fehlerwahrscheinlichkeiten im Sinne der HEP wurden mittels unterschiedlicher Methoden beispielsweise für Aufgaben in Kernkraftwerken erhoben. Die wichtigsten Methoden dafür sind *Technique for Human Error Rate Prediction (THERP)* (Swain & Guttmann, 1983) und *Operator Action Tree (OAT)* (Hall et al., 1982). Die Erfassung von Fehlerwahrscheinlichkeiten kann für relevante Anwendungsfälle nur auf der Grundlage systematischer System- und Aufgabenanalysen erfolgen (Herczeg 2001).

Die numerischen Fehlerwahrscheinlichkeiten für elementare Fehler im Kernkraftwerk wurden folgendermaßen erhoben (Swain & Guttmann, 1983; Zimolong, 1990):

* Analoganzeige falsch ablesen: 0,003

* Graphen falsch ablesen: 0,01

* Störanzeige übersehen: 0,003

* Stellteil unter hohem Stress in die falsche Richtung bewegen: 0,5

* Ventil nicht schließen: 0,005

* Checkliste nicht benutzen: 0,01

* Checkliste nicht in der richtigen Reihenfolge abarbeiten: 0,5

Aus diesen Analysen für elementare Aufgaben lässt sich ableiten, dass die menschliche Zuverlässigkeit gerade in sicherheitskritischen Situationen äußerst begrenzt ist und daher zwangsläufig durch geeignete organisatorische oder technische Maßnahmen flankiert werden muss. Grundsätzlich kann festgestellt werden, dass völlig fehlerfreie Handlungen praktisch nicht auftreten und hohe Sicherheitsanforderungen (Zuverlässigkeit des Gesamtsystems) nur durch fehlertolerante Gestaltung von soziotechnischen Systemen (Mensch-Maschine-Systemen) erreicht werden können. Fehlertolerante Systeme kompensieren auftretende menschliche oder technische Fehler durch geeignete *technische oder organisatorische Schutz- oder Kompensationsmechanismen* (vgl. auch Johannsen, 1993). Viele Fehlhandlungen werden nur deshalb sichtbar, weil sie in bestimmten, vor allem sicherheitskritischen Systemen nicht durch Ausgleichshandlungen korrigiert werden können, bevor sie sich auswirken. Sichtbare Abweichungen (Störfälle und Unfälle) sind oft nur *„missglückte Optimierungsversuche, mit nicht akzeptablen Folgen"* (Rasmussen, 1982).

Im Zusammenhang mit der Zuverlässigkeit in sicherheitskritischen Systemen muss die Zuverlässigkeit auch über Arbeitsaufgaben (Normalbetrieb) hinaus auf anormalen Betrieb mit

Problemsituationen erweitert werden (siehe Abschnitt 7.2). Hierzu kann auch der Begriff der Aufgabe gegenüber der gängigen Definition auch auf den geeigneten Umgang mit unerwarteten Ereignissen erweitert werden. Während bei der Abarbeitung von Routineaufgaben, bei denen die Zuverlässigkeit vor allem in der korrekten Bearbeitung der Aufgabe liegt, besteht sie bei unerwarteten Ereignissen und Situationen aus der systematischen und unvoreingenommenen Beobachtung und Identifikation der Situation, der Bewertung der Ausgangssituation (Ist-Zustand) und der geeigneten Wahl der Zielsituation (Soll-Zustand) mit angemessenen, vor allem sicheren Handlungen (vgl. Rasmussen, 1984).

In vielen Zuverlässigkeitsbetrachtungen soziotechnischer Systeme, im besonderen auch Mensch-Maschine-Systemen, wird auf die Berücksichtigung der menschlichen Zuverlässigkeit verzichtet, da diese ungleich schwieriger als die technische Zuverlässigkeit, z.B. gemessen in MTBF zu erheben oder zu schätzen ist. Auf ihre Berücksichtigung zu verzichten, heißt jedoch außergewöhnlich hohe Fehlerwahrscheinlichkeiten im Gesamtsystem außer Acht zu lassen und dadurch uneinschätzbare Risiken zu erzeugen. Die technische Zuverlässigkeit wird dabei unter bestimmten Umständen völlig nebensächlich oder gar bedeutungslos. Eine objektive Risikokalkulation wird u.a. aus diesen Gründen von einigen Fachleuten abgelehnt. Adams (1995) diskutiert diese Grundsatzfrage im Detail.

## 7.6.4    Risikomatrix

Die zweidimensionale Betrachtung von Risiko als Produkt aus der Eintrittswahrscheinlichkeit eines unerwünschten Ereignisses und dem Schadensausmaß bei Eintritt des Ereignisses führt uns zu einer *Risikomatrix* sowie, verallgemeinernd, zu einer Risikofunktion. Eine Risikomatrix vergibt sprachliche Werte für die beiden Dimensionen Eintrittswahrscheinlichkeit und Tragweite. Man nennt solche Dimensionen dann auch linguistische Variable.

Die Risikomatrix zeigt, dass es Risikobereiche gibt, die explizit nicht akzeptiert werden. Hierbei tritt insbesondere die *maximal akzeptable Tragweite eines Ereignisses oder das Schadensausmaß* definierend in den Vordergrund. Dies bedeutet, dass ein Ereignis unabhängig von der Unwahrscheinlichkeit seines Eintritts nicht verantwortet werden kann. Technologien, die sich in diesem Bereich befinden, werden kulturell vermieden. Risiken, die bei sicherheitskritischen Systemen gesellschaftlich getragen und akzeptiert werden, werden oft auch *Restrisiken* genannt. Die damit verbundenen Wahrscheinlichkeitsberechnungen beziehen sich im Allgemeinen ausschließlich auf die Fehlerwahrscheinlichkeiten der technischen Komponenten. So wurde beispielsweise errechnet, dass die Eintrittswahrscheinlichkeit eines größten anzunehmenden Unfalls (Super-GAU) in einem Kernkraftwerk, einem Kernschmelzunfall mit Freisetzung von Radioaktivität in die Atmosphäre wie in Tschernobyl, bei $2,9 \times 10^{-5}$ pro Jahr liegt. Legt man heute eine Betriebszeit eines Atomkraftwerks von 40 Jahren zugrunde, so ergibt sich für einen Kernkraftwerksblock eine Wahrscheinlichkeit für einen Super-GAU von 0,1 Prozent. Bei nahezu 500 Kernkraftwerken weltweit ergibt sich eine Wahrscheinlichkeit von etwa 50% für den Eintritt eines Super-GAUs. Das Vorkommen von Tschernobyl hat dies bereits eingelöst, was nicht bedeutet, dass dieser Fall nicht weitere Male eintreten wird, insbesondere unter der Berücksichtigung, dass die Wahrscheinlichkeitsberechnungen durch das Ausblenden menschlicher Fehlhandlungen in Mensch-Maschine-Systemen sehr optimistisch sind.

| Tragweite / Wahrscheinlichkeit | sehr klein | klein | mittel | schwer | sehr groß | nicht akzeptabel |
|---|---|---|---|---|---|---|
| häufig | | | | | | |
| gelegentlich | | | *Risiko zu hoch* | | | |
| selten | | | | | | |
| sehr selten | *Risiko akzeptabel* | | | | | |
| wenig wahrscheinlich | | | | | | |
| un-wahrscheinlich | | | | | | |

**Abbildung 33** Risikomatrix

> Die Risikomatrix verdeutlicht das Produkt aus Eintrittswahrscheinlichkeit eines Ereignisses und seiner Tragweite. Dabei sind Ereignisse ab einer bestimmten Tragweite unabhängig von ihrer Eintrittswahrscheinlichkeit unakzeptabel und daher grundsätzlich zu vermeiden. Dies kann den Verzicht auf eine bestimmte Technologie bedeuten.

# 7.7 Fehlertolerante Gestaltung (Design for Error)

Da sowohl Menschen wie auch technische Komponenten fehlerbehaftet sind, müssen sicherheitskritische Mensch-Maschine-Systeme auf diese Fehler vorbereitet sein. Man nennt diesen Ansatz bei der Systementwicklung auch *Design for Error*. Die damit verbundene Methode, auch *Resilience Engineering* (Hollnagel et al., 2006) genannt, besteht darin, als Konstrukteur mit technischen Fehlern und Fehlhandlungen zu rechnen und dafür zu sorgen, dass das Gesamtsystem dadurch nicht in Gefahr gerät. Mensch und Maschine unter Einbezug ihres potentiellen Fehlverhaltens müssen hochgradig aufeinander abgestimmt werden.

Die wichtigste Grundlage ist, dass die Begegnung von Mensch und Maschine in sicherheitskritischen Anwendungen als komplexes System verstanden werden muss und nicht als Begegnung, die sich durch Praxis und Gewöhnung irgendwie fügen wird.

Unfälle und Beinaheunfälle sind in den meisten Fällen nicht reduzierbar auf technisches oder menschliches Versagen. So ist das Versagen des Mensch-Maschine-Systems *(Interaktionsversagen)* eher das Unvermögen der Konstrukteure in der Konzeption, Beobachtung und dem Verständnis dieser Mensch und Maschine umfassenden Systeme (Herczeg, 2004).

## 7.7.1 Maßnahmen gegen menschliche Fehler

Menschliche Fehler treten, wie wir in Abschnitt 7.6.3 gesehen haben, mit zum Teil hohen Wahrscheinlichkeiten auf. Die Wahrscheinlichkeiten lassen sich durch Qualifizierungsmaßnahmen zwar reduzieren, nie jedoch ganz beseitigen. *Auffangmechanismen (Barrieren)* gegen menschliche Fehler sind:

- Redundanzen in der Syntax (kleine formale Fehler wirken sich nicht aus);
- Confirmations (der Mensch bestätigt, dass eine Funktion wirklich ausgeführt werden soll);
- Checklisten (systematisches Abarbeiten mit einer vorliegenden Liste von Prüfschritten);
- aktiver Einbezug des Menschen in den Prozessverlauf (Aufrechterhalten von Konzentration und Aufmerksamkeit);
- Alive-Funktionen (z.B. "Tot-Mann-Taste" in Fahrständen von Bahnen, um zu erkennen, ob Operateure noch arbeitsfähig sind);
- Interlocks (Technik als funktionale Redundanz).

In der Praxis zeigt sich, dass Menschen anders als Maschinen sehr viel Kreativität zeigen, wenn es darum geht, auch die beschriebenen Schutzmechanismen außer Kraft zu setzen[29].

---

[29] siehe den Atomunfall von Tschernobyl

Dies lässt sich nur durch laufende Qualifizierung, hohe Ansprüche an Personal sowie durch einen ausgeprägten Berufsethos (wie z.B. in der Luftfahrt) behandeln.

## 7.7.2    Maßnahmen gegen technische Fehler

Wie Menschen, werden letztlich auch alle technischen Systeme mit einer gewissen Wahrscheinlichkeit versagen (siehe Abschnitt 7.6.3). Das dies vorhersehbar ist, können konstruktive Gegenmaßnahmen wie die Folgenden getroffen werden:

- Redundanzen in der Funktionalität (mehrere unabhängige Funktionen mit gleicher Wirkung);

- Entkopplung (Verhinderung von Fehlerausbreitung durch getrennte Teilsysteme);

- Fail-Safe (Fehler führen in sichere Zustände);

- Overruling (der Mensch wirkt als funktionale Redundanz und kann bei Systemfehlern eingreifen).

Unabhängig von diesen Maßnahmen müssen technische Komponenten für sicherheitskritische Systeme sorgfältig konzipiert, produziert und getestet werden. Die genannten Gegenmaßnahmen sind Schutzmechanismen, die der Funktion der Komponenten übergeordnet werden.

## 7.7.3    Maßnahmen gegen Interaktionsfehler

Nicht alle Fehler können eindeutig dem Menschen oder der Maschine zugeschrieben werden. Einige müssen stattdessen als fehlerhaftes Zusammenspiel zwischen Mensch und Maschine verstanden werden. Zur Vermeidung von Fehlern dieser Art benötigen wir Maßnahmen wie

- Erstellen von Aufgabenmodellen und Szenarien (Analyse und Optimierung von Arbeitsabläufen);

- Abgleich der mentalen und konzeptuellen Modelle (Abstimmung der Funktionsweise von Mensch und Maschine);

- zeitgerechte Automatisierungsfunktionen (Automatisierung zeitkritischer Abläufe, die für den Menschen zu schnell oder zu langsam sind);

- gestufte, abschaltbare Automatisierungsfunktionen (Möglichkeit der menschlichen Einflussnahme auf Automatisierungsfunktionen);

- Incident- und Accident-Reporting und dessen Auswertung (Lernen aus Fehlern);

- Mensch-Technik-Redundanz (Mensch und Maschine überwachen und ersetzen sich bei Bedarf gegenseitig);

- Intention-Based-Supervisory-Control (Herczeg, 2002) (Mensch und Maschine stimmen ihre Ziele und Arbeitsabläufe im Voraus ab).

Interaktionsfehler wurden viele Jahrzehnte nicht als eigene Fehlerkategorie erkannt. So wurden Störfälle und Unfälle fast immer als menschliches oder als technisches Versagen diagnostiziert, was einerseits bereits eine abschließende Schuldzuschreibung enthält und andererseits übersieht, dass richtige Abläufe das wirkungsvolle und sichere Zusammenspiel von Mensch und Maschine erfordert.

## 7.8     Zusammenfassung

*Prozessführungssysteme* dienen zur *Überwachung* und *Steuerung* meist *sicherheitskritischer Systeme* wie:

- Transportsysteme,
- Verkehrsüberwachung,
- Versorgungsnetze,
- Kraftwerke,
- verfahrenstechnische Anlagen und
- medizintechnische Systeme.

Bezüglich der Aufgabenstellung der Operateure unterscheidet man

- den *Normalbetrieb* mit vordefinierten Aufgaben, die routiniert durchgeführt werden müssen sowie
- den *anormalen Betrieb*, bei dem das zu steuernde System nach dem Auftreten von Störungen, Störfällen oder Unfällen wieder soweit wie möglich in einen sicheren Zustand gebracht werden muss.

Bei Prozessführungssystemen kommt es meist zu einer differenzierten *Arbeitsteilung zwischen Mensch und Maschine*. Dabei müssen die *menschlichen Fähigkeiten* und die *maschinellen Möglichkeiten* berücksichtigt werden. Mit dieser Arbeitsteilung verbunden sind verschieden weitgehende Formen der Automatisierung (*Automatisierungsebenen*) in einem Spektrum zwischen vollständig manuellem und vollständig automatisiertem Betrieb.

Eine wichtige Aufgabe bei der Realisierung von Prozessführungssystemen ist die angemessene Präsentation des dem System zugrunde liegenden dynamischen Prozesses, so dass die Operateure einerseits über alle wichtigen Ereignisse und Zustände informiert sind, ohne durch eine Informationsflut überfordert zu werden.

Diese Präsentation muss durch geeignete *multimediale Darstellungs- und Interaktionsformen* realisiert werden. Dazu dienen je nach Anwendung

- spezielle *Geräteschnittstellen*,
- besonders ausgestattete *Bildschirmarbeitsplätze*,

- *Cockpits* bei Fahrzeugen und

- *Leitwarten* bei großen Systemen bei denen viele Personen beteiligt sind.

Mit Hilfe von immer wieder auftretenden *Störfällen* und *Unfällen* können und müssen die Prozessführungssysteme und die dazugehörigen organisatorischen Strukturen auf ihre Funktionsfähigkeit überprüft werden. Das Ziel muss dabei sein, Wiederholungen ähnlicher Vorfälle zu vermeiden oder ganz auszuschließen. Dazu werden nach der Dokumentation der Störfälle und Unfälle auf der Grundlage von *Incident- und Accident-Reporting* detaillierte *Ereignisanalysen* vorgenommen. Besondere Beachtung finden dabei in Form von sogenannten *HF-Analysen* die menschlichen Faktoren, insbesondere also auch den realisierten Benutzungsschnittstellen der Prozessführungssysteme.

Die Wahrscheinlichkeit von schädlichen Ereignissen wie Störfällen und Unfällen wird mit dem Begriff des *Risikos* verbunden. Das sogenannte *objektive Risiko* berechnet sich aus der *Eintrittswahrscheinlichkeit* eines schädlichen Ereignisses multipliziert mit der *Tragweite* (Schadensausmaß) des Ereignisses. Das sogenannte *subjektive Risiko* ist die von Menschen empfundene Wahrscheinlichkeit einer Gefährdung. Beide Risikodefinitionen sind jeweils pragmatische Methoden der Einschätzung, wie sicher oder unsicher eine Technologie ist. Sie sind, trotz ihrer Bezeichnung, weder objektiv noch subjektiv, sondern *kulturelle Konstruktionen* des Umgangs und der Bewertung von Technikfolgen. Eine Gesellschaft muss auf irgendeiner Grundlage entscheiden, ob sie Technologien und ihre Folgen akzeptiert oder nicht.

Menschen und Technik werden immer unvorhersehbar *versagen* können. Damit sicherheitskritische Systeme auch im Fall von einzelnen *menschlichen oder technischen Fehlern* entweder weiter funktionieren oder wenigstens in einen angemessen sicheren Zustand übergehen, müssen wir Prozessführungssysteme so gestalten, dass Fehler beider Art nach Möglichkeit erkannt und aufgefangen werden können. Diese Vorgehensweise bei Technikgestaltung nennen wir auch *Design for Error*. Hierbei müssen unterschiedliche Maßnahmen gegen menschliche und technische Fehler sowie gegen Fehler des Zusammenwirkens von Mensch und Maschine (*Interaktionsfehler*) getroffen werden.

Prozessführungssysteme sind in vielen Fällen mit *hoher medialer Komplexität* ausgestattet und werden zunehmend auf Grundlage interaktiver Computersysteme realisiert. Unser tägliches Leben hängt immer mehr davon ab, dass derartige Systeme vorausschauend und menschengerecht realisiert werden.

# 8 Menschen- und anwendungs-gerechte interaktive Medien

Interaktive Medien verknüpfen Menschen mit Menschen und Menschen mit Maschinen. Damit diese Medien, ihre Funktionen und Dienste für Menschen zu diesen Zwecken angemessen handhabbar sind, müssen sie an die Fähigkeiten und Begrenzungen der Menschen, ihrer *Benutzer*, angepasst werden. Dies gilt sowohl für die *körperlichen (physischen)* wie auch für die *geistigen (psychischen)* Möglichkeiten und Grenzen dieser Benutzer.

Interaktive Medien werden nur dann wirkungsvoll und beeinträchtigungsfrei sein, wenn ihre Entwickler und Gestalter die Fähigkeiten und Grenzen der Benutzer kennen und dieses Wissen bei der Realisierung der medialen Systeme informiert und systematisch anwenden. Der Wissenschaftsbereich, der sich mit dieser Frage intensiv auseinandersetzt ist die *Software-Ergonomie*. Da sich die Software-Ergonomie aber primär mit *Arbeit* und *Arbeitssystemen* beschäftigt, müssen wir darüber hinaus auch Gestaltungsprinzipien für Systeme anderer Lebensbereiche erarbeiten und anwenden, so zum Beispiel für interaktive Medien in den Bereichen *Bildung* und *Freizeit*.

Menschen- und anwendungsgerechte Systeme setzen immer voraus, dass die Systeme auch ihren eigentlichen Zweck erfüllen. Für jeden Anwendungsbereich ist es daher eine grundlegende Voraussetzung, dass die dort eingesetzten interaktiven Medien auch hinsichtlich der gedachten Nutzung funktionsfähig sind.

Marshall McLuhan hat von *Extensionen des Menschen* gesprochen (siehe Abschnitt 2.4). Greifen wir diese Metapher auf, dann bedeutet dies, dass wir Medientechnologien an die menschliche Natur, d h. an die körperlichen und geistigen Potenziale und Randbedingungen anpassen müssen, da es ansonsten eher zu Ballast als zu Extensionen kommen wird, die als erweiternde, erleichternde und über die natürlichen menschlichen Fähigkeiten hinausgehende Mittel verstanden werden können. So wie eine Brille nur nach sorgfältiger Adaption eines fachkundigen Optikers hilfreich wird, wird die Funktionalität eines interaktiven Computersystems nur dann seine nützliche Wirkung entfalten, wenn diese möglichst „nahtlos" an den Menschen und seine Aufgaben angepasst wird.

# 8.1 Software-Ergonomie

Die Problemstellung menschengerechter, interaktiver Medien baut auf derselben Frage auf, die sich seit etwa 1980 das Gebiet der *Software-Ergonomie* stellt (Herczeg, 2005). In diesem Gebiet wurden *Theorien*, *Modelle* und *Kriterien* zur Analyse und Konzeption anwendungs- und benutzergerechter Anwendungssysteme zunächst für den Bereich der Bildschirmarbeitsplätze entwickelt. Dabei soll sichergestellt werden, dass die Systeme nicht nur anwendungsgerecht, d. h. funktional, sondern auch hinsichtlich ihrer Anbindung an die Benutzer und ihre Arbeitskontexte geeignet gestaltet sind.

Die Software-Ergonomie wurde daher als Gebiet aus vor allem Informatik, Arbeitspsychologie und Arbeitswissenschaften gegründet. Sie geht auf die Erkenntnis zurück, dass es neben der Funktionalität einer Computeranwendung auch Kriterien geben muss, die sich mit der *Bedienbarkeit* der Systeme auseinandersetzt, also mit der Eignung der Benutzungsschnittstelle für die Benutzer und deren Tätigkeiten.

Als Klärung des Begriffs Bedienbarkeit wurde in der Software-Ergonomie die drei Kriterien *Effektivität*, *Effizienz* und *Zufriedenstellung* definiert. Sie wurden in der internationalen Norm DIN EN ISO 9241-11[30] zu den Hauptmerkmalen software-ergonomisch gestalteter Computeranwendungen und zusammenfassend als die drei Faktoren der *Gebrauchstauglichkeit* eines Anwendungssystems definiert. Dies soll den umgangssprachlich häufig verwendeten, aber wenig hilfreichen Begriff der *Benutzerfreundlichkeit* ersetzen. Näheres zur Definition der Kriterien findet sich Abschnitt 10.2.2.

Fehlende Anwendung software-ergonomischer Prinzipien und Kriterien erzeugt nicht nur unakzeptable *Beeinträchtigungen* bei den Benutzern von Computersystemen, sie führt auch zu einer erheblichen Reduktion von Effektivität und Effizienz der Arbeit. Dies zeigt, dass wie in anderen Arbeitssituationen auch, schlechte Arbeitsbedingungen oder schlechte Arbeitsmittel zu schlechten Arbeitsergebnissen führen werden. Aus diesem Verständnis heraus sollten Unternehmen ein besonders großes Interesse an der Realisierung gebrauchstauglicher Computerarbeitsplätze besitzen. Dies ist in den letzten Jahren auch unabhängig von gesetzlichen Auflagen, wie zum Beispiel der *Bildschirmarbeitsverordnung* (siehe Herczeg, 2005) die Mindeststandards für den *Arbeitsschutz* setzt, zunehmend der Fall. Viele Softwareprodukte (Anwendungssysteme) unterscheiden sich auf den Märkten inzwischen nicht mehr so durch ihre Funktionalität, sondern zunehmend auch durch ihre Gebrauchstauglichkeit und, damit verbunden, auch durch eine bessere und schnellere *Erlernbarkeit*.

Neben vielen mangelhaft realisierten Computeranwendungen an Arbeitsplätzen findet sich inzwischen eine deutlich größere Zahl unzulänglich gestalteter Systeme im privaten und

---

[30] Im Folgenden wird die Norm kurz als ISO 9241 oder bestimmte Teile der Norm wie ISO 9241-11 benannt; DIN EN ISO bedeutet, dass es eine deutsche, europäische und international gültige Norm darstellt.

mobilen Bereich. Da für den privaten Nutzungsbereich von Computern praktisch weder durch Normen noch durch den Gesetzgeber Mindeststandards erzwungen werden können, finden sich dort oft noch ungleich ungeeignetere Systeme als an Arbeitsplätzen. Wenn man bedenkt, dass viele dieser privaten Systeme nicht nur für kurze unwichtige Tätigkeiten, sondern auch für stundenlange Arbeit, Weiterbildung oder Spielen genutzt werden, müssen durch diese Nutzungsformen negative Folgen bis hin zu dauerhaften Beeinträchtigungen des Gesundheitszustandes der Benutzer erwartet werden, wie man sie im Bereich der Arbeitssysteme versucht zu vermeiden.

Während zunächst Arbeit im direkten Zusammenhang mit Arbeitsplätzen innerhalb von Betrieben gesehen werden konnte, hat sich dies in den letzten Jahren gravierend verändert. *Arbeit*, *Bildung* und *Freizeit* überschneiden sich zeitlich und räumlich in hohem Maße. Menschen arbeiten zuhause oder unterwegs. Interaktive Medien (z.B. mobile Computersysteme, Internet-Anwendungen) sind praktisch jederzeit und überall verfügbar. Freizeitaktivitäten, zum Beispiel intensiv genutzte Computerspiele, zeigen Charakteristika, wie sie bislang typischerweise nur von Arbeitstätigkeiten bekannt waren. Auf diese Weise gibt es für die Gestaltung ergonomischer Computersysteme keine klare Trennung mehr zwischen Arbeits- und anderen Lebensbereichen. Aus diesem Grund erlangt auch die Software-Ergonomie über die Grenzen von Arbeitsplätzen hinaus Bedeutung. So finden entsprechende Erfahrungen in erweiterter Form zunehmend auch Anwendung bei mobilen Systemen, Internet-Anwendungen sowie Computerspielen. Der bisherige Begriff der Computerarbeit erweitert sich von der Arbeit im engeren Sinn auf Situationen intensiver Nutzung von Computersystemen und darauf aufbauenden interaktiven Medien.

Im Folgenden werden weitere Aspekte diskutiert, die als Grundlage für die Entwicklung menschengerechter interaktiver Medien benötigt werden.

# 8.2  Wahrnehmung, Kognition und Handlung

Menschliches Agieren ist geprägt vom Wahrnehmen der Umgebung und der darin befindlichen Objekte, dem mehr oder weniger bewussten Verarbeiten des Wahrgenommenen und den daraus resultierenden Handlungen.

Die Wahrnehmung der Umwelt erfolgt dabei mit allen verfügbaren Sinnen. Wichtige, wenn auch bei Weitem nicht alle menschliche Sinne[31] sind dabei:

- visueller Sinn (Sehen),
- auditiver Sinn (Hören),

---

[31] Die verbreitete Darstellung, dass der Mensch über 5 Sinne verfügt (Sehen, Hören, Tasten, Riechen und Schmecken) ist allenfalls noch von wissenschaftshistorischer Bedeutung.

- taktiler Sinn (Tasten),

- kinästhetischer Sinn (Spüren eigener Bewegungen),

- olfaktorischer Sinn (Riechen) und

- gustatorischer Sinn (Schmecken).

Die Wahrnehmung wird je nach Sinn in einem mehrstufigen Prozess in den Sinnesorganen und dem Gehirn verarbeitet und verdichtet. Am Schluss steht eine Wahrnehmung, z.B. die Erkennung von Objekten und anderen Lebewesen sowie der damit verbundenen Situationen. Eine solche Wahrnehmung kann dann in einem bewussten Denkprozess weiter verarbeitet und auch im Gedächtnis gespeichert werden. Auf dieser Grundlage kann der Mensch situationsabhängig eigene Aktivitäten, insbesondere seine Artikulationen und Handlungen planen. Einen solchen Ablauf hatten wir am Beispiel von Prozessführungssystemen in Abbildung 22 als Decision-Ladder kennen gelernt. Ähnliche Modelle gibt es in anderen Anwendungsfeldern. Dieser prinzipielle Ablauf ist die Grundlage menschlichen Handelns, unabhängig davon, ob dies direkt in der physischen Welt oder mit Hilfe eines Mediums, wie einem interaktiven Computersystem, ausgeführt wird.

Interaktive Medien sollen so gestaltet sein, dass Wahrnehmung, Verarbeitung und darauf folgenden Handlungsabläufe geeignet unterstützt oder angeleitet werden. Fehlerhafte Wahrnehmungen, falsche Verarbeitungsschritte oder Entscheidungen sowie ungeeignete resultierende Handlungen sollen verhindert oder zumindest so weit wie möglich vermieden werden.

## 8.3     Kommunikation, Koordination und Kooperation

Eine wichtige, grundlegende Form der Computernutzung ist die Kommunikation. Einerseits ist es möglich mit Computern zu kommunizieren, wie z.B. bei der automatischen Fahrplanauskunft über Spracheingabe durch den Benutzer und Sprachausgabe durch den Computer. Andererseits können Computer dazu dienen, mit anderen Menschen kommunizieren zu können (z.B. Chat-Systeme, Telekonferenzsysteme). Der Computer wirkt in diesem Fall als *Medium*, also als *Mittler* zwischen kommunizierenden Menschen, um deren gegenseitige Nachrichten über Zeit und Raum zu transportieren.

Wie bereits in Abschnitt 2.9.1 haben wir bereits das Kommunikationsmodell von Shannon und Weaver kennengelernt. Dabei wird, ausgehend von einem Sender, Information in eine Nachricht kodiert und über einen Kommunikationskanal mehr oder weniger unbeschadet transportiert, um dann von einem Empfänger in Information dekodiert zu werden (siehe Abbildung 4). Als Sender oder Empfänger können hier Mensch oder Computer wirken. Als Kommunikationskanal können physikalische Träger wie elektromagnetische Wellen über Drähte oder drahtlos dienen. Computer können aber nicht nur als Sender oder Empfänger dienen, sie können auch selbst als „intelligentes" Kommunikationsnetz wirken und Menschen und Computer über große Distanzen und unterschiedlichste Kommunikationsprotokolle flexibel verbinden (siehe dazu Abschnitt 4.6).

Mit Hilfe von Kommunikationsprozessen können sich arbeitsteilig wirkende Menschen und Maschinen koordinieren und auch miteinander kooperieren. Man spricht in diesem Zusammenhang auch von *Computer-Supported Cooperative Work (CSCW)*. Auch hierbei sind die Unterstützungsfunktionen der Kommunikations-, Koordinations- und Kooperationsprozesse menschengerecht zu gestalten, so dass diese Prozesse ungehindert und möglichst transparent, ohne störende technische Barrieren ablaufen können. Gerade bei Mediationsfunktionen soll der Computer möglichst unsichtbar werden. Die Realisierung für den Benutzer praktisch unsichtbarer, wirkungsvoller Systeme ist eine der größten Herausforderungen menschengerechter Computersysteme.

# 8.4     Aktion, Regulation und Tätigkeit

Während im Bereich der *kommunikationsorientierten Systeme* ein Medium vor allem als Träger kodierter Nachrichten dient, spielt es im Bereich der *handlungsorientierten Systeme* die Rolle, Aktionen mit Hilfe eines Computersystems initiieren, steuern und regulieren zu können. Besonders bedeutungsvolle Abfolgen von zu regulierenden Aktionen finden sich im Bereich von Tätigkeiten, bei denen ganze Handlungsabläufe korrekt und wirkungsvoll zu bewerkstelligen sind. So muss beispielsweise ein Pilot bei der Landung seine Aktionen mit seinem Landesystem unmittelbar hinsichtlich ihrer Wirkungen überprüfen und wenn nötig korrigieren. Hierbei sollen weder ein spürbarer Zeitverzug noch funktionale Defizite spürbar werden.

Handlungen regulieren zu können setzt voraus, dass die Handelnden die Wirkungen einzelner Aktionen wahrnehmen und bewerten können. Interaktive Medien in entsprechenden Anwendungsbereichen müssen es also erlauben, auf Objekte einwirken und die Wirkungen beobachten zu können. Das interaktive System bekommt dabei oft einen Werkzeugcharakter. Mit diesem interaktiven, *computerbasierten Werkzeug* werden virtuelle Objekte verändert. Man spricht dabei auch von direkter Manipulation, wie z.B. bei Desktop-Systemen (siehe dazu Abschnitt 4.1.1).

Die benutzergerechte Gestaltung von handlungsorientierten Systemen knüpft direkt an die klassische Ergonomie an, die bereits eine lange Tradition der menschengerechten Gestaltung von materiellen Werkzeugen besitzt.

## 8.5          Multimedialität und Synästhesie

In multimedialen Systemen bedarf es eines wichtigen psychologischen Phänomens, nämlich der Zusammenführung von *multisensorischen Wahrnehmungen*, auch *Synästhesie* (Cytowic, 2002*), Sensorfusion* oder *simultane Synthese* (Klimsa, 2002) genannt (siehe auch Abschnitt 4.3.5). Dabei geht es um die ganzheitliche Wahrnehmung einer Situation mit mehreren Sinnen. Die unterschiedlichen sensorischen Wahrnehmungen, die durch mehrere Medien vermittelt werden, verschmelzen dabei mehr oder weniger stark zu einer komplexen Gesamtwahrnehmung.

Eine besondere und einfachere Form der Synästhesie findet sich bei der Wahrnehmung zeitbasierter Medien, wie Ton und Film. Hierbei werden einzelne Wahrnehmungsereignisse, wie zum Beispiel zeitlich sequentiell dargebotene Einzeltöne oder Einzelbilder, in einen zusammenhängenden, kontinuierlichen Strom von verschmelzenden Tönen (Musik) oder Bildern (Film) umgesetzt.

Auch die effiziente Nutzung von Werkzeugen erfordert eine möglichst ganzheitliche Wahrnehmung des Werkzeugeinsatzes und seiner Wirkung. Im Bereich der computerbasierten Werkzeuge ist gerade hier gegenüber den herkömmlichen materiellen Werkzeugen ein beträchtliches Defizit zu erkennen. Durch neue Eingabe- und Ausgabesysteme, wie zum Beispiel stereoskopische Darstellungen und Eingabegeräte mit haptischem Feedback entwickeln sich Systeme die in höherem Maße synästhetische Wirkungen zeigen (siehe auch Herczeg, 2006).

Systemkonzepte, die zu synästhetischen Erlebnissen bei den Benutzern führen, sind für künftige multimediale Systeme von großer Bedeutung. Bei der Entwicklung dieser Systeme (z.B. Computerspiele, Simulatoren, Kinos) ist die systematische Herbeiführung von intensiven multisensorischen Erlebnissen, verbunden mit *Emotionen*, eine Voraussetzung für die besondere Wirkung und damit die Akzeptanz der System- und Anwendungslösungen.

## 8.6          Körperlichkeit und Immersion

Während Medien oft mit dem Virtuellen und Körperlosen in Verbindung gebracht werden, besteht die heutige Herausforderung gerade darin, den menschlichen Körper mit Hilfe interaktiver Medien mit einer digitalen Welt zu verknüpfen. Dies kann so weit gehen, dass wie bei virtuellen Realitäten versucht wird, den Benutzer vermeintlich körperlich in einer künstlichen Welt eintauchen zu lassen (Immersion).

Sherman & Craig (2003) unterscheiden drei Arten von Immersion:

- *Immersion:* „sensation of being in an environment"
- *Mental Immersion:* „state of being deeply engaged"
- *Physical Immersion:* „bodily entering into a medium"

Insbesondere die letzte Definition liefert einen Ansatz, interaktive Medien auch in Verbindung mit Physikalität und Körperlichkeit zu begreifen. Gerade im Bereich der erweiterten, virtuellen und gemischten Realitäten wurden schon viele unterschiedliche, meist prototypische Systeme gebaut, die den menschlichen Körper in ein mediales System einbetten und mediale mit körperlichen Erlebnissen verknüpfen. Hierbei gibt es eine enge Beziehung zu synästhetischen, ganzheitlichen Wahrnehmungen in gemischt digitalen und physischen Systemen. Nähere Ausführungen finden sich in Abschnitt 4.5 und in Herczeg (2006).

Es ist zu erwarten, dass die enge Verknüpfung von menschlichem Körper und interaktiven Computersystemen eine der wichtigsten Entwicklungslinien menschengerechter interaktiver Systeme darstellt. Dies kündet sich bereits im Bereich des Entertainments am Beispiel der Computerspiele und semiprofessionellen Simulatoren an, bei denen selbst im Low-Cost-Bereich Computerperipherie verkauft wird, die es ermöglicht, dass man ein simuliertes Autorennen oder einen Flug nicht mit Tastatur und Maus, sondern mit Lenkrad oder Joystick mit haptischem Feedback erleben kann.

## 8.7    Medienästhetik

Während die Software-Ergonomie Modelle, Kriterien und Methoden definiert, die das komplexe Zusammenspiel zwischen interaktiver Funktionalität und den Benutzern beurteilen und verbessern lässt, ist bei der Gestaltung von Medien auch die Ästhetik von großer Bedeutung. Ästhetik[32] bedeutet zunächst einfach Wahrnehmung. Diese hatten wir bereits in Abschnitt 8.2 diskutiert. Neben dieser allgemeinen Bedeutung hat Ästhetik darüber hinaus die besondere Bedeutung der sinnlichen Wahrnehmung, gemeint als ganzheitlicher, körperlicher und mentaler Prozess, der auch die *Emotionen* eines Individuums einbezieht. Hinter dem Begriff verbergen sich dabei auch Prinzipien, die versuchen die Bedeutung von *Schönheit* zu begründen.

Umgangssprachlich wird Ästhetik vereinfachend gleichgesetzt mit der geschmacklichen Bewertung der Wirkung eines Artefakts, oft eines Kunstwerks. Dabei ist zu bedenken, dass neben der sozialen Anerkennung von Künstlern offenbar auch ein unterbewusstes Wahrnehmungssystem existiert, dass uns manche Artefakte anziehend und andere abstoßend empfin-

---

[32] gr. *aisthesis*: Wahrnehmung

den lässt. Beide Wertungen hängen von der Kultivierung und die damit verbundene Wertung von individuell oder kollektiv wahrgenommenen Eigenschaften eines Kunstwerks eng zusammen. Was man uns lange genug als „schön" darstellt, werden wir nach einiger Zeit oft auch als „schön" empfinden.

Wissenschaftliche Ästhetik, über die naturwissenschaftliche Betrachtung weit hinausgehend, schafft als eigene, kulturwissenschaftliche Theorie eine Grundlage für die Gestaltungsdisziplinen wie Architektur, Design und Kunst.

Auch die Informatik und Informationswissenschaften haben einen eigenen Ästhetikbegriff geschaffen. Max Bense, seine Schüler und Fachkollegen haben in ihren Arbeiten den Begriff der Informationsästhetik begründet (Bense, 1982; Gunzenhäuser, 1973; Moles, 1984; Nake, 1998). In der Informationsästhetik wird die Wirkung von Wahrscheinlichkeitsverteilungen beim Auftreten von Zeichen (z.B. in Texten oder Bildern) auf die Wahrnehmung untersucht. Die Zeichen können dabei von Computern errechnet und dargestellt werden (siehe Abbildung 34). Die Ästhetik definiert sich bei diesem Objektivierungsversuch über das Zusammenspiel von Wahrscheinlichem und Unwahrscheinlichem, von bekannten und unbekannten Mustern.

Während Kunst, hier die Computerkunst, zweckfreie Werke schafft, entwickeln Screen-Designer ästhetische, graphisch-textuelle Benutzungsschnittstellen für praktische Computeranwendungen. Die Prinzipien der Gestaltung können dabei auf künstlerische Methoden und Muster zurückgreifen, um funktionale Elemente in ästhetische Formen einzubetten. Dabei entsteht eine eigene Ästhetik, die nach einigen Kultivierungsprozessen die Sehgewohnheiten beeinflussen und Gestaltungsstandards etablieren. Ein Beispiel dafür sind die mosaikartigen interaktiven Informationsseiten von E-Commerce-Systemen wie elektronischen Buchhandlungen.

Wie wir in Abschnitt 4.3.5 gesehen haben, ist ein wichtiges Ziel die geplante, ganzheitliche Wirkung multimedialer synästhetischer Systeme. Dabei sollen die einzelnen Darstellungselemente und Darstellungsmodalitäten als zusammenwirkende, ästhetische Einheit empfunden werden.

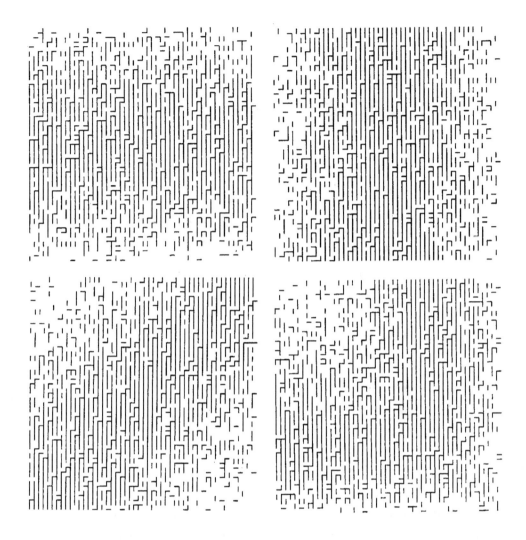

## Serie 2.1-1/2/3/5

**Abbildung 34** Informationsästhetik (Werk von Frieder Nake)

Mit Hilfe von Wahrscheinlichkeitsberechnungen und Mustern wurde an diesem Werk von Frieder Nake mit Hilfe eines Computerprogramms und eines Plotters ein Bild in Anlehnung an Kunstwerke von Mondrian generiert.

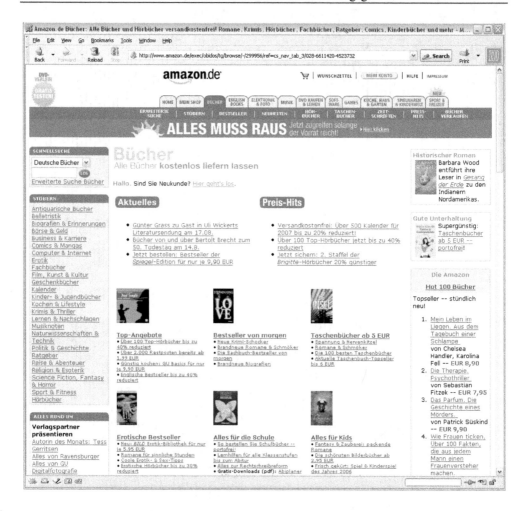

**Abbildung 35** Informationsästhetik im elektronischen Buchhandel Amazon

E-Commerce-Systeme entwickeln eine eigene Informationsästhetik in Form von mosaikartigen Darstellungen, die durch Kultivierungsprozesse nach einiger Zeit unabhängig von ihrer Gebrauchstauglichkeit als angenehm und gut empfunden werden.

# 8.8    Zusammenfassung

Interaktive Medien dienen sowohl der Verknüpfung von Menschen mit Maschinen als auch als Kommunikationskanäle zwischen Menschen. Dabei müssen sie so gestaltet werden, dass sie diesen Zweck erfüllen, ohne die Menschen dabei zusätzlich zu belasten. Mit *menschen- und anwendungsgerechten interaktiven Medien* versucht man dies zu leisten.

Als eigene Disziplin für diese Problemstellung ist die *Software-Ergonomie* entstanden. In diesem Gebiet werden Theorien, Modelle und Kriterien zur Analyse und Konzeption anwendungs- und benutzergerechter Anwendungssysteme entwickelt. Dabei soll sichergestellt werden, dass die Systeme nicht nur anwendungsgerecht, d.h. geeignet funktional, sondern auch hinsichtlich der Anbindung *(Benutzungsschnittstelle)* an ihre Benutzer und Arbeitskontexte geeignet gestaltet sind. Als die wichtigsten Basiskriterien interaktiver Systeme wurden neben vielen weiteren Kriterien in der Produktnorm für interaktive Computersysteme *Effektivität*, *Effizienz* sowie *Zufriedenstellung* der Benutzer gewählt, die zusammen die *Gebrauchstauglichkeit* eines Systems bestimmen. Am Anfang hat sich die Software-Ergonomie hauptsächlich im Kontext von Computerarbeitsplätzen entwickelt. Inzwischen werden die Theorien, Modelle und Kriterien erweitert, ergänzt oder auch unverändert in Anwendungsbereichen aus Bildung und Freizeit eingesetzt.

Bei der Analyse der Qualität interaktiver Computeranwendungen muss man sich zuvor eine Vorstellung von *menschlichen Wahrnehmungs-, Denk- und Handlungsprozessen* machen. Die Umwelt wird über eine Vielzahl menschlicher Sinne erfasst und dann, teils in bewussten, teils in unterbewussten Verarbeitungsprozessen, im Gedächtnis gespeichert und eventuell in Handlungen übergeführt. Interaktive Medien sollen diese mentalen Prozesse geeignet unterstützen.

Eine wichtige Form menschlicher Ausdrucksweise ist die *verbale Kommunikation*. Auch diese kann durch *Sprachverarbeitungs- sowie Sprachgenerierungssysteme* in Computersystemen realisiert werden. In anderen Fällen vermitteln Computersysteme die Kommunikation zwischen Menschen oder unterstützen sie durch *Kooperationsunterstützungssysteme*. Ein Beispiel sind computerunterstützte Kooperationsplattformen *(Computer-Supported Cooperative Work, CSCW)*.

Alternativ zu Kommunikation können Menschen auch in digitalen interaktiven Räumen *handeln*. Dabei können die Benutzer auf *Objekte* einwirken, indem sie deren Eigenschaften manipulieren. Ein bekanntes Beispiel sind Desktop-Systeme. Computer bilden dabei auch oft *Werkzeuge* nach, wie zum Beispiel Malutensilien in graphischen Anwendungen.

Bei multimedialen Systemen, die die unterschiedlichen sensomotorischen Fähigkeiten des Menschen ansprechen, ist es wichtig, sicherzustellen, dass dabei verwendete, meist parallel dargebotene mediale Kodierungen zeitlich und inhaltlich so zusammenwirken, dass der

Mensch den Eindruck bekommt, ein ganzheitliches Sinneserlebnis zu haben. In diesem Sinne zusammenwirkende Medien haben *synästhetischen Charakter*.

In technologisch fortgeschrittenen multimedialen Systemen wie beispielsweise Virtual-Reality-Systemen versucht man, die digitalen Medien mit dem ganzen *menschlichen Körper* in Verbindung zu bringen. Dabei sollen Erlebnisse hoher *Einbezogenheit (Immersion)* entstehen.

Schwierig zu fassen ist der verbreitete Begriff der *Medienästhetik*. Damit sind heutzutage insbesondere Herstellung und Eigenschaften digitaler Medien gemeint, deren sensorische Rezeption (Wahrnehmung) als besonders reizvoll oder schön wahrgenommen wird. Medienästhetik wird nicht nur in den Gestaltungswissenschaften thematisiert, sondern in besonderer Weise auch bei Systemen mit hoher ökonomischer Bedeutung, wie Web-Shops, die möglichst gerne und viel aufgesucht werden sollen.

Medieninformatiker finden im Bereich der Entwicklung menschen- und anwendungsgerechter interaktiver Medien ein großes und außerordentlich relevantes Arbeitsfeld, das zusammen vor allem mit Mediendesignern und Medienpsychologen wirkungsvoll bearbeitet werden kann.

# 9 Gestaltung interaktiver Medien

Die *Gestaltung* oder *das Design interaktiver Medien* ist ein kreativer Prozess. Es gibt keinen eindeutigen Weg von den Anforderungen an ein System zu einer Lösung. Trotzdem muss dieser Prozess nicht zufällig oder planlos verlaufen. Die Gestaltungsdisziplinen, einige davon werden auch wissenschaftlich im Sinne von *Gestaltungswissenschaften* betrieben, verfügen über eine lange Kultur der zielgerichteten, effizienten und meist auch erfolgreichen Vorgehensweise bei der Gestaltung von Medien. Die klassischen Disziplinen dazu sind das *Graphikdesign (Kommunikationsdesign)* sowie das *Industriedesign (Produktdesign)*. Aus diesen Gebieten ist im Zeitalter der digitalen interaktiven Medien das *Interaktionsdesign* (Herczeg, 2006) entstanden, das nicht nur aus den genannten Gestaltungsdisziplinen und Gestaltungshochschulen stammt, sondern zusammen mit der Informatik, insbesondere der Medieninformatik entstanden ist und zunehmend gemeinsam betrieben wird.

Die Gestaltung multimedialer interaktiver Systeme ist eine vielschichtige Problemstellung, die aus verschiedenen fachlichen Perspektiven bearbeitet werden muss. Sie umfasst zunächst die Gestaltung von Ein- und Ausgabevorgängen zwischen Mensch und Computer. Dabei müssen *Eingaben (Inputs)* der Benutzer orts- und zeitgerecht mit den *Ausgaben (Outputs)* des Computersystems verknüpft werden. Die entstehende *Kommunikation (Dialog)* bzw. die *Handlung (Interaktion)* mit dem Computersystem erlaubt dem Benutzer das System zu aktivieren und zu steuern und ermöglicht dem Computersystem, die Benutzer zu bestimmten Aktivitäten und Informationseingaben aufzufordern. Neben der Gestaltung der zeitlichen und räumlichen Wechselwirkung zwischen Benutzer und System ist auch über die Formen des Informationsaustausches, d.h. über die genutzten Medien der Kommunikation bzw. Handlung, zu entscheiden. Das bei diesem Gestaltungsprozess entstehende Systemteil nennen wir *Benutzungsschnittstelle*[33].

Bei diesen Gestaltungsaufgaben lässt sich aus einem großen Raum von Möglichkeiten schöpfen, so dass es nicht eine, sondern beliebig *vielgestaltige Lösungsmöglichkeiten* geben wird. Die benutzer- und anwendungsgerechte Konzeption der Benutzungsschnittstelle sowie deren mediale Ausprägung erfordern grundlegende Kenntnisse bzgl. der Gestaltungsdimensionen und deren Wirkungen.

---

[33] Engl.: *User Interface*

Während man vor der Zeit multimedialer Computersysteme oft von *Dialoggestaltung* gesprochen hat, ist seit der Verfügbarkeit multimedialer Computersysteme der Begriff *Mediengestaltung* in Gebrauch. Inzwischen hat sich die Bezeichnung *Interaktionsdesign*[34] verbreitet (z.B. Preece et al., 2002; Cooper & Reimann, 2003). Üblich ist seit längerem auch der Begriff *User Interface Design* (z.B. Thimbleby, 1990; Lauensen, 2005).

Die Analysen im *Anwendungsbereich* liefern bei der Systementwicklung, ausgehend von den Aufgaben der Benutzer, die funktionalen Anforderungen mit wesentlichen Auswirkungen auf die Benutzungsschnittstelle. Das Gebiet der *Software-Ergonomie* (siehe Abschnitt 8.1) hat dabei ein analytisches System von Modellen, Methoden und Kriterien bereitgestellt, das von Benutzern in interaktiven Systemen zur Umsetzung von Aufgabenstellungen unter bestimmten organisatorischen Randbedingungen sowie für interaktive Systeme mit besonderen Eigenschaften angewendet werden kann (Wandmacher, 1993; Herczeg, 1994/2005).

Bei der Gestaltung multimedialer interaktiver Systeme müssen anwendungsspezifische, physiologische und psychologische, technische und informatische, ästhetische und kulturelle sowie letztlich auch wirtschaftliche Kompetenzen und Erfahrungen in *interdisziplinären Teams* zusammenwirken.

# 9.1    Vielgestaltigkeit von Benutzungsschnittstellen

Es gibt für eine Reihe von Anforderungen, die aus einer Bedarfsanalyse stammen, nicht nur eine konsequent richtige Gestaltung der Benutzungsschnittstelle. Diese kann vielmehr in praktisch beliebiger Vielfalt ausgeprägt werden. Dies liegt an der Vielgestaltigkeit der inzwischen verfügbaren Computerhardware, insbesondere der Hardware für die Eingabe von Daten durch die Benutzer *(Eingabehardware)* sowie die Ausgabe der Ergebnisse und Reaktionen durch das System *(Ausgabehardware)*. Im Bereich der Software ist der praktisch nutzbare Gestaltungsraum noch größer, so dass es für die Gestalter und Entwickler sehr wichtig ist, Gestaltungsmodelle und Gestaltungskonzepte zu kennen, die eine sinnvolle und Erfolg versprechende Einschränkung des Gestaltungsraums mit sich bringen. Die Ausgestaltung der Medien im Sinne der Formgebung, ursprünglich als das „eigentliche Design" angesehen, liefert oder bestimmt die Kommunikations- und Interaktionsformen, die mit ihrer Methodik und Prägung die ästhetische und kulturelle Einbettung eines Systems aufgreifen bzw. daran anknüpfen sollen. Auf diese Weise werden die Benutzer ein neues System von vornherein besser verstehen und in ihren Lebensalltag einbauen können. Das System ist dann bereits kultiviert. Diese Sensibilität für kulturelle Randbedingungen behindert nicht Innovationen, sondern macht sie erst durch das Beziehen und Anknüpfen an Bekanntes als etwas Neues erkennbar.

---

[34] Engl.: *Interaction Design.*

## 9.1.1    Hardwaredesign

Auf den ersten Blick scheint Computerhardware hochgradig standardisiert zu sein. Bildschirm, Tastatur und Maus als Zeigeinstrument bestimmen einen Großteil aller existierenden Systeme. Für diese standardisierten *WIMP-Interfaces (Windows, Icons, Menus, Pointer)* gibt es meist ökonomische Gründe. Entwickler werden so in die in Massenproduktion produzierten Standardlösungen gedrängt oder durch vertragliche oder andere Vorgaben gar gezwungen. In besonderen Anwendungssituationen, wie zum Beispiel dem Einsatz von Computersystemen in Fahrzeugen oder mobilen Geräten, wurde diese fragliche Standardisierung zwangsläufig schon immer durchbrochen. Inzwischen stehen aber durch die intensive Kommerzialisierung der Computer auf dem Privatmarkt, viele preiswerte Hardwarelösungen wie Doppelbildschirme, Beamer, Trackballs, Joysticks, Headsets, interaktive Wände und Tische, digitale Videosysteme und eine Vielzahl anderer Ein- und Ausgabegeräte zur Verfügung.

Die zunehmende hardwaretechnische Vielgestaltigkeit führt zu wirtschaftlich vertretbaren Alternativen zu den Standardmodellen für Computersysteme. Gerade in diesem noch jungen Bereich der Gestaltung von Benutzungsschnittstellen interaktiver Mensch-Computer-Systeme sind besondere Gestaltungskompetenzen erforderlich, um die bisherigen Standardlösungen durch Alternativen erfolgreich abzulösen. Diese sind, insbesondere für die Einbettung von Computersystemen in andere Kontexte als Schreibtische, eine entscheidende Voraussetzung. Ubiquitäre Computersysteme[35] können nur durch eine geschickte „Verpackung" sowie durch eine aufwändige, problemgerechte Gestaltung der Benutzungsschnittstelle realisiert werden. Es ist zu erwarten, dass in den nächsten Jahrzehnten neben dem Desktop-Computer eine weitaus höhere Zahl an spezifisch gestalteten, interaktiven Computersystemen Verbreitung finden wird. Diese Computer werden in vielen Fällen gar nicht mehr sichtbar sein, sondern in der Umgebung und in Geräten verschwinden. Norman hat diese Entwicklung mit dem Begriff des *Invisible Computers* sowie der *Information Appliances* charakterisiert (Norman, 1999). Auch Cooper weist auf die Problematik der Überlagerung von Geräten und Systemen mit Computern hin, insbesondere auf die Dominanz der Computereigenschaften beim Zusammenführen von Computern und anderen Systemen (Cooper, 1999).

Neben der Entwicklung spezifischer Computerhardware werden interaktive Computersysteme auch in andere Geräte eingebettet. Entwicklungen dieser Art werden vor allem durch Industrie- oder Produktdesigner konzipiert und begleitet. Die schwierige Aufgabe, der man sich hier stellt, resultiert vor allem aus der hohen Funktionalität dieser Systeme. Wenn früher im Rahmen des Industriedesigns die Bedienung von ein paar wenigen Funktionen in einem Gerät zu konzipieren war, so sind es heute Dutzende oder Hunderte von Funktionen. Dies erfordert neue Gestaltungsprozesse und komplexere, hardwaretechnische Interaktionselemente.

---

[35] allgegenwärtige, in die Umgebung eingebettete Systeme;

## 9.1.2     Softwaredesign

Die größte Vielfalt an Lösungsmöglichkeiten entsteht durch die software-technische Realisierung interaktiver Systeme. Heute bestimmen vor allem die mit Betriebssystemen eng verknüpften *Fenstersysteme (Windowsysteme),* die darauf aufbauenden Internet-Browser sowie die dafür realisierten *User-Interface-Toolkits*[36] oder *User-Interface-Generatoren* für die software-technische Ausprägung teilweise standardisierter Benutzungsschnittstellen (z.B. WIMP-Systeme, Menü-Masken-Systeme). Die Gratwanderung zwischen Standardisierung von Softwarebausteinen und der uneingeschränkten, freien Gestaltung von Benutzungsschnittstellen erzeugt eine interessante Palette von halbstandardisierten, stereotypen Lösungen, die den vorhandenen Kriterien genügen müssen.

Neben den an der Benutzungsoberfläche sichtbaren software-technischen Auswirkungen besitzen interaktive Systeme auch spezifische Softwarearchitekturen, die die Entwickler dabei unterstützen, effiziente und stabile Systeme zu entwickeln. Dies ist die Aufgabe des *Software-* und des *Usability-Engineerings* (siehe Abschnitt 10.1), die weitgehend unabhängig von den spezifischen medialen Ausprägungen eines Mensch-Computer-Systems geeignete *Entwicklungsprozesse* bereitstellen (Nielsen, 1993; Winograd, 1996; Mayhew, 1999).

## 9.1.3     Mediendesign

Neben der Programmierung der Interaktivität eines Systems sind für heutige und noch mehr für künftige Systeme in die Programme eingebettete oder von diesen generierte und gesteuerte Medien zu entwickeln. Hier sind vor allem Texte, 2-D- und 3-D-Graphiken und Animationen, Töne, Fotographien, Filme und andere statische und zeitbasierte Medien von Belang. Jedes dieser Medien ist mit Hilfe spezifischer Gestaltungsmethoden und Gestaltungswerkzeuge (Autorensysteme) zu entwickeln.

Die mediale Vielfalt bei der Systementwicklung erfordert auch unterschiedlichste fachliche Kompetenzen, da jedes dieser Medien über mehr oder weniger lange Zeiträume in der jeweiligen Gesellschaft kultiviert wurde (Bolter & Gromala, 2003). So blickt allein die Gestaltung von Texten vertreten durch das Gebiet der Typographie auf eine mehr als 500-jährige Tradition zurück. Andere Medien wie die Entwicklung von 3-D-Animationen benutzen heute Werkzeuge, die erst in den letzten Jahren entstanden sind. In der Integration dieser Medien sollen die jeweiligen Kultivierungen sichtbar bleiben, ohne ihre Kombinierbarkeit in Frage zu stellen. Eigenständige Disziplinen wie Typographie, Graphikdesign, Computergraphik oder Filmproduktion müssen dabei wie die Medien selbst eng zusammenwirken. In großindustriellen Medienproduktionsunternehmen ist die enge Kooperation von Fachleuten aus

---

[36] Baukastensysteme zur Realisierung von Benutzungsschnittstellen;

diesen Disziplinen längst eine Selbstverständlichkeit während sie in kleineren Produktions-
umgebungen eher die Ausnahme bildet.

## 9.2 Gestaltungskriterien

Gestaltungsprozesse leben von *Kriterien*, die die Gestaltung leiten und die Ergebnisse be-
wertbar und objektivierbar machen. Neben den für die Nutzbarkeit zunächst wichtigen anwendungsspezifischen Kriterien hat die Software-Ergonomie eine Vielzahl weiterer Kriterien
erarbeitet, die wichtige Aspekte und Eigenschaften der Benutzungsschnittstelle eines interaktiven Systems zu charakterisieren und zu bewerten erlauben. Über diese weitgehend objekti-
vierten Kriterien hinaus zeichnet sich Gestaltung, insbesondere Mediengestaltung, durch die
erfahrungsgeleitete Berücksichtigung eher subjektiver oder kulturell geprägter ästhetischer
Kriterien aus, die ein Produkt auch emotional an seine Benutzer bindet.

### 9.2.1 Anwendungsgerechte Gestaltung

Die der Entwicklung vorausgehende Analyse der Anwendungssituation liefert neben der
Beschreibung der benötigten Funktionalität, verbunden mit Informationsmodellen, eine Vielzahl von nicht-funktionalen, qualitativen Anforderungen an ein System. Die funktionalen
und qualitativen Anforderungen sind unter der Perspektive der anwendungsgerechten Gestaltung als primär gestaltungsleitend anzusehen. Ihre Umsetzung entscheidet maßgeblich über
die spätere *Nützlichkeit (Utility)* und *Einsetzbarkeit* des Systems.

### 9.2.2 Ergonomie der Gestaltung

Neben den anwendungsspezifischen Gestaltungskriterien werden Kriterien benötigt, die
beschreiben bzw. bewerten, wie gut das System an seine Benutzer angeknüpft wird. Dies
sind vor allem Kriterien, die die Benutzungsschnittstelle eines interaktiven Systems, das
heißt seine *Nutzbarkeit* oder *Gebrauchstauglichkeit,* erfassen. Hierzu wurden die drei Hauptkriterien *Effektivität*, *Effizienz* und *Zufriedenstellung* der Benutzer formuliert und in Standards (Normen) wie der ISO 9241-11 festgeschrieben. Weitere Kriterien berücksichtigen
vielfältige Detailaspekte und wurden teilweise in weiteren Teilen der ISO 9241, aber auch an
anderer Stelle im Rahmen software-ergonomischer Forschung und Anwendung, formuliert
(Herczeg, 2005).

### 9.2.3 Ästhetik der Gestaltung

Über die anwendungsspezifischen und die software-ergonomischen Kriterien hinausgehend,
müssen im Rahmen der Gestaltung eines multimedialen interaktiven Systems auch ästheti-

sche und emotionale Faktoren berücksichtigt werden (Bolter & Gromala, 2003; Norman, 2004; Thackara, 2005). Dies gilt zunächst für die perzeptiven, d.h. die Wahrnehmung betreffenden Systemeigenschaften.

Da heute die visuellen Eigenschaften eines interaktiven Systems dominieren, handelt es sich vor allem um Fragen der visuellen Gestaltung, die auf Grundlage der klassischen Erfahrungen im Bereich des Graphikdesigns liegen. Mit den im Bereich der Hardwaregestaltung zunehmend vielfältigeren und oft multimedialen Systemen müssen auch die ästhetischen Qualitäten in Bezug auf die anderen Wahrnehmungskanäle berücksichtigt werden. Dies gilt künftig vor allem für die auditiven (Sound-Design) sowie die haptischen Eigenschaften (Haptik-Design).

Die Auseinandersetzung zwischen Mensch und Maschine im Kontext von Kultur und Ästhetik findet sich seit etwa 50 Jahren auch in der Medienkunst, die oft geistiger und technologischer Wegbereiter für heutige Fragen und Formen multimedialer interaktiver Systeme war.

## 9.2.4    Erlebnishaftigkeit der Gestaltung

Während zunächst einerseits von ergonomischen und andererseits von ästhetischen interaktiven Systemen oder Medien gesprochen wurde, findet inzwischen das Ziel der erlebnisorientierten Systeme Einzug in die Kriteriensysteme der Hersteller. *„Designing the User Experience"* ist das neue Motto, das dazu führen soll, dass Benutzer die Systeme nicht nur effektiv, effizient und zu ihrer Zufriedenstellung, sondern auch mit hoher Motivation und emotionalen Wirkungen nutzen sollen, die denen eines physischen Erlebnisses entsprechen.

Wie entsteht ein Erlebnis? Shedroff (2001) hat als Designer Vorschläge und Beispiele ausgearbeitet, wie die Gestaltung der neuen Systeme auch erlebnishafte Züge erhält. Die Erlebnishaftigkeit von interaktiven Systemen soll dabei nicht nur aus Sicht des Entertainments verstanden werden, sondern auch als ökonomisches Marktprinzip, das Kunden an Lieferanten bindet. Im Sinne der Aufmerksamkeitsökonomie gewinnt derjenige, der es schafft, die begrenzte Aufmerksamkeit der Benutzer zu binden. Dies zeigt sich bereits am Beispiel eines Webshops, der es schafft, seine Kundschaft zügig aufzubauen und zu erhalten.

## 9.3    Interaktionsdesign als Disziplin

Interaktionsdesign ist ein sehr junges Gebiet, das noch in der Entstehung befindlich ist. Es ist zu erwarten, dass es während dieser Entwicklung eine zunehmende Eigenständigkeit aufweisen und aus den bislang übergeordneten Gebieten herauswachsen wird. Dabei werden sich die vorhandenen Modelle, Methoden, Werkzeuge und Prozesse weiterentwickeln und etablieren.

## 9.3.1     Form folgt Funktion (Form follows Function)

Woraus sollen wir die grundlegenden Ideen einer Systemgestaltung schöpfen? Der berühmte amerikanische Architekt an der Chicago School, Louis Sullivan, hat zum Beginn des Zeitalters der amerikanischen Hochhäuser, aus seiner Gestaltungsphilosophie heraus das berühmte Motto geprägt *„form follows function"* (Sullivan, 1980/1918). Er erläutert dies folgendermaßen:

> *Whether it be the sweeping eagle in his flight or the open apple-blossom, the toiling work-horse, the blithe swan, the branching oak, the winding stream at its base, the drifting clouds, over all the coursing sun, form ever follows function, and this is the law. (...) It is the pervading law of all things organic and inorganic, of all things physical and metaphysical, of all things human and all things superhuman, of all true manifestations of the head, of the heart, of the soul, that life is recognizable in its expression, that form ever follows function. This is the law. -- Shall we, then, daily violate this law in our art? Are we so decadent, so imbecile, so utterly weak of eyesight, that we cannot perceive this truth so simple, so very simple? (...) Is it really then, a very marvelous thing, or is it rather so commonplace, so everyday, so near a thing to us, that we cannot perceive that the shape, form, outward expression, design or whatever we may choose, of the tall office building should in the very nature of things follow the functions of the building (...)?*

Übertragen auf das Interaktionsdesign lässt sich dieser Ansatz als das *Primat der Funktion* interpretieren, d.h., Nutzungsziel und Funktionalität setzen den Rahmen für die Formgebung. Die Gestaltung der Benutzungsschnittstelle dient der Funktionalität als für die Benutzer und die Anwendungen geeignete Präsentations- und Interaktionsform. Diese, oft miss- und überinterpretierte Perspektive lässt allerdings außer Acht, dass nur eine geeignete Form eine hinreichende Unterstützung und Hinführung auf die Nutzung ermöglicht. Dies bedeutet, dass gerade die Form die Grundlage einer intuitiven und motivierenden Nutzung darstellt. Dies formuliert Sullivan an einer anderen Stelle im selben Text:

> *All things in nature have a shape, that is to say, a form, an outward semblance, that tells us what they are, that distinguishes them from ourselves and from each other. -- Unfailingly in nature these shapes express the inner life, the native quality, of the animal, tree, bird, fish, that they present to us; they are so characteristic, so recognizable, that we say, simply, it is "natural" it should be so. (...) Unceasingly the essence of things is taking shape in the matter of things, and this unspeakable process we call birth and growth.*

Im Hinblick auf Kommunikation und Information hat auch der Medienphilosoph Vilém Flusser darauf hingewiesen, dass Information besser als *In-Formation* zu begreifen sei (Flusser, 1998). Nur eine geeignete Kodierung seitens des Senders von Nachrichten, sprich die äußere Formgebung, schafft die Grundlage, eine Nachricht[37] wieder angemessen dekodieren zu können. Auch hier wird darauf hingewiesen, dass gerade die Form der Nachricht entscheidend ist für das Potenzial der Nutzbarkeit der in ihr enthaltenen Information. Aufgabe des Interaktionsdesigns ist es, Benutzer zu befähigen, Funktionalität und Information zu erkennen, zu dekodieren, zu verstehen und daraufhin geeignet zu kommunizieren oder zu handeln.

Es muss daher im Rahmen aller Konzeptions- und Gestaltungsprozesse für nützliche und nutzbare interaktive Medien vermieden werden, die Gestaltung der Funktion unterzuordnen, genauso wie es auch wenig hilfreich wäre, umgekehrt zu verfahren. Funktion und Form, Anwendungsfunktionalität und Benutzungsschnittstelle bedingen und beeinflussen sich gegenseitig und müssen im Gestaltungsprozess Hand in Hand gehen.

## 9.3.2    Fachliche Perspektiven des Interaktionsdesigns

Interaktionsdesign ist ein Begriff, der seine Wurzeln sowohl im Bereich der Informatik als auch im Bereich des Designs besitzt. Die Perspektive des Designs stammt vor allem aus den traditionellen Teildisziplinen Graphikdesign (Kommunikationsdesign) und Industriedesign (Produktdesign). Hierbei werden bei den Fragestellungen und Methoden die Präsentation, die Interaktivität und die zunehmende Funktionalität der Systeme thematisiert. Das Design leistet dies vor allem auf Grundlage langjähriger Erfahrungen und gestalterischer Schulen und weniger auf Grundlage von Theorien und Modellen, während die Informatik zunächst theoriegeleitet arbeitet. Beide Disziplinen können sich daher außerordentlich gut ergänzen, wobei sich die Zusammenarbeit durch die unterschiedlichen Begrifflichkeiten und Methoden häufig schwierig gestaltet.

## 9.3.3    Gestaltung in interdisziplinären Teams

Aus den genannten Gestaltungsprinzipien, Gestaltungsdimensionen und Kriteriensystemen lässt sich bereits ableiten, dass es derzeit keine Disziplin gibt, die eine komplexe Gestaltungsaufgabe alleine bewältigen könnte. Erfahrungsgemäß bewähren sich interdisziplinäre Teams aus

- Anwendungsexperten,
- Informatikern und Informationswissenschaftlern,
- Designern aus Mediendesign, Graphikdesign (Kommunikationsdesign) und Industriedesign (Produktdesign),
- Psychologen aus Medien-, Arbeits- und Kognitionspsychologie,

---

[37] gilt nach Flusser nicht nur für Kommunikation (Botschaften), sondern auch für materielle Produkte

- Arbeitswissenschaftlern sowie
- Soziologen und Kommunikationswissenschaftlern.

Die Zusammenarbeit dieser Teams erfordert ein hohes Maß an Offenheit gegenüber den anderen Disziplinen. Die Arbeitsweise dieser Disziplinen ist sehr unterschiedlich und nur durch das Eingehen von Kompromissen verträglich. Die Fachsprachen der einzelnen Disziplinen sind höchst differenziert und überlappen sich nur teilweise, oft mit völlig unterschiedlich definierten Begriffen. Mit der Weiterentwicklung des Interaktionsdesigns als eigene Disziplin entsteht eine Fachkultur, die hilft, zwischen diesen Disziplinen Brücken zu bauen und eine wirkungsvolle und motivierende Zusammenarbeit zu ermöglichen. Wir stehen hierbei am Anfang, können jedoch auf einige Erfahrungen in Anwendungsbereichen wie der Entwicklung von Leitwarten, Fahrzeugen, Mobiltelefonen, Computerspielen u.a. zurückgreifen, in denen diese Art der interdisziplinären Arbeit schon seit vielen Jahren erfolgreich praktiziert wird.

# 9.4 Multimediale und Interaktive Systeme

Ein System aus Mensch und Computer lässt sich entlang zweier Hauptdimensionen betrachten (siehe Abbildung 36). Die eine Dimension beschreibt die *Wechselwirkung zwischen Mensch und Computer*. Wir sprechen alternativ zu *Wechselwirkung* auch von *Interaktion*. Diese Wechselwirkung kann sowohl als *Kommunikation (Dialog)* zwischen Mensch und Maschine sowie auch als gegenseitiges *Einwirken durch Aktionen oder Handlungen* beschrieben werden. Wir sprechen daher allgemein von *interaktiven Systemen*, speziell auch von *kommunikationsorientierten Systemen (Dialogsysteme)* oder *handlungsorientierten Systemen (Handlungsräume)*. Die andere Dimension beschreibt die Art und Weise dieser Wechselwirkung und dient der Klärung, wie und über welche Medien die Kommunikation oder die Handlung erfolgt. Wir wollen diese Dimension die *Multimedialität* nennen. In diesem Zusammenhang sprechen wir auch von *Multimediasystemen*.

## 9.4.1 Systemmodelle

Die frühen Arbeiten im Bereich der Mensch-Computer-Systeme adressierten zunächst die *Mensch-Computer-Interaktion* im Sinne der Wechselwirkung (Card et al., 1983; Norman & Draper, 1986; Baecker & Buxton, 1987; Helander, 1988; Preece et al., 1994; Baecker et al., 1995). Letztlich weist auch der erst später geprägte Begriff des *Interaktionsdesigns* (Preece et al., 2002; Cooper & Reimann, 2003) als erste Aufgabe auf die Ausgestaltung der Interaktivität eines Mensch-Computer-Systems. Die Arbeiten konzentrierten sich dabei vor allem auf die Frage der wahrnehmungspsychologischen und handlungstheoretischen Grundlagen und Modelle und die daraus abgeleiteten Gestaltungskriterien, Gestaltungsprinzipien und Interaktionsformen. Hinsichtlich wahrnehmungspsychologischer Aspekte bezogen sich die

Arbeiten und Ergebnisse vor allem auf die visuelle Wahrnehmung statischer Darstellungen, meist textueller und graphischer Natur. Auf weitere Sinnes- und Wahrnehmungssysteme wie auditive oder taktile Sensorik wurde immer wieder hingewiesen, aber nur wenig Ausgeprägtes realisiert.

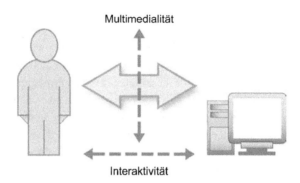

**Abbildung 36** Interaktivität und Multimedialität

        Die Interaktivität charakterisiert die Wechselwirkung (Kommunikation, Handlung) zwischen Mensch und Computer während die Multimedialität die Vielfalt und das Zusammenspiel der für die Wechselwirkung benutzten Medien beschreibt.

Die Analyse und Modellierung der unterschiedlichen Sinnesmodalitäten tritt in den jüngeren Arbeiten zu Mensch-Computer-Systemen immer stärker unter dem Aspekt der *Multimedialität* zutage (Bearne et al., 1994; Klimsa, 2002; Herczeg, 2006a). Zunächst wurden dazu einzelne Sinneskanäle untersucht, beschrieben und für interaktive Computersysteme in geeignete, technische Lösungen und Standards überführt (Koegel Buford, 1994). Dabei wurden nicht nur *diskrete Ereignisse und Nachrichten* betrachtet, sondern auch *zeitbasierte Medien* wie Tonsequenzen (Musik, Audioströme) und bewegte Bilder (Animationen, Videoströme). Die Multimedialität erlangte neben der Interaktivität die Bedeutung einer eigenen Gestaltungsdimension. Sie behandelt die *Kodierung und Übertragung von Informationen oder Aktionen* in einer Weise, dass sie von unterschiedlichen menschlichen Sinnen erfasst, wahrgenommen und dekodiert werden kann. Während Interaktivität die Wechselwirkung zwischen Mensch und Maschine kennzeichnet, beschreibt die Multimedialität die Form der Wechselwirkung und damit das definierte Ansprechen bestimmter menschlicher Sinne sowie die Vielfalt des Mediums zwischen Mensch und Computer. Hinsichtlich der Vielfalt der eingesetzten medialen Formen spricht man auch von der *Breite des Kommunikationskanals*. Die mediale Ausgestaltung, dieses Kanals, ist die zweite wesentliche Aufgabe des *Interaktionsdesigns*. Hier tritt vor allem das Design als Gestaltungsdisziplin deutlich in den Vordergrund, das sich historisch gesehen bis dahin noch wenig mit *interaktiven Medien* auseinandergesetzt hatte. Mit Ausnahme des Industriedesigns (Produktdesign), das schon früh interaktive Geräte mitentwickelt hatte, war Design bis zu dieser Zeit in Form von Graphik- und

Kommunikationsdesign vor allem mit Massenmedien beschäftigt, bei denen es nur um den unidirektionalen Kommunikationsaspekt vom Medium zu den Betrachtern ging.

## 9.4.2 Kommunikationsorientierte Systeme

Die *Mensch-Computer-Kommunikation* orientiert sich an dem Modell der *Mensch-Mensch-Kommunikation*. Aus dieser Analogie folgt eine Reihe von Modellbildungen, die den Computer als kommunizierendes System betrachten. Wir sprechen daher auch von *Dialogsystemen*. Erste Modelle stammen aus den frühen Entwicklungsphasen der Informations- und Nachrichtentechnik, bei denen aber eher die Übertragung von Nachrichten im Vordergrund stand. So findet sich bereits bei Shannon und Weaver (1949) ein Basismodell der Kommunikation, das immer wieder als Grundlage weiterentwickelter Formen der Mensch-Computer-Kommunikation diente (siehe Abschnitt 2.9.1 und Abbildung 4).

Das Kommunikationsmodell von Shannon und Weaver sieht vor, dass es zwischen den beiden kommunizierenden Akteuren einen *Kommunikationskanal* gibt, über den *Nachrichten*, d.h. kodierte Informationen, ausgetauscht werden. Der Kanal kann dabei *störungsbehaftet* sein, d.h., er kann die übertragenen Nachrichten verfälschen oder mit einem die Inhalte überlagernden und beeinträchtigenden Rauschen versehen. Die beiden Kommunikationspartner verfügen über einen möglichst übereinstimmenden *Code*, den sie zur Kodierung bzw. zur Dekodierung der Nachrichten verwenden.

Die der Kommunikation zugrunde liegende Sprache ist beliebig definierbar. Es kann sich um einfachste Zeichenkombinationen, Kommandosprachen oder andere formale Sprachen handeln. Ein schon lange vorhandenes und auch langfristiges Ziel bei der Realisierung von Computersystemen ist die Kommunikation mit diesen Systemen in gesprochener oder geschriebener *natürlicher Sprache* (Winograd, 1972). In diesem Zusammenhang sind die Projekte und Produkte zu sehen, den Computer als *Assistenten* und *Kooperationspartner* zu modellieren.

## 9.4.3 Handlungsorientierte Systeme

*Mensch-Computer-Interaktion* im Sinne von gegenständlichen Aktionen und Handlungen lehnt sich an ein Modell der *Mensch-Welt-Beziehung* an. Aus dieser Analogie folgt eine Reihe von Modellbildungen, die den *Computer als Handlungsraum* betrachten. Derartige Modelle stammen aus den späteren Entwicklungsphasen der Informationstechnik, in der man zunächst zur Vereinfachung der Mensch-Computer-Beziehung den Benutzern das Erlernen einer formalen Sprache wie Kommando- und Programmiersprache ersparen wollte und ihnen stattdessen einen kleinen, meist graphisch dargestellten Handlungsraum, wie zum Beispiel eine Schreibtischoberfläche (Desktop-Metapher), dargeboten hat (siehe Abschnitt 4.1.1). In diesem konnten sie, soweit es die Ein- und Ausgabegeräte erlauben, nach Eindruck der Benutzer „direkte Manipulationen" an den Objekten im Handlungsraum vornehmen und die Anwendungswelt auf diese Weise beeinflussen.

# 9.5     Systemparadigmen

Interaktive Computersysteme, die interaktive Medien realisieren, sind in ihrer praktischen Umsetzung immer gekennzeichnet von bestimmten Ansätzen, die wie in den vorausgehenden Abschnitten beschrieben, entweder auf kommunikations- oder handlungsorientierten Systemmodellen basieren. Diese Systemmodelle sind gewissermaßen Maschinenbilder, die der Mensch-Computer-Interaktion oder Mensch-Computer-Kommunikation zugrunde liegen (siehe Abschnitt 12.5). Typische Systemmodelle sind:

*Kommunikationspartner*:     Computer als dialogfähiger Akteur

*Handlungsräume*:            Computer als Menge von manipulierbaren Objekten im räumlichen Kontext

*Mediale Systeme (Medien)*:  Computer als „unsichtbarer" Mediator zwischen Mensch und Anwendungswelt

*Eingebettete Systeme*:      Computer verborgen in der physischen Umgebung

Im Folgenden werden diese Ansätze kurz charakterisiert. Nähere Ausführungen und Gestaltungshinweise findet sich im Buch Interaktionsdesign (Herczeg, 2006).

## 9.5.1     Kommunikationspartner

Wie wir schon mehrfach festgestellt haben, ist die Gestaltung von Computern als *Kommunikationspartner* ein schon lange gehegtes Ziel. Der Mensch *kommuniziert* in diesem Fall mit dem Computer prinzipiell wie mit Menschen. Der Computer übernimmt dabei die Rolle eines *Assistenten*, *Agenten*, *Partner*, *Überwacher* oder einfach eines *Ausführenden* von Anweisungen.

Die *Charakteristika* des Systemparadigmas Kommunikationspartner sind:

- es wird mittels einer *Sprache* kommuniziert,
- es findet eine abwechselnde Kommunikationsaktivität, also ein *Dialog*, statt,
- die *Initiative* kann im Dialog wechseln,
- Aufgaben werden *delegiert*,
- die Verwendung der Sprache erfordert und erzeugt *Wissensstrukturen*,
- es entstehen Fehler in Form typischer *sprachliche Missverständnisse* und *Mehrdeutigkeiten*,

- die sprachlichen Fähigkeiten sowie die Problemlösungsfähigkeiten des Computers werden von den Benutzern häufig überschätzt,

- es werden vielfach *Anthropomorphismen* zur Realisierung der Computer eingesetzt, wie zum Beispiel eine humanoide Körperform (Avatare, Roboter) oder die Verwendung einer sprachlichen „Ich-Form" seitens des Computers.

Das Systemparadigma Kommunikationspartner wird seit den ersten Anfängen der Computertechnologie verfolgt, soweit technisch möglich auch realisiert und dabei stets visionär an menschlichen Kompetenzen orientiert und gemessen. Kulturtechnisch gesehen verbirgt sich hinter diesem Paradigma der alte menschliche Wunsch, selbst wieder künstliche menschenartige Wesen schaffen zu können. Wunsch und Realität klaffen hierbei deutlich weiter auseinander als in jedem anderen Systemparadigma.

Typische *Anwendungsbereiche* des Systemparadigmas Kommunikationspartner sind:

- Auskunft- und Informationssysteme,

- Diagnose- und Beratungssysteme,

- Hilfesysteme, aber auch

- robotische Assistenten und Spielzeug.

Trotz der offenkundigen Schwierigkeiten dieses Paradigma in einer weitreichenden Form zu realisieren, werden viele Systeme in dieser Weise konzipiert und im Rahmen der technischen Möglichkeiten umgesetzt. Sofern eingeschränkte Anwendungsdomänen vorliegen (z.B. telefonische Call-Center-Portale, Fahrplanauskunft, etc.), funktioniert dieser Ansatz inzwischen in durchaus praktikabler Weise. Für weitergehende Ziele existieren zumindest interessante Prototypen wie *humanoide Roboter* oder *Veepers (Virtual Persons)*.

## 9.5.2    Handlungsräume

Ein anderes Systemparadigma versucht, den Computer in Form virtueller Handlungsräume zu verwenden (siehe Abschnitt 9.4.3). Es wird dabei angestrebt, dem Menschen durch geeignete Ein- und Ausgabegeräte direkte Handlungsmöglichkeiten in einem virtualisierten Anwendungsgebiet einzuräumen. Anstatt zu kommunizieren, wird mehr oder weniger *direkt gehandelt*. Der Computer soll dabei eine geeignete *künstliche Welt* mit darin befindlichen, wahrzunehmenden und zu manipulierenden Objekten repräsentieren. Diese Welt kann eine Abbildung eines Ausschnitts aus der physischen Welt oder eine völlig frei konstruierte Fantasiewelt darstellen.

Für Aktivitäten in diesen Welten werden oft „Werkzeuge", d.h. in Metaphern der physischen Welt visualisierte Funktionen verwendet.

*Charakteristisch* für Systeme nach dem Modell des Handlungsraums ist:

- der Benutzer findet *Nachbildungen physischer Welten* in Form von Objekten und Räumen

- der Benutzer *navigiert* und *exploriert* die künstliche Welt,

- die Objekte können mit *Werkzeugen* manipuliert, d h. in ihren Zuständen verändert werden

- Aktivitäten können in natürlicher Weise *rückgängig* gemacht werden

- die Wirkungen der Aktionen sind sofort sichtbar

*Anwendungsbeispiele* für Handlungsräume sind u.a.:

- Texteditoren,

- Zeichenprogramme,

- Bildbearbeitungsprogramme (siehe Abbildung 37),

- Desktop-Systeme und

- Computerspiele.

## 9.5.3    Mediale Systeme

In manchen Anwendungssituationen stellt der Computer selbst weder ein kommunikationsorientiertes noch ein handlungsorientiertes System dar. Vielmehr transportiert und transformiert der Computer die Nachrichten zwischen einem Menschen und anderen Kommunikationspartnern (z.B. anderen Menschen) oder einem physischen Handlungsraum. In diesem Fall wird der Computer nur als *Medium*, d.h. als *Mittler* zwischen Menschen oder zwischen Menschen und Handlungsräumen, positioniert. Man könnte auch sagen, der Mensch kommuniziert oder interagiert über den Computer mit Irgendjemandem oder mit Irgendetwas.

*Charakteristisch* für mediale Systeme ist:

- der Benutzer erhält *Zugriff* auf eine Anwendungswelt bzw. Kontakt zu einem Kommunikationspartner;

- die Nachrichten werden durch den Computer so *transformiert*, dass in der Richtung vom Computer zum Menschen oder auch umgekehrt eine mehr oder weniger umfassende
*Übersetzung* der Informationen stattfindet;

- der Computer tritt in den Hintergrund;

- es findet oft direkte Manipulation einer vom Medium transformierten Anwendungswelt statt;

- die Wirkungen der Interaktionen sind meist unmittelbar sichtbar und es gibt natürliche Umkehrungen zu den Interaktionen.

*Anwendungsbeispiele* für den Computer als interaktives Medium sind:

- Prozesssteuerungen,

- Telekonferenzsysteme,

- Hypermediasysteme (z.B. WWW) oder auch

- Radio- und Fernseh-Anwendungen auf Computern.

Mediale Systeme nutzen üblicherweise mehrere sensorische Kanäle gleichzeitig und sind dann multimedial.

## 9.5.4   Eingebettete Systeme

In einigen Anwendungsfällen werden Computersysteme in die physische Welt, oft weitgehend unsichtbar, eingebettet *(Embedded Systems)*. Sie haben dort die Aufgabe, über geeignete Sensoren sowohl die Situation als auch die Benutzer zu beobachten, um bei Bedarf bestimmte Aktionen auszuführen.

Im Gegensatz zu den anderen Systemparadigmen kontrolliert der Computer als praktisch unsichtbar eingebettetes System einen Teil der ansonsten normalen, physikalischen Welt.

*Charakteristisch* für eingebettete Systeme ist:

- der Computer ist weitgehend unsichtbar in einem anderen Gerät untergebracht,

- die Systeme bilden einen Teil der normalen physischen Lebensumgebung,

- die Systeme sind reaktive Echtzeitsysteme, die laufend versuchen, den Menschen zu unterstützen,

- der Mensch wird durch diese Systeme erweitert (vgl. McLuhan's „Extensions of Man" in Abschnitt 2.4).

*Anwendungsbeispiele* für den Computer als eingebettetes System sind:

- intelligente Kleidung (Wearables),

- intelligente Fahrzeuge und Räume,

- intelligente Geräte wie Mobiltelefone und MP3-Player.

Eingebettete Systeme waren in der Frühzeit der Informatik solche, die in Maschinen, Schaltschränken u.ä. als Steuerungen eingebaut waren. Der Begriff ist inzwischen ungleich weiter zu fassen, da Computer inzwischen in fast allen Geräten des täglichen Lebens bis hin zum Lichtschalter oder Turnschuh eingebaut werden.

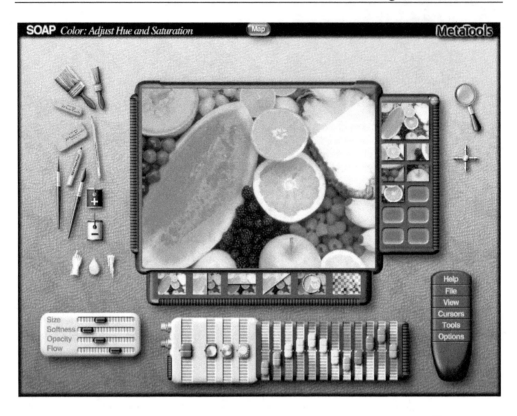

**Abbildung 37** Werkzeugorientiertes Retuschiersystem Soap von Metacreations[38]

Handlungsorientierte interaktive Systeme präsentieren den Benutzern eine gegenständliche Welt, in der sie Objekte mit Hilfe von Werkzeugen bearbeiten können. Sie lehnen sich an Erfahrungen der Benutzer an der physischen Welt an.

## 9.6     Gestaltungsmuster

Wir haben im vorausgegangenen Abschnitt 9.5 bereits Hinweise auf typische grundlegende Systemkonzepte für Mensch-Maschine-Systeme bekommen. Wir hatten sie *Systemparadigmen* genannt. Diese Konzepte sind im Rahmen des Interaktionsdesigns durch weitere gestalterische und technische Konkretisierungen auszuprägen. Darüber hinaus können die grundlegenden Konzepte auch zu neuen Systemkonzepten kombiniert werden. Treten diese System-

---

[38] inzwischen Produkt von Scansoft

konzepte verbreitet, möglicherweise sogar standardisiert auf, kann man sie als Gestaltungs-muster (Gestaltungspatterns) für interaktive Computersysteme ansehen.

Gestaltungsmuster haben sich teils aus technologischen, teils aus kulturellen Gründen in einer Weise verbreitet, dass daraus inzwischen *Generationen* von interaktiven Systemen entstanden sind (siehe Abbildung 38).

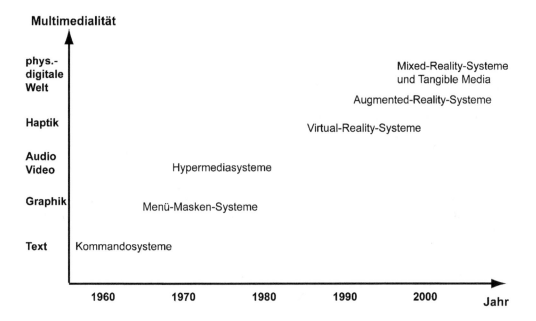

**Abbildung 38** Generationen von Gestaltungsmustern für Mensch-Computer-Systeme

> Bei der Realisierung von interaktiven Systemen wurde in den vergangenen Jahrzehnten immer wieder auf bewährte Gestaltungsmuster zurückgegriffen. Es ist eine große Herausforderung für die Medieninformatik diese Gestaltungsmuster weiterzuentwickeln und darüber hinaus neue wirkungsvolle Konzepte zu erarbeiten. Dies ist insbesondere wichtig, da neue Zielgruppen, Anwendungskontexte und neue Technologien zu berücksichtigen sind.

Auch wenn die einzelnen Gestaltungsmuster durch die jeweils technologisch nachfolgende Lösung technisch überholt wurden, sind auch die vorhergehenden, einfacheren Lösungen jeweils erhalten geblieben, so dass es zu einer zunehmenden Bereicherung der Welt der Informations- und Kommunikationssysteme gekommen ist. Bei der Entwicklung neuer Gestaltungsmuster zeigt sich auch, dass sich die Ausgestaltung von interaktiven Systemen letztlich noch in einem jungen Stadium befindet, indem Systemkonzepte kreativ entwickelt und unter unterschiedlichsten Randbedingungen zunächst einmal in Arbeits-, Unterhaltungs- und Bildungsanwendungen erprobt werden müssen. Viele davon werden verworfen oder verändert.

Die Verwendung von bewährten Gestaltungsmustern wie in Abbildung 38 dargestellt, sichert die Machbarkeit eines Systems und erlaubt auf Grundlage vorhandener Entwicklungswerkzeuge und Erfahrungen die ökonomische und risikoarme Entwicklung der Systeme.

Eine detaillierte Darstellung und Diskussion der genannten Gestaltungsmuster findet sich in Herczeg (2006).

## 9.7      Interaktionsformen

Ein- und Ausgabevorgänge sind in einem Mensch-Computer-Dialog nicht unabhängig voneinander. Bestimmte *Eingaben* bewirken in bestimmten Systemzuständen bestimmte *Ausgaben*. Typische Ein-/Ausgabemuster werden durch sogenannte *Interaktionsformen* beschrieben. Eine solche Interaktionsform besteht aus festgelegten Ein- und Ausgabevorgängen in bestimmten Abfolgen, die in einer typischen Präsentationsform als Teil einer Benutzungsschnittstelle dargeboten werden.

Interaktionsformen basieren auf multimedialen Informationsdarstellungen, die mit Hilfe von Ausgabegeräten realisiert werden (siehe Abschnitt 9.8). Komplementär zu Techniken für die *Informationsdarstellung* werden für Interaktionsformen auch Techniken zur *Informationseingabe* benötigt, die mit Hilfe von Eingabegeräten realisiert werden (siehe Abschnitt 9.9).

Beispiele für wichtige grundlegende Interaktionsformen sind:

- Icons,
- Menüs,
- Eingabefelder,
- Formulare und
- Netzdarstellungen.

Eine weiterführende Diskussion und Klassifikation von Interaktionsformen findet sich bei Herczeg (2006).

## 9.8      Informationsausgabe und Ausgabegeräte

Wichtigster Eingabekanal der menschlichen Informationsverarbeitung ist das *visuelle System*. Dieses besteht aus der visuellen Sensorik, vor allem den Augen, und aus der visuellen Wahrnehmung, die sich wiederum aus physiologischen und psychologischen Elementen zusammensetzt. Die physischen und psychischen Gegebenheiten führen zu einer Reihe von Gestaltungsprinzipien und Gestaltungsregeln bei der *visuellen Darstellung von Information*.

Neben dem menschlichen, visuellen System stehen hinsichtlich der Gestaltung von Benutzungsschnittstellen natürlich auch alle anderen Wahrnehmungskanäle zur Verfügung. So können im Zusammenhang mit multimedialen Systemen insbesondere auch der *auditive* und der *haptische Sinn* angesprochen werden. Hierbei finden sich mit wachsender Erfahrung aus Anwendungen spezifische Gestaltungsprinzipien und Gestaltungsregeln wieder, um auch die *auditive* und die *haptische Darstellung von Information* ergonomisch zu realisieren.

Die Techniken zur Informationsausgabe hängen sehr eng mit den verfügbaren Ausgabegeräten zusammen. Die Entwicklung neuer Ausgabegeräte sollte dabei Hand in Hand mit der Entwicklung neuer und kreativer Ideen für die Informationsausgabe gehen.

# 9.9 Informationseingabe und Eingabegeräte

Benutzer teilen sich interaktiven Systemen durch die Eingabe von Information mit. Diese Informationseingabe ist, über die historische Entwicklung von Computersystemen gesehen, ein noch sehr schwach ausgeprägter Kanal in Mensch-Computer-Systemen. Dies liegt einerseits an langsamen, technischen Entwicklungen und andererseits an dem fehlenden Verständnis der Bedeutung ausgewogener oder gar symmetrischer Ein-Ausgabe-Vorgänge bei entsprechenden Interaktionsformen. Dieser bislang schwache Eingabekanal wird seit einigen Jahren durch die Entwicklung neuer Eingabegeräte zunehmend stärker ausgeprägt. Diese Entwicklung ist zunächst vor allem durch spezielle Anwendungen wie CAD-Systeme, in jüngerer Zeit aber noch stärker durch Spiel- und andere Entertainment-Anwendungen, d.h. durch den Konsumgüterbereich, vorangetrieben worden.

Die Eingabe von Information bezieht dabei, nach der anfänglichen Beschränkung auf Tastatur und Maus und damit auf klassische, manuelle, d h. handbezogene Eingabegeräte, zunehmend den gesamten Körper des Benutzers ein. Dies bietet sich insbesondere bei immersiven Anwendungen und dreidimensionalen, digitalen Handlungsräumen an (siehe Abschnitt 9.5.2), bei denen die Benutzer den Eindruck erhalten sollen, mit dem gesamten Körper in eine Anwendung einzutauchen. Man nennt diesen Effekt auch *Immersion*. Kulturtechnische Diskussionen der Bedeutung der Erweiterung des menschlichen Köpers durch technologische Komponenten finden sich bei McLuhan (1964) sowie bei Tenner (2003). Traditionelle, ergonomische Betrachtungen von Eingabegeräten wie vor allem Tastaturen finden sich bei Grandjean (1987), Greenstein & Arnaut (1987) und Greenstein (1988). Spezifische Lösungen für 3-D- und insbesondere VR-Anwendungen finden sich bei Vince (1995), Dodsworth (1998) sowie bei Sherman & Craig (2003). Die Techniken zur Informationseingabe hängen sehr eng mit den verfügbaren Eingabegeräten zusammen.

Für die Zukunft ist eine weitere Zunahme spezifischer Eingabegeräte für Computeranwendungen zu erwarten, die durch den Benutzer auf diffizile Weise sensomotorisch gesteuert werden müssen. Die natürliche und vielfältige Bewegungsfähigkeit des Menschen wird dabei

zur Datenquelle für interaktive Anwendungen. In der weiteren Entwicklung werden vielfältige neue Eingabeformen entstehen, die den menschlichen Körper stärker und intensiver an
Computersysteme anbinden, insbesondere um ein möglichst hohes Maß an Effizienz, Einbezogenheit oder auch Immersion in künftigen interaktiven Medien zu ermöglichen.

## 9.10     Unterstützungssysteme

Bei der Realisierung interaktiver Anwendungssysteme werden in den meisten Fällen zusätzliche flankierende Unterstützungssysteme realisiert, die die Benutzer bei der Interaktion
unterstützen sollen. Wichtige Unterstützungssysteme sind:

- *Hilfesysteme* zur Erläuterung des Anwendungssystems und seiner Benutzung
- *Historysysteme* zur Übersicht über die durchgeführten Aktionen, zur Wiederholung
  sowie zur Stornierung von Aktionen
- *Aktivitätenmanagementsysteme* zur Unterstützung quasi paralleler Aktivitäten mehreren Anwendungs- oder Teilsysteme
- *Individualisierungssysteme* zur Anpassung des Systems an die Aufgaben und Präferenzen der Benutzer

Diese Unterstützungssysteme besitzen selbst eine Anwendungsfunktionalität sowie eine
dafür geeignete Benutzungsschnittstelle. Dabei ist zu darauf zu achten, dass die Benutzungsschnittstelle möglichst konform zu der des eigentlichen Anwendungssystems ist. Außerdem
sollen für den Benutzer durch die Unterstützungssysteme keine neuen Schwierigkeiten oder
Hürden erzeugt werden.

## 9.10.1     Hilfesysteme

Nur für wenige Computersysteme benötigen Benutzer keine Erklärungen oder andere Hilfe-
stellungen. Solche Systeme werden im Hinblick auf ihre *Selbstbeschreibungsfähigkeit* nach
ISO 9241-10 auch *unmittelbar verständlich* genannt (Herczeg, 2005). In allen anderen Fällen
sollte den Benutzern Hilfe angeboten werden. Diese kann unterschiedlicher Natur sein:

- Schulung und Training durch Fachleute,
- gedruckte Handbücher,
- interaktive Unterstützung durch das Computersystem selbst.

Systemkomponenten, die die interaktive Form der Unterstützung bieten, nennen wir *Hilfesysteme*.

Hilfesysteme lassen sich hinsichtlich mehrerer Dimensionen ausgestalten:

- Gegenstand (Inhalt) der Hilfe;

- Initiative zur Aktivierung des Hilfesystems (Benutzer oder System);

- Kontextbezug der Hilfe (statisch oder situationsabhängig);

- Individualität der Hilfe (einheitlich oder benutzerspezifisch);

- Hilfezeitpunkt (unmittelbar oder verzögert).

Hilfesysteme selbst sind als Anwendungssysteme anzusehen. Sie werden daher neben der Benutzungsschnittstelle des Anwendungssystems, dessen Bedienung sie unterstützen sollen, eine eigene Benutzungsschnittstelle besitzen (siehe Abbildung 13), die mehr oder weniger Ähnlichkeit mit der des Anwendungssystems aufweisen wird. In den meisten Fällen ist es sinnvoll, die Benutzungsschnittstelle eines Hilfesystems nicht allzu sehr von der des Anwendungssystems abweichen zu lassen.

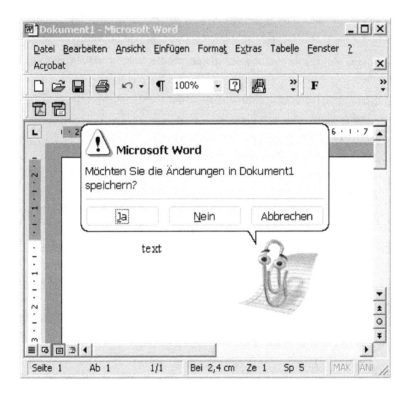

**Abbildung 39** Beispiel eines aktiven Hilfeassistenten in Microsoft Word

Dies ist ein Beispiel eines aktiven Hilfesystems, das auf Initiative des Systems selbst aktiv wird und dem Benutzer kontextabhängige Hilfe gibt. Viele Benutzer schalten dieses Hilfesystem nach kurzer Zeit ab, da sie den Eindruck haben, dass es sie mehr stört als es ihnen hilft.

## 9.10.2   Historysysteme

Mensch-Computer-Dialoge erzeugen eine Historie, indem das Anwendungssystem eine Folge von Zuständen durchläuft. Im Normalfall beschäftigen sich Benutzer mit der Gegenwart und der Zukunft eines Dialogs. Aus verschiedenen Gründen ist es jedoch wichtig, dass Benutzer dabei unterstützt werden, auch auf vergangene Dialogereignisse, gewissermaßen auf die *Dialoghistorie* zurückgreifen zu können. Derartige Hilfsmittel werden unter dem Begriff *Historysysteme* zusammengefasst.

Historysysteme besitzen, ähnlich wie Hilfesysteme, den Charakter eines eigenen Anwendungssystems und sollten Bestandteil jedes interaktiven Systems sein. Die Dialoghistorie kann in folgender Weise genutzt werden:

- als Referenz über ausgeführte Aktionen zur Analyse des momentanen Systemzustandes sowie zur Planung des weiteren Dialogablaufs *(Dialogprotokoll)*;

- zur wiederholten Aktivierung der gleichen oder leicht veränderter Aktionen *(Again-Funktion)*;

- zur Erzeugung von Aktionsprozeduren und damit neuen, höherwertigen Operationen *(Makros)*;

- zur Auswahl von bereits ausgeführten Aktionen, die rückgängig gemacht (storniert) werden sollen *(Undo-Funktion)*;

- zur Auswahl von wieder auszuführenden, rückgängig gemachten Aktionen *(Redo-Funktion)*;

- zur Analyse der Benutzeraktivitäten für automatische Hilfe *(aktive Hilfe)*;

- zur Analyse der Benutzeraktivitäten für eine automatische Anpassung des Systems an den Benutzer *(Adaptivität)*.

Zur Realisierung von Historyfunktionen speichert ein System Informationen darüber, wie der aktuelle Systemzustand erreicht wurde.

## 9.10.3   Aktivitätenmanagementsysteme

Wir sind es gewohnt, mehrere Tätigkeiten mehr oder weniger gleichzeitig durchzuführen. Insbesondere länger andauernde Tätigkeiten werden ständig von kürzer andauernden Tätigkeiten unterbrochen. Auf diese Weise entstehen mehrere *Arbeitskontexte* zwischen denen die Benutzer ständig hin und her wechseln. Oftmals müssen zwischen diesen Arbeitskontexten auch Informationen ausgetauscht werden.

Eine echte Parallelität von Aktivitäten ist sowohl aus technischen als auch aus mentalen Gründen meist nicht möglich. Benutzer sind daher ständig damit beschäftigt, ihre Aktivitäten in eine Sequenz hintereinander ablaufender Tätigkeitsabschnitte zu bringen (siehe Abbildung 40). Dies erfordert seitens des Benutzers hohe Konzentration und ein gutes Gedächtnis. Die

Benutzer benötigen zur Unterstützung eine *Aktivitätenverwaltung* mit Funktionen zum Aktivieren, Stilllegen, Reaktivieren und Beenden von Anwendungssystemen bzw. ihren Teilfunktionen. Darüber hinaus soll es ermöglicht werden, die verschiedenen Aktivitäten in eigenen Ein- und Ausgabebereichen (logische Bildschirme, *Fenster*) ablaufen zu lassen und Daten zwischen den Anwendungen auszutauschen.

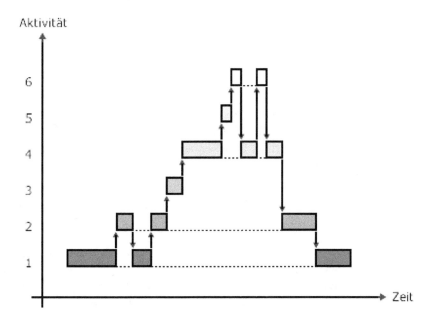

**Abbildung 40** Beispiel eines Aktivitätenprofils mit 6 parallelen Aktivitäten

        Benutzer springen während einer Tätigkeit zwischen verschiedenen Aktivitäten hin und her. Dies erzeugt eine hohe mentale Belastung, die durch Aktivitätenmanagementsysteme reduziert werden soll.

## 9.10.4  Individualisierungssysteme

Aufgrund individueller Unterschiede zwischen den Benutzern sowie der Variabilität von Aufgaben kann ein interaktives System nicht von vornherein in höchstem Maße benutzer- und aufgabengerecht gestaltet werden. Erst bestimmte Benutzer sowie der konkrete Arbeitskontext legen genauere Anforderungen und Randbedingungen für eine optimierte Ausgestaltung einer Benutzungsschnittstelle fest.

Eine wichtige Form der Anpassung von Benutzungsschnittstellen ist die durch den Benutzer selbst. Man spricht hierbei auch von *adaptierbaren Benutzungsschnittstellen* oder *Adaptierbarkeit*. Der Benutzer ergreift die Initiative und verändert durch entsprechende Hilfsmittel

Eigenschaften der Benutzungsschnittstelle. Dies ist die einfachste und häufigste Form von Individualisierung.

Eine alternative Form ist die automatische Anpassung der Benutzungsschnittstelle durch den Computer. Man spricht hierbei von *adaptiven Benutzungsschnittstellen* oder *Adaptivität*. Hierbei beobachtet das System den Benutzer und seine Interaktionen und versucht sich an diesen anzupassen. Diese Form der Individualisierung ist grundsätzlich sehr schwierig zu realisieren und deshalb bislang nur bei wenigen Systemen in wirkungsvoller Form zu finden.

# 9.11    Zusammenfassung

Die Gestaltung interaktiver Medien ist ein *kreativer Prozess*, der vor allem aus den Disziplinen Informatik und Design entspringt. Dabei ist auch das neue Gebiet des *Interaktionsdesigns* entstanden.

Die Gestaltung muss sich auf verschiedene Teilaspekte eines interaktiven Mediums beziehen, die die Gestaltungsdimensionen des Mediums realisieren. Gestaltet werden müssen vor allem die *Hardware, Software* und die daraus gebildeten *Medien (Multimedien)* selbst.

Bei der Gestaltung sind *Kriterien* einzuhalten, die für die unterschiedlichen Aspekte und Anwendungskontexte spezifisch entwickelt und vorgegeben werden müssen. So gibt es Fragen des *anwendungsgerechten Gestaltung*, der *Ergonomie* für Arbeitstätigkeiten, der *Ästhetik* für eine positive und wirkungsvolle Wahrnehmung sowie der *Erlebnishaftigkeit* zur Bindung der Benutzer.

*Interaktionsdesign* muss nicht von Grund auf neu entwickelt werden. Es kann sich an anderen Gestaltungsdisziplinen wie Architektur oder Kommunikationsdesign orientieren. Die Besonderheiten digitaler Medien führen jedoch zu einer Vielzahl von Besonderheiten, die eine eigene, neue Disziplin eröffnen.

Sucht man die Fundamente interaktiver Medien, stößt man vor allem auf die beiden grundlegenden Ansätze solche Medien zum Zweck der *Kommunikation (Dialog)* oder zur *Interaktion (Handlung)* zu nutzen.

Die Gestaltung interaktiver Medien ist ein mehrstufiger Prozess. Zunächst ist die Entscheidung zu treffen, welches Grundmodell, auch *Systemparadigma* genannt, dem System zugrunde liegt. Als Verfeinerung von kommunikations- und handlungsorientierten Systemen haben wir die Möglichkeit das System als *Kommunikationspartner* (z.B. automatisches natürlichsprachliches Fahrplanauskunftsystem der Bahn), *Handlungsraum* (z.B. Desktop-System), mediales (z.B. Videokonferenzsystem) oder eingebettetes System (z.B. ABS beim Auto) zu realisieren. Nach dieser grundlegenden Entscheidung bietet es sich an, bewährte *Gestaltungsmuster* zu verwenden. Dadurch wird die Machbarkeit gesichert und der Aufwand reduziert.

Als Bausteine für jede Form interaktiver Systeme dienen *Interaktionsformen*. Sie regeln in Form und Funktion wie *Eingaben des Benutzers* mit *Ausgaben des Systems* verknüpft werden können. Wichtige Interaktionsformen werden als konzeptionelle und technische Bausteine vorgegeben. Die Interaktionsformen bestehen aus Methoden der *Informationsausgabe*, realisiert durch *Ausgabegeräte* sowie aus Methoden der *Informationseingabe* realisiert durch *Eingabegeräte*.

Flankierend zur Realisierung der Benutzungsschnittstellen können zu interaktiven Systemen *Unterstützungssysteme* beigestellt werden. Dies sind vor allem *Hilfesysteme* (interaktive Hilfe für die Benutzer), *Historysysteme* (Funktionen zum Rückgriff auf vorherige Aktionen), *Aktivitätenmanagementsysteme* (Verwaltung mehrer Arbeitskontexte) sowie *Individualisierungssysteme* (Anpassung der Systeme an die individuellen Benutzer).

Aufgrund der beschriebenen Komplexität interaktiver Medien müssen diese von *interdisziplinären Teams* entwickelt und erprobt werden.

# 10 Entwicklungsprozesse für interaktive Medien

Die *Entwicklung* interaktiver Medien mit anwendungs- und benutzerorientierten Eigenschaften, im Folgenden werden wir aus der systemtechnischen Betrachtung heraus meist von interaktiven Systemen sprechen, erfordert eine definierte Vorgehensweise, einen *Entwicklungsprozess*. Dieser kann sich grundsätzlich an bekannten und erfolgreichen Konzepten der Systementwicklung anlehnen. In Abhängigkeit von der *Durchdringbarkeit* und *Spezifizierbarkeit* des vorgesehenen Anwendungsfeldes wird man sequentielle oder iterative Systementwicklungsprozesse wählen.

*Iterative Entwicklungsprozesse* eignen sich vor allem für neue, offene und komplexe Problemstellungen, bei denen sich die Funktionsfähigkeit und Qualität einer Lösung erst mit der Nutzung des entwickelten Systems zeigen.

In anderen Fällen, in denen Erfahrungen mit bereits entwickelten ähnlichen Systemen auf der Grundlage spezifischer Kontext-, Aufgaben- und Zielgruppenanalysen vorliegen, wird man ein System auch in einem weitgehend *sequenziellen Entwicklungsprozess* ohne aufwändige Iterationen konzipieren können. Dies zeigt die industrielle Praxis bei der Entwicklung interaktiver Systeme seit vielen Jahren (Mayhew, 1999; Preece, Rogers & Sharp, 2002; Cooper & Reimann, 2003).

Neue Aspekte bei der Entwicklung multimedialer Systeme ergeben sich vor allem aus der Integration von zeitbasierten Medien sowie neuen Ein- und Ausgabegeräten, die eine starke Berücksichtigung wahrnehmungspsychologischer, insbesondere auch sensomotorischer Aspekte bei der Systementwicklung erfordern (Herczeg, 2006a).

In diesem Kapitel sollen wichtige Aspekte und Methoden bei der Entwicklung interaktiver Systeme und darauf aufbauenden Medien dargestellt werden. Dabei wird weniger auf spezifische technische Fragen und mehr auf von bestimmten Techniken unabhängigen Grundsatzüberlegungen eingegangen. Entsprechend wird bei den Entwicklungsphasen auch nur kurz auf die von den gewählten Techniken abhängige Realisierungsphase eingegangen. Die Beschreibung der Entwicklungsprozesse baut dabei auf langjährig erfolgreich praktizierte Methoden aus dem Bereich der allgemeinen System- und Software-Entwicklung. Die Besonderheiten bei der Entwicklung interaktiver Medien werden entsprechend hervorgehoben.

# 10.1     Prozessorientierte Entwicklung

Prozessorientierte Entwicklung von Produktion ist keine neue Vorgehensweise. In allen industriellen Bereichen muss prozessorientiert gearbeitet werden, um unter definierten Randbedingungen die mit den Produkten verbundenen Vorgaben zeit-, kosten- und qualitäts-gerecht zu erfüllen.

In Abhängigkeit von der Art der zu entwickelnden Produkte wurden unterschiedliche Prozes-se entwickelt, die eine grundlegende Bedeutung auch für die Entwicklung interaktiver Me-dien besitzen (siehe auch Herczeg, 2006a).

## 10.1.1     Systems-Engineering

Die Theorie von Entwicklungsprozessen fundiert auf dem *Systems-Engineering*, bei dem meist technische Systeme durch hierarchische Gliederung in Teilsysteme und deren Verbin-dung durch Schnittstellen modelliert werden. Dies unterstützt die räumlich und zeitlich ar-beitsteilige Entwicklung komplexer und großer Systeme, wie sie im Bereich industrieller Systementwicklung üblich ist. Systems-Engineering basiert wesentlich auf *technischen Sys-temtheorien* (siehe z.B. Ropohl, 1979).

Systems-Engineering-Prozesse schaffen die Grundlage für eine systematische, ökonomische und zeitgerechte Systementwicklung. Diese Prozesse sind zeitlich gegliedert in *Analyse*, *Entwurf*, *Realisierung* und *Test* eines Systems, wobei ein Zurückkehren in eine frühere Phase zu jedem Zeitpunkt notwendig werden kann.

Für die Entwicklung interaktiver Medien sind *Systems-Engineering-Prozesse* von besonderer Bedeutung, da sie es erlauben, unterschiedlichste Komponenten bei der Entwicklung zu berücksichtigen. Interaktive Medien definieren sich über physische Komponenten (z.B. Ein-/Ausgabehardware, Computersysteme, Leitungsnetze), software-technische Komponenten (Betriebssysteme, Kommunikationsprotokolle, Anwendungssoftware), gestalterische Kom-ponenten (Bedienoberflächen, Handbücher, Verpackungen) sowie soziale und kulturelle Aspekte (Lebenskontexte, gesellschaftliche Trends, nationale Besonderheiten, Sprachen) und müssen daher von interdisziplinären Teams arbeitsteilig entwickelt werden. Jede der beteilig-ten Disziplinen hatte üblicherweise ihre eigenen mehr oder weniger formalen Entwicklungs-prozesse, die ihre Gemeinsamkeiten letztlich in der integrativen Vorgehensweise des Sys-tems-Engineering finden.

Mehr als bei der bisherigen Entwicklung interaktiver Anwendungssysteme kommen durch die Integration neuer multimedialer Ein-/Ausgabeperipherie wieder zunehmend ingenieur-wissenschaftliche und hardware-ergonomische Fragen in die Systementwicklung. Dies zeigt sich beispielsweise bei der Realisierung von Virtual-Reality-Systemen, Fahr- und Flugzeug-cockpits sowie bei speziellen haptischen Eingabesystemen. Selbst neue architektonische und bauliche Fragen stellen sich bei der Integration interaktiver Medien in einzelne Räume oder ganze Gebäude. Das Systems-Engineering bildet den Ausgangspunkt für die im Folgenden beschriebenen spezielleren Vorgehensweisen.

## 10.1.2    Software-Engineering

Mit zunehmender Komplexität von Software-Projekten entstand der Bedarf nach strukturierteren und systematischeren Methoden der Software-Entwicklung. Insbesondere im Bereich militärisch genutzter Systeme bemühte man sich sicherzustellen, dass Software stabil und zuverlässig auch das leistet, was mit ihrer Entwicklung beabsichtigt war.

1968 fand eine entsprechende Konferenz mit dem damals noch als provokativ gesehenen Titel „NATO Software Engineering Conference" statt (Naur & Randell, 1969). Aus den Tatsachen, dass inzwischen allein in Europa mehrere 10.000 installierte Computersysteme existierten, Firmen wie IBM jährlich 5000 „Mannjahre" allein in die Entwicklung des Betriebssystems OS/360 steckten und Softwarehersteller bis zu 2000 Personen beschäftigen, leiteten die damaligen Verantwortlichen und eingeladene Wissenschaftler ab, dass man klar definierte Software-Entwicklungsprozesse benötigt, um der weiteren Entwicklung dieses Wirtschaftsbereichs gerecht werden zu können. Bei dieser und vielen folgenden Konferenzen zum Thema Software-Engineering, wurden aufgrund von Erfahrungsberichten erste *Phasenmodelle* entwickelt, die eine systematische Entwicklung auch großer und komplexer Softwaresysteme absichern sollten (siehe Abbildung 41).

Die grundlegenden Ideen, wie ein Software-Entwicklungsprozess beschaffen sein sollte, unterscheidet sich heute gegenüber den Konzepten aus der NATO Konferenz von 1968 nur in den Verfeinerungen, anwendungsspezifischen Besonderheiten sowie den praktischen Umsetzungen durch die heutige *Software-Technik*. Details der Gestaltung und Praktizierung dieser Prozesse finden sich u.a. bei Balzert (2000) und Sommerville (2001).

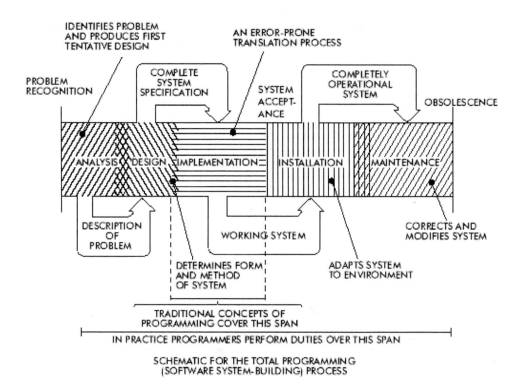

**Abbildung 41** Software-Entwicklungsprozess nach F. Selig (Naur & Randell, 1969)

> Die grundlegende Form eines Software-Entwicklungsprozesses nach den Diskussionen der ersten Software-Engineering-Konferenz der NATO im Jahr 1968, führt von einer Analysephase in die Design- und Spezifikationsphase und von dort in Realisierung, Installation und Wartung. Das realisierte System wird bezogen auf die in der Spezifikation festgelegten Anforderungen geprüft und anschließend freigegeben oder überarbeitet. Im frühen Entwicklungsprozess war die bereits der Aspekt der Formgebung enthalten, der bei medialen Systemen heute eine besondere Bedeutung erlangt.

Bei der Software-Entwicklung im Großen stellte sich neben der methodischen Frage auch die Frage des Aufwandes und des ökonomischen Erfolgs. Dabei wurden auch solche Begrifflichkeiten wie der „Mannmonat" (Brooks, 1975) entwickelt und Aufwandsbetrachtungen über den ganzen Entwicklungszyklus eines Software-Produkts angestellt (siehe Abbildung 42).

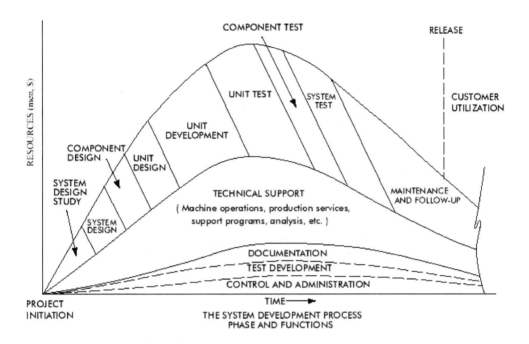

**Abbildung 42**  Ressourcenbedarf im Software-Entwicklungsprozess nach J. Nash (Naur & Randell, 1969)

> Die Darstellung aus dem NATO-Bericht zur Software-Engineering-Konferenz von 1968 zeigt, wie sich der Bedarf an Ressourcen, gemessen in Personen oder in Kosten, während eines Projekts entwickelt. Prinzipiell gilt ein ähnlicher Verlauf auch heute bei der Entwicklung interaktiver Medien.

Eine wichtige, spätere Erkenntnis bei der Entwicklung komplexer Systeme, die insbesondere auch bei interaktiven Medien gilt, ist die Tatsache, dass die Entwicklung selten sequenziell, häufig aber iterativ verlaufen wird. Ein wichtiger Grund dafür ist die mangelnde Spezifizierbarkeit von komplexen Systemeigenschaften. Stattdessen führt man solche Systeme mehrfach durch den grundlegenden Entwicklungsprozess (siehe Abbildung 43) und beurteilt nach jeder Iteration, wie das System verbessert und erweitert werden kann (Boehm, 1988). Ein iterativer Prozess darf allerdings nicht als Ersatz für eine sorgfältige Planung dienen, da er wenig ökonomisch und oft auch mit vorher nicht einschätzbaren Ergebnissen verbunden ist.

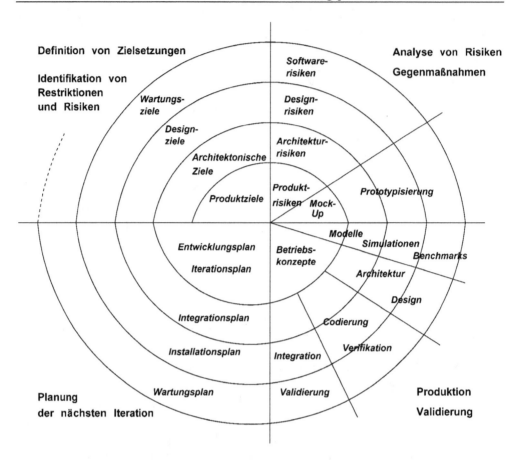

**Abbildung 43** Spiralmodell der Software-Entwicklung nach Boehm (1988)

Der grundlegende Entwicklungsprozess wird bei iterativen Entwicklungsprozessen, z.B. beim Spiralmodell, mehrfach durchlaufen. Nach jedem Durch-
lauf wird das System evaluiert und in einer Folgeiteration optimiert und bei
Bedarf auch erweitert. Viele Systeme durchlaufen solche Prozesse auch nach
ihrer Auslieferung an die Kunden, die dann immer wieder neue Versionen
erhalten. Für komplexe interaktive Medien bietet sich ein solcher Ansatz in
vielen Fällen an.

## 10.1.3 Cognitive-Engineering

Aus den frühen Erfahrungen mit interaktiven Computersystemen war eines der Hauptprobleme dieser Systeme deutlich abzuleiten. Die Systeme waren im Allgemeinen in *Funktionalität* und *Benutzungsschnittstelle* nicht ausreichend an die Fertigkeiten, Fähigkeiten, Kenntnisse und Erwartungen ihrer Benutzer angepasst. Diese Fragestellung wird durch das Cognitive-(Systems)-Engineering (Norman, 1986; Woods & Roth, 1988; Rasmussen et al., 1994) adressiert. Nach Norman dient Cognitive-Engineering im Rahmen des *User Centered System Design* (Norman & Draper, 1986) dazu, um

1.  die grundsätzlichen Prinzipien hinter menschlichen Handlungen und Leistungen zu verstehen, die notwendig sind, um Systeme zu gestalten und

2.  Systeme zu entwickeln, deren Nutzung sich angenehm darstellt, deren Effizienz und Leistung zwar wünschenswert, aber nicht das Hauptziel darstellt.

Der Ausgangspunkt des Cognitive-Engineering ist eine detaillierte Aufgabenanalyse (siehe dazu Abschnitt 10.3.1). Die Ergebnisse dieser Analyse dienen auf Grundlage von Handlungs- und Wahrnehmungsmodellen (siehe Abschnitt 8.2) als ständige Bezugspunkte während der Systementwicklung. So können Gestaltungsalternativen in den unterschiedlichsten Phasen der Systementwicklung (z.B. Medienkonzeption, Interaktions- und Mediendesign, Evaluation) auf ihre Eignung für spezifische Aufgaben der Benutzer verglichen werden. Gerade die Abbildbarkeit der Intentionen und Aufgaben der Benutzer auf die Systemfunktionen wird dabei zur zentralen Frage.

## 10.1.4 Usability-Engineering

Im Rahmen des *Usability-Engineering* wird Cognitive-Engineering und Software-Engineering zusammen gebracht. Während im Bereich des Software-Engineering viele Jahre ohne ausgeprägte Berücksichtigung der Mensch-Computer-Schnittstelle umfassende Entwicklungsmodelle erarbeitet und in vielen Software-Entwicklungsprojekten erprobt wurden, versucht man im Rahmen des Usability-Engineering in der Tradition des Cognitive-Engineering die Benutzer und ihre Aktivitäten zum Ausgangs- und Bezugspunkt zu machen und die bestehenden Modelle des Software-Engineering dahingehend zu erweitern. Usability-Engineering wird inzwischen vielfältig, wenn auch nicht übereinstimmend charakterisiert (Nielsen, 1993; Winograd, 1996; Mayhew, 1999; Carroll, 2002). Die Methodik hat sich darüber hinaus in der internationalen Norm DIN EN ISO 13407 niedergeschlagen. Die Berücksichtigung der Zielgruppen und des Nutzungskontextes zeigt sich im Prozessmodell aus dieser Norm (siehe Abbildung 44).

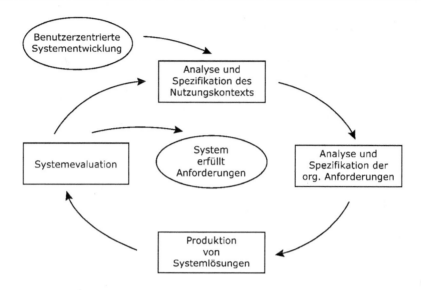

**Abbildung 44** Entwicklungsprozess nach ISO 13407

> Das Modell zeigt die prinzipielle Abfolge von Prozessschritten bei der benut-
> zerzentrierten Entwicklung interaktiver Systeme. Nach Analyse von Nut-
> zungskontext und organisatorischen Anforderungen werden Systemlösungen
> produziert, die nach Evaluation entweder zurück in eine vertiefte Analyse o-
> der zum erfolgreichen Abschluss der Systementwicklung führen.

Neben diesem Prozessmodell entstammen dem Usability-Engineering auch Konzepte und
Gestaltungshinweise für *Interaktionsformen* der Mensch-Computer-Systeme. Dabei wird
beispielsweise in Normen wie der DIN EN ISO 9241 vor allem die visuelle Benutzungsschnittstelle thematisiert und der Gestaltungsraum dargestellt. Technologischer Hintergrund
sind klassische Computerterminals sowie graphische Workstations und Personal Computer.
Multimediale Benutzungsschnittstellen haben in diesen Standards noch keine besondere
Berücksichtigung gefunden. Neben neuen Ein- und Ausgabegeräten müssen in künftigen
Standards insbesondere auch Kriterien und Gestaltungsrichtlinien für zeitbasierte Medien
definiert werden. Dabei sind neben den bekannten Dialogkriterien nach ISO 9241-10 auch
Kriterien wie Situational Awareness in Form gesamtheitlicher Wahrnehmung als auch die
Beherrschbarkeit multimodaler Interaktionen im Hinblick auf die Parallelität der Informati-
onsverarbeitung und Handlungssteuerung zu sehen.

## 10.1.5   Medien-Engineering

In Modellen des Usability-Engineering finden sich keine besonderen Methoden für die Konzeption und Gestaltung anderer, als graphisch-textueller, statischer Medien. Die Entwickler
erhalten Informationen aus der Benutzer-, Aufgaben- und Organisationsanalyse für die Realisierung, jedoch keine Hinweise, wie sich die interaktiven Systeme hinsichtlich der Multi-

medialität darstellen sollten. Dieser Aufgabe widmet sich das neuere Gebiet des *Medien-Engineering* (Herczeg, 2006a). Hier werden neben den dargestellten Vorgehensweisen des Usability-Engineering, das sich vor allem um die interaktiven Aspekte der Systemgestaltung bemüht, auch die multimedialen Ausprägungen, soweit wie möglich, systematisch analysiert und entwickelt.

In Disziplinen, wie dem *Graphikdesign* sowie der Musik- und Filmproduktion existieren Konzepte zur Modellierung und Gestaltung komplexer zeitbasierter, visueller und auditiver Medien. Dies erfolgt durch Methoden wie Drehbücher (Storyboards) und Gestaltungsskizzen (Scribbles, Sketches). Den Produzenten ermöglichen diese Hilfsmittel vor der Entscheidung für eine Produktion frühzeitig die voraussichtliche Akzeptanz ihrer Produkte durch ihre Zielgruppe einzuschätzen.

Medien-Engineering erfordert Prozesse, die die Entwicklung interaktiver Systeme (Usability-Engineering) mit der Entwicklung multimedialer Systeme zusammen führt. Auch am Beispiel der inzwischen weit verbreiteten Entwicklung interaktiver, web-basierter Lernumgebungen im Bereich des E-Learning lassen sich die Besonderheiten interaktiver Medienentwicklung auf der Grundlage von Prozessen aus dem Usability-Engineering erkennen (Kritzenberger, Herczeg, 2001; Hartwig, Herczeg & Kritzenberger, 2002).

In Abbildung 45 wird ein *Medien-Engineering-Prozess* dargestellt. Dabei werden die klassischen Phasen des System- und Software-Engineering mit den Phasen aus der Analyse und Konzeption des Usability- und Medien-Engineering verknüpft. Prozessbegleitend finden sich mehrere verschränkte Datenbanken (Prozess-Repositories), die Ergebnisse aus den einzelnen Phasen enthalten. Durch die durchgängige Verknüpfung der einzelnen Elemente zwischen den unterschiedlichen Repositories entsteht für alle Beteiligte am Entwicklungsprozess die Möglichkeit, die Vorgaben über eine Begründungs- und Abhängigkeitskette bis zur Analyse zurück zu verfolgen. So lassen sich Testfälle mit Storyboards, diese mit den Nutzungsszenarien und diese wiederum mit den Aufgaben der Benutzer in Bezug setzen. Solche, über den Gesamtprozess durchgängigen Bezüge, helfen insbesondere bei Gestaltungsentscheidungen die oft vielfältigen Optionen zu bewerten. Mittels Evaluationen identifizierte Systemschwächen lassen sich bis hin zu Vorgaben oder Lücken in den Design- und Analysephasen zurückverfolgen. Prozessbegleitende Hilfsmittel dieser Art vermeiden Defizite früherer Entwicklungsprozesse, die eine höhere Unabhängigkeit der Prozessphasen vorausgesetzt haben. Sie helfen bei der Mediengestaltung und der Medienrealisierung, die meist großen Gestaltungsspielräume durch den Bezug auf die Anforderungen angemessen zu nutzen. Entscheidungsprozesse bei der Gestaltung werden durch die vorliegenden Analysen transparenter und informierter geleitet. Dies reicht von der Bezugnahme auf die Aufgabenstruktur bis hin zur Dramaturgie zeitbasierter Medien. Medien-Engineering berücksichtigt die ganzheitliche Wahrnehmung sowie die Erlebnishaftigkeit (Shedroff, 2001) interaktiver und zeitbasierter Medien.

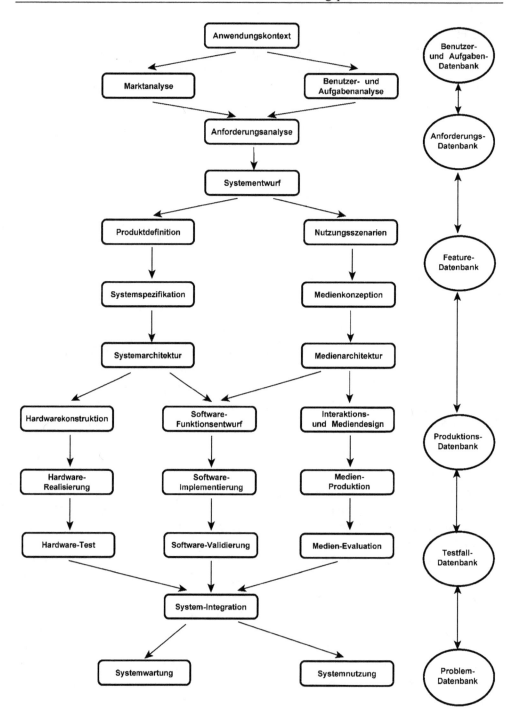

**Abbildung 45** Medien-Engineering-Prozess (Herczeg, 2006a)

Die Abbildung zeigt einen in drei Hauptsäulen (Hardware, Anwendungssoftware, Interaktion und Medien) verlaufenden Entwicklungsprozess. Die in
der Praxis auch vielfältig auftretenden iterativen Abschnitte wurden in der
Abbildung aus Gründen der Übersichtlichkeit nicht dargestellt.

# 10.2    Kriterienorientierte Entwicklung

Eine wichtige Aufgabe zur Entwicklung interaktiver Medien ist die Bereitstellung von Kriterien vor allem zur späteren Beurteilung und Bewertung der realisierten Benutzungsschnittstellen in der Phase der *Evaluation*. Wir sprechen hierbei auch von *kriterienbasierter und
qualitätsgesicherter Entwicklung*. Diese Kriterien müssen selbst wieder in *Kriteriensysteme*
eingeordnet werden, die die unterschiedlichen Aspekte einer Benutzungsschnittstelle widerspiegeln. Die Kriteriensysteme können an den unterschiedlichen Modellen der Mensch-
Computer-Systeme angelehnt oder auch aus ihnen abgeleitet werden.

Kriterien bewerten ein interaktives System auf unterschiedlichen Ebenen und aus unterschiedlichen Perspektiven. Sie erlauben so eine differenzierte Analyse der Stärken und
Schwächen eines Systems hinsichtlich der Funktionalität wie auch der Qualität. Festgestellte
Schwächen können dann systematisch, d.h. vollständig und an der richtigen Stelle des Systems, beseitigt werden. Dies vermeidet das Lösen von Problemen durch „Übertünchen" an
anderen Stellen anstatt einer Beseitigung der Ursachen. Die kriterienbasierte Analyse eines
Systems ist bereits im Entwicklungsstadium möglich, so dass Schwachstellen gar nicht realisiert, sondern bereits im Entwurf erkannt und beseitigt werden können. Ansonsten würden
sie, wenn überhaupt, erst am Ende der Entwicklung im Rahmen einer summativen Evaluation erkannt zu werden.

Wichtige allgemeine Kriterien für interaktive Systeme wurden im Rahmen der internationalen Norm DIN EN ISO 9241 zur Entwicklung interaktiver Systeme definiert. Andere Kriterien existieren für spezifische Anwendungsbereiche[39].

Im Rahmen der *Software-Ergonomie* (Abschnitt 8.1) wurden Kriteriensysteme entwickelt,
die es erleichtern sollen, interaktive Arbeitssysteme zu analysieren, zu konzipieren und zu
beurteilen. Die Kriterien sind vielfältig und man sollte unterscheiden, welche Kriterien generell und welche Kriterien anwendungsspezifisch verwendbar sind. Im Folgenden werden
einige Kriterien aufgelistet, die gerade im Bereich der Anwendungssysteme für Arbeitsplätze
besondere Bedeutung erlangt haben. Viele davon sind generell auch für interaktive Medien
in anderen Anwendungskontexten einsetzbar.

---

[39] vgl. dazu auch die Anwendungsfelder E-Learning in Kapitel 5, E-Business in Kapitel 6, Prozessführung in Kapitel 7

## 10.2.1    Kriterien zur Funktionalität

Naheliegenderweise finden einige Kriterien für die Entwicklung interaktiver Systeme ihren Ausgangspunkt in der *Funktionalität von Systemen*. Dabei geht es aber nicht um die spezifische Funktionalität selbst, sondern die Frage, wie die Benutzer mit der Funktionalität umgehen können. Solche Kriterien sind:

- *Verfügbarkeit,*

- *Zuverlässigkeit,*

- *Wiederverwendbarkeit,*

- *Kombinierbarkeit,*

- *Erweiterbarkeit,*

- *Transparenz.*

Diese Kriterien zielen darauf ab, dass Systemfunktionalität nicht als Ansammlung von Systemdiensten zu verstehen ist, sondern als Grundlage zur benutzerorientierten Formierung eines für die Benutzer verständlichen, mit den Aufgaben wachsenden und jederzeit stabilen interaktiven Anwendungssystems.

## 10.2.2    Kriterien zur Gebrauchstauglichkeit

Als wichtiges Ergebnis der Software-Ergonomie (siehe Abschnitt 8.1) wurden drei zentrale Kriterien zur Feststellung *der Gebrauchstauglichkeit* von interaktiven Systemen entwickelt:

- *Effektivität,*

- *Effizienz,*

- *Zufriedenstellung* der Benutzer.

Man hat diese Kriterien im Rahmen der ISO 9241-11 definiert. Die ISO 9241-11 definiert *Effektivität* als

> *„Die Genauigkeit und Vollständigkeit mit der Benutzer ein bestimmtes Ziel erreichen. "*

Effizienz wird dort festgelegt als

> *„Der im Verhältnis zur Genauigkeit und Vollständigkeit eingesetzte Aufwand, mit dem Benutzer ein bestimmtes Ziel erreichen. "*

Neben diesen Effektivitäts- und Effizienzbetrachtungen haben interaktive Systeme auch erheblichen Einfluss auf die *Zufriedenstellung* ihrer Benutzer. Dabei ist jedoch zu beachten, dass der aus der Umgangssprache stammende Begriff der Zufriedenstellung oder Zufriedenheit ein komplexes Zusammenspiel vieler physischer, psychischer und sozialer Faktoren darstellt und nicht eindeutig definierbar ist. *Zufriedenstellung* soll nach ISO 9241-11 bedeuten:

> *„Freiheit von Beeinträchtigungen und positive Einstellungen gegenüber der Nutzung des Produkts."*

Die Zufriedenstellung wird dabei als eine *subjektive* Reaktion der Benutzer auf die Nutzung des Produkts beschrieben. Eine solche Reaktion findet als Folge eines komplexen psychischen Zustands statt, der von vielen Umständen beeinflusst wird.

## 10.2.3 Kriterien zur Dialoggestaltung

Eine Reihe weiterer Kriterien beschreibt vor allem die Qualität von Systemen hinsichtlich der Interaktivität (Dialogfähigkeit). Diese Kriterien wurden auch in der ISO 9241-10 als *Grundsätze der Dialoggestaltung* zusammen mit Beispielen beschrieben:

- *Aufgabenangemessenheit,*
- *Selbstbeschreibungsfähigkeit,*
- *Steuerbarkeit,*
- *Erwartungskonformität,*
- *Fehlerrobustheit,*
- *Individualisierbarkeit,*
- *Lernförderlichkeit.*

Diese Kriterien zur Dialoggestaltung haben sich als außerordentlich wertvoll und wichtig zur differenzierten Analyse interaktiver Systemen erwiesen. Sie wurden neben den drei Hauptkriterien der Gebrauchstauglichkeit in vielen Studien, Gutachten sowie als Grundlage von Verordnungen im Rahmen der Arbeitsschutzgesetze verwendet. Eine nähere Beschreibung ihrer Bedeutung und Anwendung findet sich im Band Software-Ergonomie (Herczeg, 2005).

## 10.2.4 Weitere Kriterien zur Systemgestaltung

Begleitend zu den oben genannten Kriterien gibt es eine Reihe weiterer Kriterien, die ergänzend dazu als Verfeinerungen sowie in bestimmten Anwendungssituationen oder bei bestimmten Benutzerklassen angebracht sind:

- *multiple Kontexte* (die Bearbeitung mehrerer gleichzeitiger Aktivitäten),
- *Übersichtlichkeit,*
- *Direktheit,*
- *Einbezogenheit,*
- *Bediensicherheit,*

- *Wahrnehmbarkeit,*

- *Natürlichkeit.*

Alle genannten Kriterien wurden mit einem Anspruch auf praktische Anwendbarkeit entwickelt und erlauben die ursprünglich unspezifische Forderung nach „Benutzerfreundlichkeit" oder „Bedienfreundlichkeit" nicht nur in Frage zu stellen, sondern auch durch konkretere Fragestellungen vollständig zu ersetzen.

Die genannte Liste von Kriterien kann und soll nicht vollständig sein. Ergänzungen und weitere Differenzierungen können in Abhängigkeit vom Anwendungsfeld notwendig und sinnvoll sein.

# 10.3     Entwicklungsphase: Analyse

Die erste Phase eines Entwicklungsprozesses besteht aus einer Reihe von Analysen zur Bestimmung von Ausgangspunkt, Zielsetzungen und Realisierungsmöglichkeiten für ein System. Im Bereich der interaktiven Systeme fokussiert man vor allem auf drei Analysebereiche:

- Aufgabenanalyse (Feststellung der Aktivitäten, die mit dem System von statten gehen sollen)

- Benutzeranalyse (Identifikation und Charakterisierung der Zielgruppen)

- Kontextanalyse (Anwendungsfeld und Arbeitsumgebung)

Diese Analysebereiche können bedarfsweise durch weitere Bereiche ergänzt werden. Auch die Tiefe und der Umfang der Analyse hängen vom Anwendungsfeld und der erwarteten Bedeutung des Systems ab.

## 10.3.1     Aufgabenanalysen

Bei der Analyse von Arbeitssystemen stehen zunächst die einzelnen *Arbeitsaufgaben*, die ein Benutzer zu bewältigen hat, im Vordergrund. Arbeitsaufgaben definieren sich über eine Reihe von Charakteristika, die im Rahmen einer *Aufgabenanalyse* zu erfassen sind (Kirwan & Ainsworth, 1992; Dunckel et al., 1993; Hackos & Redish, 1998; Vicente, 1999; Herczeg, 2001). Hier die wichtigsten Merkmale von Aufgaben:

*Ziel:*                          mit der Durchführung der Aufgabe verfolgtes Ziel

*Grund:*                     Grund (Ursache) für die Durchführung der Aufgabe

*Inhalt:*                     Aufgabeninhalte

*Aufgabenabhängigkeiten:* besondere Abhängigkeiten und Bezüge der Aufgabe von anderen Aufgaben

| | |
|---|---|
| *Teilaufgaben:* | Aufgliederung und damit Verfeinerung einer Aufgabe in Teilaufgaben |
| *Zustandsabhängigkeiten:* | besondere Abhängigkeiten der Aufgabenausführung von Situationen des Arbeitsumfeldes oder Zuständen der Arbeitsgegenstände (z.B. Vorbedingungen, Nachbedingungen, Reihenfolgen) |
| *Offenheit:* | Grad der Variabilität einer Aufgabe, bezüglich sich ändernder Voraussetzungen und Randbedingungen |
| *Frequenz:* | Häufigkeit einer Aufgabe in einem Aufgabenspektrum |
| *Repetitivität:* | Auftreten direkter Wiederholungen von Aktivitäten innerhalb einer Aufgabe |
| *Wichtigkeit:* | Bedeutsamkeit einer Aufgabe in einem Aufgabenspektrum |
| *Dringlichkeit:* | zeitliche Priorität einer Aufgabe im Verhältnis zu anderen, gleichzeitig anliegenden Aufgaben |
| *Sicherheit:* | Anforderungen bezüglich der Vermeidung von Fehlern bei der Durchführung einer Aufgabe |
| *Durchführungszeit:* | zeitliche Anforderungen an die Durchführung einer Aufgabe |
| *Handlungsspielraum:* | Freiheit der Benutzer bei Auswahl der Arbeitsmittel zur Bearbeitung einer Aufgabe |

Man muss bei der Aufgabenanalyse für interaktive Systeme zwei *Klassen von Aufgaben* unterscheiden:

| | |
|---|---|
| *Externe Aufgaben:* | Aufgaben, die im Rahmen der Arbeitsorganisation anfallen. Externe Aufgaben umfassen die eigentliche Problemstellung und sind unabhängig von den Arbeitsmitteln, mit denen die Aufgaben bearbeitet werden. |
| *Interne Aufgaben:* | Aufgaben, die durch die Bearbeitung externer Aufgaben mit Arbeitsmitteln (z.B. Computersysteme) anfallen. Interne Aufgaben ergeben sich aus den mit Arbeitsmitteln auszuführenden Aktivitäten zur Bearbeitung der externen Aufgaben. |

Die internen Aufgaben können größtenteils erst nach Entwurf des Anwendungssystems festgestellt und untersucht werden. Die externen Aufgaben können bereits bei der ersten Aufgabenanalyse beschrieben werden. Der Unterschied zwischen internen und externen Aufgaben gibt Hinweise auf die mögliche *Effizienz* der Tätigkeit und damit auch auf die *Produktivität* der Benutzer.

## 10.3.2   Benutzeranalysen

Jeder Benutzer eines interaktiven Systems hat individuelle Eigenschaften. Es ist daher nicht möglich, Benutzungsschnittstellen für interaktive Anwendungssysteme zu realisieren, die allen Benutzern gerecht werden. Wir können jedoch versuchen, Benutzern, die ähnliche Eigenschaften haben, durch besondere Systemeigenschaften so gut wie möglich entgegen zu kommen. Wir bilden zu diesem Zweck Benutzergruppen mit Benutzern, die ähnliche Eigenschaften aufweisen. Vor Entwicklung eines interaktiven Systems müssen wir feststellen, wie diese Benutzergruppen geartet sind. Dabei ist vor allem festzustellen, welche besonderen Ziele, Aufgaben, Erfahrungen und Einstellungen die Benutzer haben. Wir wollen hierbei von den *Benutzereigenschaften* oder *Benutzercharakteristika* sprechen und beziehen dabei auch die organisatorische Funktion der Benutzer mit ein. Im Zusammenhang mit interaktiven Systemen sind insbesondere folgende Benutzercharakteristika von Bedeutung:

- spezifische Ziele und Randbedingungen bei der Erfüllung von Aufgaben, die mit einem bestimmten Anwendungssystem bearbeitet werden sollen;

- vorhandene Erfahrungen mit anderen interaktiven Systemen, die bislang genutzt wurden und möglicherweise weiterhin parallel genutzt werden sollen;

- besondere vorhandene sensomotorische Fertigkeiten (Automatismen) mit interaktiven Systemen, z.B. bezüglich Tastatur- und Mausbedienung;

- Erwartungen und Präferenzen in Bezug auf ein neues oder bestehendes System.

Diese Benutzercharakteristika sind eine erste grobe Strukturierung und müssen in der Benutzeranalyse weiter gegliedert und verfeinert werden.

Anwendungssysteme und ihre Benutzungsschnittstellen sollten an solche Benutzercharakteristika so gut wie möglich angepasst werden. Geschieht dies nicht, ist mit geringerer Effizienz oder auch Fehlern bei der Nutzung der Systeme zu rechnen. Auch die mangelnde Akzeptanz oder Ablehnung eines Systems kann die Folge sein.

Benutzer können vielfältig klassifiziert werden, vor allem hinsichtlich

- *Rollen,*

- *Erfahrungsstand,*

- *Stereotypen* und auch

- *Marktsegmente* oder andere ökonomische Merkmale.

Jede dieser Klassifizierungen führt zu wichtigen Hinweisen, wie die Benutzungsschnittstelle eines Anwendungssystems zu gestalten ist. Die Berücksichtigung solcher Hinweise erhöht die Chance einer hohen Gebrauchstauglichkeit der Systeme. Garantien für eine erfolgreiche Nutzbarkeit oder Ersatz für Evaluationen (siehe Abschnitt 10.6) stellen diese Klassifikationen alleine allerdings nicht dar.

## 10.3.3 Organisations- und Kontextanalysen

Aufgaben- und Benutzeranalysen allein liefern noch nicht die vollständige Grundlage für die Entwicklung eines interaktiven Systems. Die Benutzer und ihre Aufgaben sind eingebettet in einen Arbeitskontext und eine physische Arbeitsumgebung, die maßgeblich Randbedingungen für die Gestaltung der Systeme setzen. Dies gilt nicht nur für Anwendungen im Bereich der Arbeit. Gerade Anwendungen in den Bereichen Bildung und Freizeit, die eher freiwillig benutzt werden, sind sehr sensibel für eine geeignete Kontextualisierung. So geht man heute davon aus, dass beispielsweise das Bildtelefon trotz seiner reizvollen Funktionalität und trotz der inzwischen längst vorhandenen technologischen Grundlage vor allem daran gescheitert ist, dass man versäumt hatte, die Nutzungskontexte daraufhin zu untersuchen, wer, wann, an welchem Ort und auf welche Weise ein Bildtelefon benutzen würde. Die angebotenen Produkte wurden nicht gekauft.

Kontextanalysen werden im Bereich der Arbeitssysteme vor allem im Zusammenhang mit der *Organisationsanalyse* durchgeführt. Dabei klärt sich, wie zusammengearbeitet wird und wer, wem, wann, welche Informationen zuliefert. Dabei wird sowohl die *Aufbauorganisation* (statische Leitungsstruktur) als auch die *Ablauforganisation* (dynamische Abläufe, Workflow; siehe dazu auch Abschnitt 6.2.5) hinsichtlich der Kooperationsprozesse untersucht.

Im allgemeinen Fall sind Kontextanalysen auf umfangreiche *Beobachtungen* und *Befragungen* gestützte Untersuchungen der Arbeitsweise und des Arbeitsumfeldes, in dem das zu realisierende oder zu verbessernde System Einsatz finden soll. Eine Darstellung einer umfassenden Methodik, die die Kontextanalyse für interaktive und multimediale Systeme in das Zentrum der Analysen rückt, findet sich bei Beyer und Holtzblatt (1998) unter der Bezeichnung *Contextual Design*.

## 10.4 Entwicklungsphase: Konzeption und Design

Nach sorgfältiger Durchführung und Dokumentation der notwendigen Analysen (siehe Abschnitt 10.3) kann die Entwicklung eines interaktiven Systems in die *Konzeptions- und Designphase* übergeführt werden.

*Konzeption*, gemeint ist hier eine *Systemkonzeption*, bedeutet geeignete *Systemarchitekturen*, d.h. *Strukturmodelle* zu finden, die die Lösung ermöglichen und unter Berücksichtigung der zu verwendenden Technologien diese so einfach wie möglich gestalten.

*Design*, hier *Interaktions- und Mediendesign*, bedeutet *Dialoggestaltung* und *Formgebung*, d.h. die Gestaltung der Benutzungsschnittstelle unter Anbindung an die zu realisierende Funktionalität. Dies muss passend zu den Aufgaben und den Eigenschaften der Benutzer erfolgen. Die Analysen dazu liegen, wie beschrieben, aus der Analysephase vor.

## 10.4.1    Systemarchitekturen

Bei der Konzeption eines interaktiven Systems müssen *Systemarchitekturen* vorgesehen werden, die das System geeignet in eine *Struktur von Teilsystemen* gliedern. Die Teilsysteme sollen später auch von unterschiedlichen Entwicklern arbeitsteilig realisiert und dann wieder zu einem Gesamtsystem integriert werden können. Systemarchitekturen bilden das innere Gerüst eines Systems. Zwischen Teilsystemen können *Schnittstellen* definiert werden, die die Teilsysteme zu einem Ganzen zusammen binden.

Systemarchitekturen müssen die vorgesehenen *Technologien*, die verwendeten *Entwick-lungswerkzeuge*, die *Schnittstellen* zu anderen Systemen sowie die *Kompetenz* der Entwickler berücksichtigen. Sie entstehen meist auf einer Erfahrungsgrundlage in Form von bekannten *Entwurfsmustern*, die schon in ähnlichen Fällen erfolgreich zu Lösungen geführt haben.

## 10.4.2    Interaktionsdesign

Das *Interaktionsdesign* beschäftigt sich, wie ausführlich in Kapitel 9 dargestellt, mit der Entwicklung der *Interaktionsstrukturen* zwischen Benutzer und interaktiven Medium. Dabei wird auf Grundlage meist bekannter und bewährter *Systemparadigmen* (Abschnitt 9.5) und *Gestaltungsmuster* (Abschnitt 9.6) interaktiver Systeme ein konkretes Interaktionsmodell für das System entwickelt.

## 10.4.3    Mediendesign

Das *Mediendesign* ist der Teilprozess der medialen *Formgebung* des interaktiven Systems. Dabei werden die gewählten Interaktionsstrukturen mit medialen Elementen verknüpft, die für die Benutzer sichtbar, hörbar, tastbar, etc. sein müssen.

Die Prozesse für das Mediendesign stammen vielfach aus dem *Graphik-* und *Kommunikati-onsdesign* und müssen mit den Konzepten des *Interaktionsdesigns* verknüpft werden. Da dies in der Vergangenheit von unterschiedlichen Disziplinen, vor allem von Informatik und De-sign, meist unabhängig voneinander geleistet worden ist, müssen die Arbeitsweisen und Prozesse durch die Verwendung gemeinsamer *Entwicklungsplattformen* und *Gestaltungs-werkzeuge* heute enger denn je zusammengeführt werden.

## 10.4.4    Benutzermodellierung

In der Analysephase wurden Benutzeranalysen durchgeführt. Diese liefern eine detaillierte Informationsgrundlage, welche Eigenschaften die *Zielgruppen* für das System voraussicht-lich haben werden. Diese Sammlung von *Benutzereigenschaften* oder auch *Benutzererwar-tungen* liefert noch kein besonders anschauliches Bild eines realen Benutzers.

Im Rahmen von Konzeption und Design benötigen die Systementwickler jedoch eine gute und vor allem konkrete Vorstellung von ihren künftigen Benutzern. Deshalb sollte vor allen anderen Teilaktivitäten eine Form der Benutzermodellierung vorgenommen werden. Alan Cooper empfiehlt hierbei das Verfahren der *Personas*, bei dem aus den Analyseinformationen eine kleine Zahl von *fiktiven aber repräsentativen Benutzern* beschrieben wird (Cooper, 1999, Cooper & Reimann, 2003). Das Verfahren hat inzwischen viele Anhänger bei Herstellern von interaktiven Medien gefunden, da es recht einfach, aber außerordentlich hilfreich in der Anwendung ist. Andere Verfahren sind stärker formal orientiert und beschreiben Benutzer und deren Interaktionsverhalten mit Hilfe von Modellierungssprachen (Herczeg, 2005).

Den Begriff der Benutzermodellierung im Rahmen der Systemkonzeption darf man zu einem gewissen Grad auch so interpretieren, dass man die Benutzer auch nicht als gegeben hinnehmen muss, sondern Überlegungen anstellen kann, wie die Benutzer des Systems qualifiziert sein sollten und wie sie sich bei der Nutzung des Systems verhalten sollten. Durch *Selektion* und *Qualifizierung* können die Zielgruppen nicht nur als gegeben angenommen, sondern auch gezielt entwickelt werden.

# 10.5     Entwicklungsphase: Realisierung

Die *Realisierung* oder *Implementierung* eines interaktiven Systems ist die technische Umsetzung der Konzeption und des Designs in Form der *Programmierung* und der *Medienproduktion*.

Diese Phase wird häufig als die zentrale Aufgabe bei der Systementwicklung angesehen. Liegen jedoch eine gründliche Analyse und, darauf aufbauend, eine klare Konzeption und ein aussagekräftiges Design vor, ist diese Phase zwar oft ressourcenintensiv (siehe Abbildung 42), ansonsten aber vor allem eine strikte Umsetzung bereits getroffener Planungen. Dabei wird viel handwerkliche Erfahrung im Umgang mit *Programmiersprachen* und *Werkzeugen zur Mediengestaltung* benötigt.

Weiterführende Literatur zu Methoden, Sprachen und Werkzeuge für die Realisierung interaktiver Medien sind vielfältig zu finden. Da sich die Hilfsmittel sehr schnell weiterentwickeln, sollen hier keine spezifischen Quellen genannt werden. Ein guter Überblick über die vor allem technologischen Fragen der Medieninformatik findet sich bei Henning (2003) sowie bei Bruns und Meyer-Wegener (2005).

Eine Einführung in die grundlegenden Methoden des Mediendesigns, der Medienproduktion und der Medienentwicklungswerkzeuge findet man bei Chapman & Chapman (2003, 2004).

## 10.5.1    Programmierung

In den in den frühen Jahren interaktiven Medien war die Systementwicklung im Wesentlichen gekennzeichnet durch die Programmierung der Funktionalität mit einfachen Formen der Informationseingabe und Informationsausgabe. Heute ist diese Art der Programmierung nur ein Teil der Realisierung, die sich eng mit besonderen Formen der Medienprogrammierung verbinden muss.

Bei der Programmierung von interaktiven Medien werden aus den bisherigen allgemeinen Programmiersprachen mit speziellen Softwarebibliotheken für die Ein- und Ausgabe spezialisierte Medienprogrammiersprachen und Medienentwicklungsumgebungen. Beim Übergang von arbeitsplatzbasierten Systemen auf Systeme, die aus dem Internet, speziell aus dem WWW heraus bedient werden können, sind dabei eine Vielzahl von Softwaretechnologien entstanden, die laufend und auch schnell weiterentwickelt werden. Ein wichtiger Schritt war die Entwicklung der objektorientierten Programmiersprache Java sowie Skriptsprachen wie Javaskript oder PHP.

Die neueren Programmierkonzepte und damit verbundene Systemarchitekturen müssen insbesondere dem Umstand der Verteilung von Anwendungen auf verschiedene Computersysteme Rechnung tragen. Dabei sind schwierige Probleme zu lösen, wie z.B.:

- dynamische Generierung von Inhalten (z.B. in E-Shops);
- *Zugriffsrechte* auf den ausführenden Computersystemen (z.B. Ablage von Informationen wie Cookies u.ä. auf den Zielsystemen);
- große *Serversysteme* (z.B. Datenbanksysteme, Suchmaschinen, Webserver; Adressserver) versorgen eine große Zahl von *Personal Computern* mit oft individualisierten Inhalten;
- *Synchronisation* von verteilten Daten (gespeicherte vs. auf dem Bildschirm dargestellte Daten) und Kontrollstrukturen (z.B. Interaktion auf der Webseite und Kontrolle durch eine zentrale Anwendung)
- Verarbeitung, Übertragung und Darstellung komplexer und hochvolumiger Medieninhalte.

Durch die neuen Systemarchitekturen findet derzeit ein umfassender Umbau von fast allen laufenden Anwendungen statt, mit dem Ziel bisherige Anwendungen „Internetfähig" zu machen, d h. zu ermöglichen, diese Anwendungen über das WWW benutzen zu können. Gleichzeitig ändern sich innerhalb von wenigen Monaten die verwendeten Technologien grundlegend.

## 10.5.2    Medienproduktion

Die Generierung der multimedialen Inhalte eines interaktiven Mediums folgt zunächst den Methoden und Werkzeugen tradierter Hilfsmittel zur Gestaltung von Text, Graphik, Animationen, Audio, Video oder spezifischen weiteren Medien. Da diese zunehmend, wie am Beispiel von Webseiten oder Videoclips, verknüpft erstellt werden müssen, entstanden *Medienproduktionsumgebungen* von Unternehmen wie Adobe oder Macromedia mit zunehmend stark integrierten Werkzeugen.

Als verknüpfende Werkzeuge entwickelten sich für interaktive Medien auch spezielle Programmiersprachen oder Makromechanismen. Auf diese Weise entstanden beispielsweise für animierte, multimediale Webseiten oder CD-ROM-Produktionen Mechanismen und damit verbundene Sprachen wie Macromedia Flash und Director mit der Sprache Lingo.

Zur Trennung von Inhalt und Präsentation von Webseiten entstanden Markup-Sprachen wie HTML, XML oder Derivate davon auf der Grundlage von SGML, das ursprünglich für ähnliche Anstrengungen im Bereich der klassischen Dokumentation gedacht war.

## 10.6    Entwicklungsphase: Evaluation

Die Entwicklung benutzer- und aufgabengerechter interaktiver Medien ist von einer Komplexität, dass es keinen sicheren Weg von der Problemstellung zum realisierten System gibt. Viele, teils wenig bestimmte Faktoren wie Eigenschaften der Benutzer, Struktur und Eigenschaften der Anwendungsbereiche, Aufgaben, Arbeitskontexte und Umgebungsbedingungen führen zu defizitären oder sogar ungeeigneten Systemlösungen. Nachdem eine Benutzungsschnittstelle realisiert wurde, muss sie deshalb auf ihre ergonomische Qualität, d.h. vor allem auf ihre Gebrauchstauglichkeit bezüglich der vorgesehenen Benutzer sowie deren Aufgaben hin überprüft werden. Man nennt diese Art von Qualitätsprüfungen *Evaluationen*.

Die Qualität einer Benutzungsschnittstelle objektiv zu bestimmen ist eine schwierige und aufwändige Aufgabe, da wir einer Vielfalt nur teilweise formal fassbarer Einflussfaktoren ausgesetzt sind. Dies sind vor allem die Benutzer selbst, die sehr unterschiedliche Eigenschaften haben. Aber auch die Aufgaben und das Arbeitsumfeld lassen sich in vielen Fällen nur schwer und aufwändig analysieren. Trotzdem lohnt sich der Aufwand einer Evaluation im Allgemeinen, da es dadurch zu meist signifikant besser geeigneten interaktiven Anwendungssystemen kommt und in Folge vor allem die Hauptkriterien *Effizienz* und *Zufriedenstellung* der Benutzer deutlich verbessert werden. Der Aufwand für die Evaluation kann sich nach daraus resultierenden Verbesserungen in kürzester Zeit wieder durch effizientere Nutzung und zufriedenere Benutzer bzw. Kunden auszahlen.

Für eine Evaluation benötigen wir zunächst geeignete software-ergonomische Evaluationskriterien, um festzulegen, welcher Aspekt einer Benutzungsschnittstelle bewertet werden soll. Solche Kriterien haben wir in Abschnitt 10.2 kennen gelernt. Sind die zu untersuchenden Kriterien festgelegt, können wir aus einer Reihe von Evaluationsverfahren ein dafür geeignetes Verfahren auswählen und dieses im Rahmen des Entwicklungsprozesses anwenden.

## 10.6.1    Evaluationsverfahren

In der Software-Ergonomie haben sich vielfältige Evaluationsverfahren entwickelt. Keines dieser Verfahren ist uneingeschränkt einsetzbar oder liefert sichere Ergebnisse. Eine angemessene Evaluation wird in Abhängigkeit von den Benutzern, deren Aufgaben, dem zu evaluierendem System sowie den zu untersuchenden Kriterien das beste Evaluationsverfahren auswählen, anschließend geeignet an die besonderen Randbedingungen anpassen und defensiv Schlussfolgerungen aus den Untersuchungen ableiten.

Es werden drei Grundtypen der Evaluation unterschieden (Karat, 1988):

1.  *Theorieorientierte Evaluation:* Prüfung der Lösung mit Hilfe allgemeiner Erkenntnisse und Regeln zur Gestaltung gebrauchstauglicher Systeme, wie z.B. mit der ISO 9241 und den damit verbundenen theoretischen Grundlagen

2.  *Aufgabenorientierte Evaluation:* Überprüfung, ob die in der Aufgabenanalyse definierten Aufgaben mit dem System effektiv und effizient bearbeitet werden können

3.  *Benutzerorientierte Evaluation:* Beobachtung und Befragung von Benutzern bei der Nutzung des Systems.

Diese Evaluationsverfahren können auch gemischt angewandt werden. Evaluationsverfahren und Kriterien für deren Anwendung finden sich in der Norm ISO 16982.

## 10.6.2    Evaluation im Prozess

Evaluationen können zu unterschiedlichen *Zeitpunkten* während oder nach der Entwicklung interaktiver Systeme erfolgen. Wie bei anderen qualitätssichernden Maßnahmen kann man entweder ein erstelltes System auf seine Qualität prüfen oder eine gewünschte Qualität von vornherein durch geeignete Entwicklungsmaßnahmen herbeiführen.

Führt man am Ende einer Systementwicklung in einer abschließenden und zusammenfassenden Bewertung eine Evaluation durch, nennt man diese Vorgehensweise *summative Evaluation*. Diese Methode entspricht der abschließenden Qualitätskontrolle eines Produkts, das anschließend entweder ausgeliefert werden kann oder in einer Prozessiteration nachbearbeitet werden muss.

Stößt man bei dieser späten, abschließenden Evaluation auf größere Probleme mit dem System, gibt es oft nur wenige oder sehr aufwändige Möglichkeiten diese zu beseitigen. Die summative Evaluation ist daher für große und komplexe Systeme als die einzige Vorgehensweise zur Evaluation nicht zu empfehlen.

Eine bessere Vorgehensweise ist es, Evaluationen bereits während der Systementwicklung durchzuführen und erkannte Schwächen des Systems sofort zu beseitigen. Da dies eine Vorgehensweise ist, bei der die gewünschte Qualität gewissermaßen hergestellt wird, nennt man diese deshalb auch *formative Evaluation.*

Formative Evaluation beginnt unmittelbar nach der ersten Analyse von Aufgaben, Benutzern und organisatorischem Umfeld, indem schon die ersten Systemkonzepte mit einem geeigneten Evaluationsverfahren geprüft werden. Hierbei bieten sich vor allem aufgabenorientierte Evaluationsverfahren an. Hat man die Möglichkeit, Designskizzen oder Prototypen zu realisieren, kann man auch schon von Beginn an benutzerorientierte Evaluationsverfahren anwenden.

Zum Abschluss einer Systementwicklung sollte eine summative, benutzerorientierte Evaluation folgen. Im Einzelfall erübrigt sich diese, falls die formative Evaluation die Systementwicklung bis zur Systemvalidierung (funktionale Prüfung) begleitet hat.

## 10.6.3   Benutzerpartizipation

Benutzerorientierte Evaluationsverfahren ziehen die Benutzer nur zur Überprüfung eines mehr oder weniger fertig gestellten Konzepts oder Systems zu Rate. Durch die schwierigen Randbedingungen sowie durch die vielen Freiheitsgrade bei der Entwicklung interaktiver Systeme empfiehlt es sich, die zukünftigen Benutzer schon in einer frühen Entwicklungsphase des Systems aktiv einzubeziehen. Man spricht hierbei von *Benutzerpartizipation* (Benutzerbeteiligung).

Viele ungünstige Lösungen bei der Gestaltung von Benutzungsschnittstellen könnten verhindert werden, wenn man die Benutzer schon in der Konzeptionsphase der Entwicklung interaktiver Systeme einbeziehen würde. Sie hätten dann die Möglichkeit, ihre Anforderungen und ihre Erfahrungen in die Gestaltung einzubringen. Man nennt dies dann *partizipative Systemgestaltung,* die letztlich eine besondere Art der formativen, benutzerorientierten Evaluation darstellt.

Benutzerpartizipation bringt den wichtigen Nebeneffekt, dass Benutzer ein System, das sie mitgestaltet haben, auch eher *akzeptieren.* Sie werden in solchen Fällen mit deutlich weniger Vorbehalten an die Nutzung gehen, was im Allgemeinen dann auch mit schnellerem und leichterem Erlernen des Systems verbunden sein wird. Darüber hinaus führt die Beteiligung von Benutzern zu einer *Qualifizierung* der Benutzer, da sie auf diese Weise ihre Arbeit, ihre Arbeitsmittel und sich selbst besser kennen lernen.

Eine partizipative Vorgehensweise kann ein grundlegender Bestandteil einer Systementwicklung sein. Damit kann sichergestellt werden, dass Benutzerpartizipation nicht nur zufällig stattfindet, weil gerade ein Benutzer greifbar oder besonders interessiert ist. Das Problem liegt oft darin, dass zum Zeitpunkt der Systementwicklung weder der Kunde (das Unternehmen, das ein System anschafft) noch die Benutzer (die Endbenutzer des Systems im Unternehmen) bekannt sind. Hier können ersatzweise *repräsentative Benutzer* (z.B. als Personas siehe Abschnitt 10.4.4) oder *Zielgruppen* (z.B. als Benutzerklassen, siehe Abschnitt 10.3.2) definiert werden. Auf diese Weise lassen sich echte oder virtuelle „Ersatzbenutzer" finden, die in Anforderungen und Fähigkeiten ausreichende Ähnlichkeiten mit den späteren Endbenutzern aufweisen.

Die Benutzerpartizipation kann unterschiedliche Stufen und Ausprägungen aufweisen (Peschke, 1988):

- Informationsaustausch zwischen Benutzern und Entwicklern,
- Beteiligung der Benutzer an Entscheidungen über einzelne Gestaltungsmerkmale,
- Beteiligung der Benutzer an der Gesamtgestaltung oder
- Entwurf der Benutzungsschnittstelle durch die Benutzer selbst.

Welche Form und Intensität der Beteiligung gewählt wird, hängt von vielen Faktoren ab, letztlich auch von dem Interesse und der Qualifikation der Benutzer. Bis heute findet partizipative Systementwicklung nur in Ausnahmefällen oder eher zufällig statt. Damit bleibt ein wichtiges Potential für benutzer- und aufgabengerechte Systemgestaltung ungenutzt.

Es muss allerdings auch davor gewarnt werden, Benutzerpartizipation als Ersatz für systematische und sorgfältige Analysen zu verstehen. Benutzer orientieren sich gerne an dem, was sie schon kennen und mangels Wissen nicht unbedingt an dem, was sinnvoll und möglich wäre. Aber gerade der Vergleich einer sorgfältigen Analyse mit den Wünschen und Vorschlägen von Benutzern eröffnet viele interessante und oftmals wichtige Fragestellungen, die sonst eher spät oder gar nicht auftauchen würden. Ein weiteres Problem ist, dass die Zusammenarbeit mit Benutzern zeitlich, organisatorisch und manchmal auch sozial schwierig ist und die wenigsten Entwickler auf eine solche Zusammenarbeit vorbereitet sind.

# 10.7    Interdisziplinäre Entwicklung

Entwicklungsprozesse zur Entwicklung interaktiver Medien bieten Aufgabenstellungen für Fachleute unterschiedlicher Disziplinen. Dabei müssen unterschiedlichste Arbeitsweisen zu einem durchgängigen Prozess zusammengeführt und dadurch integriert werden. Sequentielle und parallele Arbeitsabläufe ermöglichen die optimale Nutzung der verfügbaren Zeit, ohne vorhandene Abhängigkeiten unberücksichtigt zu lassen. Dies ist die Theorie. Die Praxis zeigt, dass es sehr schwierig ist, interdisziplinäre Arbeit zu praktizieren. Einige Hinweise sollen im Folgenden dazu gegeben werden.

## 10.7.1 Fachübergreifende Kooperation

Interdisziplinäres Entwickeln zeichnet sich nicht nur durch Arbeitsteilung aus. Für eine erfolgreiche Entwicklung müssen auch überlappende Kompetenzen entstehen. Dies heißt, dass Fachleute die Arbeitsweise und die Arbeitsmethoden benachbarter Disziplinen kennen und verstehen müssen. Dies ermöglicht eine intensive und fruchtbare Kommunikation sowie ein tieferes Verständnis der Möglichkeiten und Grenzen einer Systemgestaltung.

Im Bereich der Software-Ergonomie haben sich so in den letzten Jahrzehnten die Arbeitsweisen von Informatikern, Psychologen und Arbeitswissenschaftlern vermischt. Im Bereich des Interaktionsdesigns gilt dasselbe für Informatiker und Designer. Im Usability-Engineering finden sich Arbeitsweisen des Software-Engineering sowie des Cognitive-Engineering. In der digitalen Medienproduktion haben Methoden und Werkzeuge aus Film, Fernsehen, Rundfunk, Graphikdesign und Informatik zusammengefunden.

Alle diese Kombinationen benötigen Zeit und erste Projekte, die nicht zu empfindlich sind. Die Fachleute unterschiedlicher Disziplinen müssen eine gemeinsame Sprache finden und sich müssen lernen, sich gegenseitig in ihren jeweiligen Domänen anzuerkennen. Diese Kultivierung ist aufwändig und damit teuer und zeitraubend. Sie zahlt sich auf längere Sicht aber aus. Langfristig führt ohnehin kein Weg an einer solchen Arbeitsweise vorbei.

## 10.7.2 Soziale Strukturen

Bei der Anwendung von organisatorischen Prozessen arbeiten Menschen in Arbeitsstrukturen, oftmals in engen Teams zusammen. Neben den formalen Funktionen und Aufgaben finden dort aber auch *informelle Kommunikations- und Kooperationsprozesse* statt. Diese sind Folge allgemeiner sozialer Strukturen und sozialer Prozesse und werden vom formalen Entwicklungsprozess nicht erfasst. Diese informellen Prozesse zeigen vielfach Auswirkungen auf die formalen Prozesse und die zu entwickelnden Produkte.

Es ist wichtig, soziale Strukturen und informelle Prozesse als Realität zu begreifen, sie wahrzunehmen und wenn nötig, darauf einzuwirken. Diese Tatsache wird oft nicht akzeptiert und führt zu dann, insbesondere bei interdisziplinären Teams, die naturgemäß Kommunikationsprobleme zu bewältigen haben, zu unerwarteten Effekten bei der Systementwicklung.

## 10.7.3 Interdisziplinarität der Medieninformatik

Die Medieninformatik befindet sich in einem großen Spektrum an bei der Entwicklung interaktiver Medien beteiligten Disziplinen, die teils eng, teils aber nur in Abhängigkeit von bestimmten Anwendungsfeldern oder Fragestellungen zu verknüpfen sind. Wichtige Kerndisziplinen der Medieninformatik sind:

- *Informatik*, insbesondere *Mensch-Computer-Interaktion* und *Multimedia*;

- *Psychologie*, insbesondere *Kognitions-* und *Arbeitspsychologie*;

- *Pädagogik*, insbesondere *Instruktionsdesign*;

- *Linguistik*, insbesondere *Computerlinguistik*;

- *Design*, insbesondere *Graphikdesign (Kommunikationsdesign)*, *Industriedesign (Produktdesign)* und *Interaktionsdesign*;

- *Arbeitswissenschaften*;

- *Soziologie* und *Kommunikationswissenschaften*;

- *Elektrotechnik* und *Nachrichtentechnik*.

Diese Disziplinen sind bislang im Rahmen der Medieninformatik unterschiedlich intensiv miteinander verknüpft. Oft sind es eher noch bilaterale Verknüpfungen im Rahmen einer wissenschaftlichen oder technischen Projektarbeit. Im weiteren Fortschreiten des Gebiets werden wir zunehmend weitere Verflechtungen und begriffliche Zusammenführungen finden. Da sich die Medieninformatik mit hoher Geschwindigkeit entwickelt, entstehen auch die Vernetzungen, bedingt durch wissenschaftliche Fördermaßnahmen oder industriellen Produktentwicklungen, sehr schnell. Nicht immer sind sie dabei dauerhaft und wirkungsvoll. In der einschlägigen Literatur (siehe Literaturverzeichnis) findet sich jedoch heute schon eine große Zahl interessanter Verknüpfungen von technischen Lösungen bis hin zu fachübergreifenden Theoriebildungen.

Die Medieninformatik ist ein Paradebeispiel eines Fachgebiets, das fachliche Vernetzungen motiviert, fördert und benötigt.

# 10.8 Zusammenfassung

Komplexe interaktive Systeme können nicht ohne Systematik entwickelt werden. *Entwicklungsprozesse* helfen die Komplexität zu bewältigen und geben den Entwicklern und den für die Entwicklung Verantwortlichen abgestimmte Arbeitsweisen an die Hand, die in hohem Maße sicherstellen, dass die Systeme zeit-, kosten- und qualitätsgerecht entstehen.

Das *Systems-Engineering* bildet die Grundlage für alle Systementwicklungsprozesse. Bei der Systementwicklung werden Phasen wie z.B. *Analyse, Entwurf, Realisierung* und *Validierung* durchlaufen. Das System wird dabei meist hierarchisch in *Teilsysteme* gegliedert.

Beim *Cognitive-Engineering* orientiert sich dabei insbesondere am menschlichen Handlungen und Leistungen und versucht auf dieser Grundlage möglichst (kognitiv) effiziente Systeme zu realisieren, also Systeme, die die Anforderungen, Fähigkeiten und Grenzen der Benutzer berücksichtigen.

Das *Software-Engineering* berücksichtigt die Besonderheiten software-basierter Systeme. Spezifische konzeptuelle Modelle und Testverfahren ermöglichen eine möglichst schnelle, anforderungskonforme und so weit wie möglich fehlerfreie Implementierung zu realisieren.

Das *Usability-Engineering* ist gewissermaßen die Verbindung aus Cognitive Engineering und Software-Engineering. Benutzer, ihre Aufgaben und ihre Arbeitskontexte werden dabei in besonderer Form während der Entwicklung berücksichtigt und in der Realisierung überprüft.

Mit dem *Medien-Engineering* tritt man in eine Verfahrensweise ein, die dem Usability-Engineering nahe liegt, die Besonderheiten von Entwicklungsmethoden und Entwicklungsumgebungen für Medien, z.B. auch zeitbasierter Medien wie Animationen, Video und Audio berücksichtigt. Medien-Engineering verknüpft die Arbeitsweisen von Informatikern und Ingenieuren mit denen von Kommunikations- und Produktdesignern sowie Architekten.

Die wichtigsten *Phasen einer benutzer- und aufgabenzentrierten Systementwicklung* sind die Analyse, die Konzeption, die Realisierung und die Evaluation.

Im Rahmen der *Analyse* entstehen Aufgaben-, Benutzer- und Kontextanalysen. Der Aufwand, den man in die Analyse steckt, zahlt sich im Allgemeinen durch eine schneller zielführende Entwicklung vielfach aus.

Nach der Analyse finden *Konzeption* und *Design* des Systems statt. Die Analyseergebnisse werden in einem ersten Schritt einer Lösungsstruktur zugeführt, ohne dass diese gleich realisiert werden muss. Hierbei können noch Alternativen ausgelotet werden.

Die *Realisierungsphase* ist in mancherlei Hinsicht der wichtigste Part des ganzen Prozesses, weil hier letztlich das System erst entsteht. Allerdings werden die Realisierungen ohne sorgfältige Analysen und Konzepte unbrauchbar. Mittels ausgereifter Methoden und Werkzeugen zur *Programmierung* und *Medienproduktion* werden in der Realisierungsphase die interaktiven Medien effizient und nachvollziehbar realisiert.

Mit Hilfe der *Evaluation* wird geprüft, ob alle wichtigen Anforderungen an das System erfolgreich realisiert worden sind. An dieser Stelle ist zu prüfen, ob die Benutzer mit dem System effektiv, effizient und zufrieden stellend arbeiten können.

Die Entwicklung komplexer interaktiver Medien ist nicht aus einer Disziplin heraus realisierbar. Mit Hilfe *interdisziplinärer Teams* lassen sich hochfunktionale und damit auch hochkomplexe Systeme angemessen *fächerübergreifend* modellieren und realisieren. Es ist zu erwarten, dass sich die Interdisziplinarität in diesem Bereich weiter verstärkt.

# 11 Ethik der digitalen Medien

Im Kapitel 1 wurde auf die besondere Bedeutung von digitalen Medien auf unsere Gesellschaft diskutiert. Wir sprechen inzwischen von einer Mediengesellschaft. Im darauf folgenden Kapitel 2 haben wir dann Theorien, Begriffsbildungen sowie kritische Diskussionen von Medienwissenschaftlern zu den neuen Medien kennen gelernt. Insbesondere einige Medienphilosophen wie z.B. Virilio, Flusser, Postman oder auch Baudrillard haben auf Gefahren hingewiesen, die diese Medien mit sich bringen können oder schon gebracht haben.

Die *Medienkritiken* liegen zeitlich zum Teil vor wesentlichen Entwicklungen der Medientechnologie und waren entsprechend abstrakt oder auch prospektiv gefasst worden. In diesem Buch haben wir konkrete Medientechnologien sowie Konzepte und Anwendungen auf dieser Grundlage kennen gelernt. Auf dieser Basis lassen sich die Probleme und Gefahren digitaler Medien für Individuen oder auch die ganze Gesellschaft weiter konkretisieren.

Im Folgenden sollen mit dem technologischen Wissen sowie den besonderen Erfahrungen aus den diskutierten Anwendungsfeldern wie E-Learning (Kapitel 5), E-Business (Kapitel 6) oder Prozessführung (Kapitel 7) mit Hilfe von interaktiven Medien Hinweise gegeben werden, an welcher Stelle gesellschaftliche Auswirkungen zu erwarten sind, die möglicherweise als Gefährdung anzusehen sind. Gleichzeitig sollen bzw. Schutzmechanismen angesprochen werden, um die Risiken zu minimieren.

Im Rahmen soziologischer Diskussionen wird im Zusammenhang mit neuen Technologien, insbesondere interaktiver Medien die Frage nach *Ethik und Moral* im Zusammenhang mit der Erzeugung, Verbreitung, Speicherung und Nutzung interaktiver Medien diskutiert. Eine eingehende Betrachtung der gesellschaftlichen Potenziale, Mechanismen und Auswirkungen findet sich bei Funiok und Schmälzle (1999), Debatin und Funiok (2003) sowie bei Schelske (2007). Im Folgenden sollen insbesondere basierend auf den Ausführungen von Schelske unter Bezugnahme auf die vorausgegangenen Kapitel einzelne wichtige Aspekte und Fragen einer zeitgemäßen *Medienethik* näher betrachtet und diskutiert werden.

# 11.1    Ethik und Moral

Es ist immer wieder festzustellen, dass wir im Alltag die Begrifflichkeiten Ethik und Moral kaum differenzieren. Ethik ist jedoch als übergeordneter Begriff zu verstehen (Schelske, 2007):

*Ethik ist die Lehre vom sittlichen Wollen und Handeln des Menschen in verschiedenen Lebenssituationen.*

Moral hingegen wird an derselben Stelle definiert als:

*... Normen, Grundsätze, Werte die Menschen in einer Gesellschaft tatsächlich praktizieren.*

Nach Funiok und Schmälzle (1999) sind im Zusammenhang mit Ethik und Moral vier idealtypische, philosophisch-ethische Argumentationen zu unterscheiden:

1.   einzelne moralisch-ethisch begründete Urteile (einzelner, konkreter Fall),

2.   allgemeine Regeln von beschränkter Reichweite (z.B. Verhalten der Presse in einem Land),

3.   ethische Prinzipien (z.B. Frage der Grundrechte in einem Land) sowie

4.   ethische Theorien (Wissenschaft der Ethik, philosophische Fragen).

Im Hinblick auf eine wirksame Ethik ist es wichtig festzustellen, inwieweit es eine Gesellschaft schafft, ethische Grundwerte in eine praktizierte Moral umzusetzen bzw. aufrecht zu erhalten. Wir hören beispielsweise, dass wir aus ethischen Gründen Kinder und Jugendliche vor Gewalt verherrlichenden Darstellungen schützen sollen. Gleichzeitig werden auf breiter Basis Computerspiele und Filme verbreitet, die mit und ohne Klassifizierung durch die FSF, FSK und FSM[40], in großem Umfang in die Hände von Kindern und Jugendlichen geraten und dort, nicht nur aus Neugierde sporadisch, sondern mit erheblicher zeitlicher Widmung genutzt werden. Dadurch entsteht eine Moral, die den Anforderungen der Ethik nicht gerecht wird. Digitale Medien sind durch ihre Immaterialität und Flüchtigkeit diesbezüglich kaum kontrollierbar und allein schon die Produktion Gewalt verherrlichender Medien garantiert, dass diese in falsche Hände geraten.

Was nützt die Ethik, wenn sie laufend durch die praktizierte Moral unterlaufen wird. Nach Debatin und Funiok (2005) soll sie Irritieren und Orientieren. *Irritieren* soll sie im Sinne einer Reflexion mit praktiziertem Verhalten (Moral) und der Postulierung neuer, besserer Verhaltensweisen. *Orientieren* soll Ethik durch die Bereitstellung und Motivierung von

---

[40] freiwillige Selbstkontrolle der Produzenten von Unterhaltungsmedien mit freiwilligen Prüfungen und Altersempfehlungen für öffentliche Vorführung oder Zugänglichkeit der produzierten Medien; dabei wird gleichzeitig die gesetzliche Kennzeichnung für die Jugendfreigabe vorgenommen

Standards für schwierige Handlungs- und Entscheidungssituationen. Ethik soll also gewissermaßen einen ständigen Prozess der Auseinandersetzung mit *Wertesystemen* schaffen und im Gang halten.

Wir wollen im Folgenden nicht von Ethik im Allgemeinen sprechen. Stattdessen sollen ethische Fragen adressiert werden, die mit vernetzten, interaktiven Medien in Bezug stehen. Dies ist ein Teil dessen, was unter *Medienethik* zu verstehen ist, wobei diese auch die *alten Medien* wie Fernsehen, Radio oder Printmedien umfasst.

Schelske formuliert hierzu (2007):

> *Die Medien- und Technikethik begleitet die Kommunikationsverhältnisse der Informationsgesellschaft. Sie versucht Orientierung für ein Leben mit der Informationstechnik zu geben. Und sie versucht ein Leben im Netz aus unserer kulturellen Perspektive so gut wie möglich vorzudenken.*

Die einzelnen Themenkomplexe der Medienethik strukturiert Schelske dort in 7 Bereiche[41]:

1. *Zugangsschranken*: Wer besitzt Zugang zu den Medien?

2. *Kommerzialisierung*: Inwieweit ordnet sich das Gemeinwohl der Ökonomie unter?

3. *Informationsflut*: Inwieweit besteht eine Informationstransparenz?

4. *Soziale Technikfolgen*: Welche sozialen Strukturen und Veränderungen resultieren aus der Nutzung der Medien?

5. *Wahrheit und Glaubwürdigkeit*: Wie verlässlich sind die zugreifbaren Informationen und wer ist der Urheber?

6. *Fragwürdige Inhalte*: Inwieweit werden Freiheitsrechte gewahrt?

7. *Datenschutz und Datensicherheit*: Wie ist das Verhältnis aus Sicherheit und Zugreifbarkeit der Informationen.

In den folgenden Abschnitten werden diese Bereiche näher erläutert und diskutiert. Die Berücksichtigung medienethischer Fragen aus dem Selbstverständnis eines Berufstandes heraus, nennt man *Berufsethos* (Pöttker, 1999). Für Medieninformatiker könnte sich ein eigener Berufsethos im Hinblick auf derartige Fragestellungen und den damit verbundenen moralischen Konflikten entwickeln.

---

[41] vgl. auch die Website von Debatin, B. unter http://www.uni-leipzig.de/~debatin: *Texte und Schaubilder zu ethischen Handlungs- und Verantwortungsbereichen im elektronischen Netzwerk.* (Stand: 17.7.2006)

# 11.2    Zugangsschranken

Die viel zitierte globale und allgegenwärtige Verfügbarkeit digitaler Medien, insbesondere durch das Internet ist in vielerlei Hinsicht mehr eine romantisierte, technologisch geprägte Wunschvorstellung als die Wirklichkeit. Tatsächlich ist der Zugang zu digitalen Medien mit Hürden und Grenzen unterschiedlichster Art behindert (siehe Abbildung 46).

Die am leichtesten behebbaren Zugangsschranken zu digitalen Medien sind *Defizite in der Technologie*, vor allem bedingt durch Schnittstellensprobleme und Inkompatibilitäten von Datenformaten. Dabei darf aber nicht übersehen werden, dass diese Unverträglichkeiten oftmals die Grundlage für Geschäftsmodelle sind. Nur der bezahlende Kunde erhält Zugriff. Die Diskrepanz zwischen proprietären Angeboten und der Philosophie einer Open Software ist in vielen Bereichen praktisch unüberbrückbar, da mit der Realität unverträgliche ökonomische Modelle, oftmals auch Gesellschaftsutopien dahinter stehen.

*Soziokulturelle Schranken*, die aus der Zughörigkeit zu einer gesellschaftlichen Schicht oder Gruppe resultieren erzeugen Hürden, die zwar technisch überbrückbar, aber durch gruppen- oder milieuspezifische Prägungen verhindert werden. Bestimmten gesellschaftliche Gruppen fehlt entweder der Zugang zu bestimmten Ressourcen oder er wird durch andere Gruppenmitglieder behindert (vgl. auch Barrierefreiheit in Abschnitt 12.3). So wird vielen Mädchen der Zugang zu Technologie erschwert oder sogar verwehrt. Aber auch mangelnde Sprach- und Schreibfähigkeiten schränken die wirkungsvolle Nutzung der vorhandenen Ressourcen beträchtlich ein. Auch die zunehmende Anwendung von E-Learning (siehe Kapitel 5) kann neue Hürden des Zugangs erzeugen oder umgekehrt, Menschen zur Verfügung stehen, die keine Möglichkeit haben, die üblichen Bildungseinrichtungen zu besuchen.

Die soziokulturellen Schranken sind gegenüber den *interkulturellen Unterschieden* zwischen verschiedenen regionalen oder auch kontinentalen Kulturen als eher geringfügig anzusehen. In Abbildung 10 bis Abbildung 12 sehen wir den Unterschied der Verfügbarkeit von Kommunikationstechnologien zwischen Industrie- und Entwicklungsländern. Diese Form des sogenannten *Digital Divide* verringert sich zwar in der relativen Betrachtung[42], die absoluten Unterschiede und die Gründe dafür sind jedoch so gravierend, das man nicht davon ausgehen kann, dass sich diese Problem durch die wettbewerblich bedingte Reduktion der Kosten für IuK-Systeme in den nächsten Jahren wesentlich reduzieren wird.

Zugangsschranken zu digitalen Medien erzeugen den moralischen Konflikt zwischen unregulierten und oft monopolistischen Marktkräften und dem Wunsch, jedem den Zugang zu IuK-Technologien und medialen Inhalten zu ermöglichen (Schelske, 2007).

---

[42] vgl. Abschnitt 4.6 und die dort dargestellten Abbildungen zur Verbreitung von Telekommunikationsanschlüssen

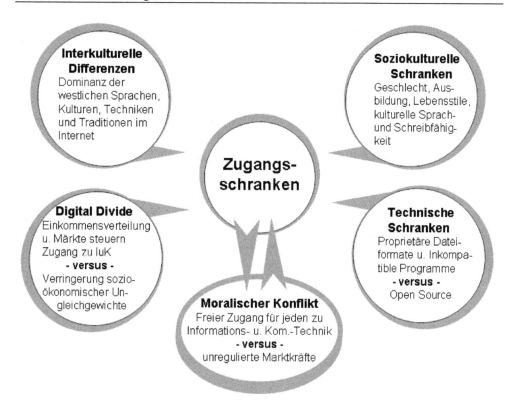

**Abbildung 46** Zugangsschranken (Schelske, 2007)

Der Zugang zu digitalen Medien ist in unterschiedlicher Weise behindert. Nicht nur technische, vor allem auch soziale, kulturelle und ökonomische Grenzen relativieren die derzeitige Wahrnehmung in den industrialisierten Ländern.

# 11.3    Kommerzialisierung

Viele Bestrebungen mit der Entwicklung digitaler Medien wurden in Verbindung mit Freiheit, Wohlstand, Bildung und anderen Zielen genannt. Nach seiner ursprünglichen Entwicklung als ausfallsicheres, militärisches Netzwerk war das Internet zunächst vor allem die Kommunikationsplattform für Lehre und Forschung, oft auch in Form grenzüberschreitender, multikultureller Kooperation. Diese Ziele und Möglichkeiten werden auch heute häufig als charakterisierend für das Internet genannt und die Vision, ursprünglich Utopie globaler freier Kommunikation über alle nationalen Grenzen hinweg, schien Wirklichkeit zu werden oder schon geworden zu sein.

Während die Einen von Freiheit und Gemeinwohl gesprochen haben, suchten die Anderen nach sogenannten „Killerapplikationen". Damit sind Anwendungen gemeint, die schnell eine große Verbreitung finden und zu mehrstelligen Umsatzrenditen führen. Killerapplikationen sind in gewisser Hinsicht abhängig machende, kommerzielle Anwendungen, die eine substanzielle Geschäftsgrundlage darstellen. Hierbei steht die Frage der kostendeckenden Nutzung interaktiver Medien und IT-Systeme im Vordergrund. Indirekt sind die Bürger wieder Nutznießer solcher erfolgreichen Anwendungen, indem dadurch Arbeitsplätze entstehen und der Staat über Steuern mitverdient. Kostendeckend soll heißen, dass diejenigen, die den Nutzen haben, auch die Kosten tragen.

Killerapplikationen finden sich u.a. in den Bereichen von E-Information, E-Commerce, E-Finance und damit verbunden auch der ständig mitlaufenden Werbung (siehe Kapitel 6). Dabei entsteht ein Zielkonflikt zwischen gemeinschaftlicher sozialer Infrastruktur für alle und der Ökonomisierung medialisierter Dienstleistungen (siehe Abbildung 47), die nur für diejenigen verfügbar sind, die dafür bezahlen.

So wurden beispielsweise in den letzten Jahren als Ersatz für die aufwändigen Telekommunikationsnetze die Bereitstellung kostengünstiger oder kostenloser Funk-LANs (WLANs, Wi-Fi-Netze) vorangetrieben. Nur wenige Monate nach ihrer Einführung wurden sie von den Telekommunikationsanbietern ökonomisch neu definiert und unter auffällig hohen Kosten vor allem Geschäftsleuten angeboten. Gleichzeitig wurde damit die Vision allgegenwärtiger und zugänglicher Netze bis auf weiteres aufgegeben, denn auch dort, wo Konkurrenz vorhanden scheint, sind auffällige Ähnlichkeiten in den Angeboten und Konditionen zu erkennen. An diesem Beispiel lässt sich der Konflikt zwischen allgegenwärtiger, in Form von Sozialinvestitionen finanzierter, interaktiver Medien für Alle und kostendeckender Killerapplikationen leicht erkennen.

Der moralische Konflikt entsteht dabei weniger aus der Tatsache heraus, dass Ökonomisierung unerwünscht wäre als vielmehr aus der Tatsache, dass diese Technologien schon lange nicht mehr ausschließlich aus öffentlichen Mitteln finanzierbar wären. Die Ökonomisierung wird somit zur Notwendigkeit der Weiterentwicklung und Leistungsdifferenzierung der digitalen Dienste. Auf diese Weise entstehen funktionsfähige und differenzierte Hochleistungsnetze und dazu passende Dienste, die allerdings einen beträchtlichen Teil der persönlichen oder familiären, regelmäßigen finanziellen Ressourcen binden. Die Vision vom freien Internet ist damit wieder in Frage gestellt.

**Abbildung 47** Kommerzialisierung der interaktiven Medien (Schelske, 2007)

Während einerseits die Bereitstellung interaktiver Medien für das Gemeinwohl verkündet wird, werden mit Hilfe von verbreiteten, schnell in Abhängigkeit führenden „Killerapplikationen" zahlungskräftige Märkte erschlossen.
Werbung, E-Shops und digitaler Zahlungsverkehr erzeugen ein engmaschiges
und aufdringliches Netz aus kommerziellen Angeboten, unmittelbarer Inan-
spruchnahme und Zahlung. Das Gemeinwohl findet dabei oft nur eine unter-
geordnete Bedeutung.

# 11.4    Informationsflut

Die Entwicklung der Informationsgesellschaft aus der Industriegesellschaft war gekennzeichnet, Produktions- und Verteilungsprozesse mit einem Bedarf nach intensivem Informationsaustausch zu bewältigen. Zu den Produktionsprozessen kamen zunehmend Dienstleis-
tungsprozesse hinzu, die in noch höherem Maße von Informationsprozessen abhängig waren,
teilweise sogar ausschließlich aus Information bestehen. Als diese Entwicklung, zunächst vor
allem auf Grundlage von gedruckten Dokumenten überhand zu nehmen schien, kam die

Computertechnologie gerade recht, um die Papierflut einzudämmen. Das Konzept des papierlosen Büros kam in Verbindung mit modernen Erstellungs-, Verteilungs-, Verarbeitungs- und Archivierungssystemen auf. Ein wichtiger Meilenstein waren Desktop-Systeme wie der XEROX Star, später auch PCs (siehe Abschnitt 4.1.1), die den Schreibtisch, das Archiv und andere Elemente der Bürowelt durch digitale Lösungen zu virtualisieren versuchten.

Gleichzeitig bricht in Form von Werbung in Fernsehen, Rundfunk und Printmedien eine Flut an Informationen auf die Bürger herein. In Bildung, Wissenschaft und Wirtschaft wurden in vorher nie gekanntem Umfang, teils auch bedingt durch die computerbasierten Textsysteme, elektronische Dokumente generiert und über breite Distributionskanäle verteilt. Es ist für den Benutzer kein Unterschied mehr, ob er ein Dokument an eine Person oder über einen elektronischen Verteiler an beliebig viele Menschen verteilt.

Das WWW, ein weiterer Versuch die Informationsflut zu kanalisieren und zu virtualisieren, hat die Flut bislang nicht eingedämmt, sondern massiv vergrößert. Der Weg führt nicht zu einer besseren Ordnung und Zugreifbarkeit von Information, sondern einer Verschärfung der Problematik im Hinblick auf Orientierung, Aktualität, Authentizität und Nutzen.

Versucht man durch Moderatoren und Gatekeeper, wie z.B. bei der Wikipedia, die Informationsmenge einzudämmen und die Qualität zu sichern, stellt sich sofort die Frage, wer entscheidet was publiziert wird und wer hat letztlich auf der Welt Zugang zu den wichtigen Informationsquellen als Konsument wie auch als Produzent.

Der Versuch mit Hilfe intelligenter Suchmaschinen den Zugriff zu erleichtern, hat neben den positiven Effekten der Möglichkeit schnell und umfassend zu suchen, das Problem des Rankings der gefundenen Informationen mit sich gebracht. Die Reihenfolge der angebotenen Fundstellen wird nicht mehr alleine auf Grundlage der gefundenen Informationsstrukturen und -inhalte entschieden, sondern zunehmend durch Bezahlung des Rangs.

Aus ethischer Sicht stellt sich zunehmend die Frage, man könnte wieder sagen der moralische Konflikt, zwischen Orientierungslosigkeit in der freien Informationsflut und der strengen Kontrolle der verbreiteten Informationen durch ökonomische Geschäftsmodelle sowie ein strukturiertes und gepflegtes Informations- bzw. Dokumentenmanagement (siehe Schelske, 2007 und Abbildung 48). Hierbei entsteht eine neue Form der Armut, nämlich der Mangel auf geordnete und relevante Informationsbestände zugreifen zu können. Diese Armut führt in einer Informationsgesellschaft oder auch zwischen Gesellschaften zu Benachteiligung und Ausgrenzung. Die bedeutungsvolle Öffnung von Informationsbarrieren, die das WWW am Anfang geleistet hat, wird inzwischen zunehmend durch kontrollierte Zugangsmechanismen relativiert. Da Information die Grundlage für Wissen und damit für die Lebensfähigkeit in modernen Gesellschaften darstellen, wird der Konflikt zu einem existenziellen Problem für große Bevölkerungsschichten und auch ganze Nationen.

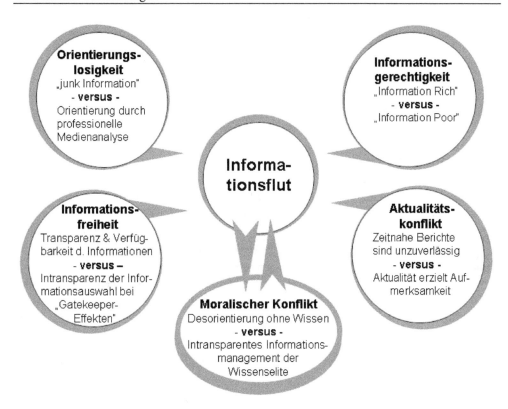

**Abbildung 48** Informationsflut (Schelske, 2007)

> Die zunehmende Flut von Informationsangeboten führt zu Orientierungslosigkeit und ungeklärten Fragen der Aktualität von Information, wobei die unterstützenden Funktionen zur Suche und zur Ordnung von Information nicht nur unzulänglich, sondern auch durchsetzt von kommerziellen Strategien sind. Die Freiheit der Publikation von Meinungen und Darstellungen in den Informationsnetzen bedroht gleichzeitig ethische Grundprinzipien. Eine Selektion der Informationen durch Moderatoren und Gatekeeper beeinflusst auf der anderen Seite die Authentizität und Relevanz der Äußerungen.

# 11.5 Soziale Technikfolgen

Technikfolgen und ihre Diskussion begleiten die Entwicklung jeder Technologie. Die Automatisierung und die im Allgemeinen damit verbundene Computertechnologie ist ein Thema, das besonders intensiv diskutiert wird. Die war insbesondere in den Jahren der Automatisierung von Produktionsanlagen sowie der Einführung der elektronischen Datenverarbeitung der Fall. In Zeiten des Rückgangs von Arbeitsplätzen in nahezu allen Bereichen, erfährt die historische, oft emotionale Diskussion um den Fluch der menschenersetzenden Maschine neuen Brennstoff. Die moralische Abwägung heißt hier Entlastung oder gar Befreiung des Menschen durch Maschinen, insbesondere Computer, versus den Erhalt von Arbeit für möglichst viele Menschen.

Ein eng damit verbundene Diskussion rankt sich um die Frage der Beherrschbarkeit computergestützter Technologien. Wer ist noch in der Lage abzuschätzen, ob die Buchungen international vernetzter Computersysteme der heutigen Finanzdienstleister nicht gelegentlich fehlerhaft sind und Informationen, d.h. Vermögen verloren geht oder nicht mehr zugeordnet werden kann (vgl. auch Schelske, 2007). In anderen Bereichen ist es nicht weniger kritisch. Wer kann noch sicher sein, dass das computergesteuerte Antischleudersystem eines modernen Autos nicht in einer kritischen Situation, bei der sich der Fahrer auf seine Funktion verlässt, versagt. Viele Unfälle in der Luftfahrt haben gezeigt, wie kritisch ein hohes Maß an computergesteuerter (Teil-)Automatisierung werden kann, wenn Pilot und Flugzeug keine gemeinsame Wahrnehmung, man könnte auch sagen, kein gemeinsames „Verständnis" einer kritischen Situation haben (siehe auch Abschnitt 7.6). Die Kontrollierbarkeit von Computertechnologie ist aufgrund ihres weit reichenden Einflusses mit Folgen der Abhängigkeit sowie ihrer weiter zunehmenden Komplexität eine ungeklärte Frage von gesellschaftlicher Größenordnung.

Blickt man in den Bereich der interaktiven Medien stellt sich ein neues Problem. Menschen flüchten sich in die virtuellen Welten (siehe Abschnitt 12.1) und gehen dabei ihrem sozialen Umfeld in unterschiedlichem Ausmaß verloren. Viele davon finden sich in einem digital mediierten, neuen und reichhaltigen sozialen Kontext wieder, andere reduzieren ihre Kommunikationsmodalitäten bis hin zur Vereinsamung. Medienrealitäten vermischen sich mit den bereits kultivierten Realitäten so schnell, dass keine Zeit bleibt, um die Menschen darauf vorzubereiten und zu befähigen, dies unbeeinträchtigt oder auch schadlos zu bewältigen. Die Bedeutung für das Gemeinwohl, früher bestimmt durch Familie, Nachbarschaft oder Nation bekommt in einem globalen Medium bei der Bildung weltweit vernetzter Gemeinschaften (Virtual Communities) eine völlig neue Bedeutung, die wir heute noch gar nicht einzuschätzen in der Lage sind. Inwieweit durch die kulturelle und räumliche Überbrückung im Sinne eines Wertepluralismus langfristig vor allem Vorteile oder Nachteile bis zur Zerstörung der über Jahrhunderte gewachsenen Gesellschaften auftreten werden, ist weitgehend offen.

In Abbildung 49 findet sich eine Spiegelung der moralischen Konflikte in Bezug auf soziale Veränderungen.

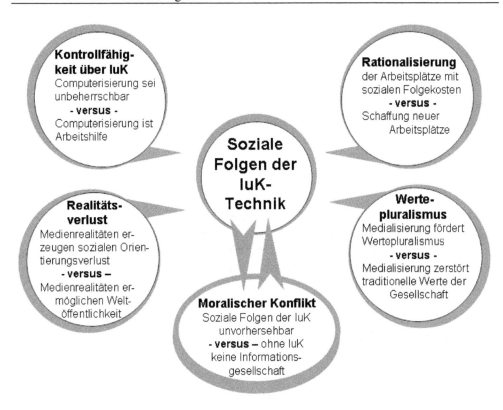

**Abbildung 49** Soziale Technikfolgen (Schelske, 2007)

Die digitalen Medien zeigen ausgeprägte Auswirkungen auf die Gesellschaft. Neben Rationalisierung, mangelnder Kontrollierbarkeit komplexer Technologien droht bei diversen Anwendungen der Verlust der Realitätswahrnehmung, der teilweise allerdings von den Nutzern gewünscht wird. Der erhoffte Wertepluralismus durch die globale Verfügbarkeit von Information führt möglicherweise, aber nicht zwangsläufig zu einer Stabilisierung oder Verbesserung gesellschaftlicher Werte.

# 11.6    Wahrheit und Glaubwürdigkeit

Die grundlegende Zielsetzung bei der Übermittlung von Information durch Kommunikation ist zunächst die Vermittlung eines Sachverhalts. Dieses Verständnis ist vor allem wissenschaftlich und technisch geprägt.

Im Rahmen der Nutzung von Medien taucht immer wieder die Frage auf, wie glaubwürdig eine Information oder die ganze dahinter stehende Informationsquelle wohl sein mag. Diese Fragestellung kann sich bis zur Frage der Wahrheit von Information entwickeln.

Betrachtet man klassische Massenmedien wie Fernsehen, Radio und Zeitungen so findet man eine intensive und dauerhafte Auseinandersetzung mit der Frage von Glaubwürdigkeit und Wahrheit (siehe Schelske, 2007). Dabei ist festzustellen, dass dort eine differenzierte, wenn auch nicht immer sachliche Auseinandersetzung stattfindet. Schon die fast schon historische, immer wieder zitierte Wahrnehmung, dass „wahr" sei, „was schwarz auf weiß geschrieben steht" zeigt den naiven Umgang vieler Menschen mit Medien, Glaubwürdigkeit und Wahrheit. Daran hat sich auch nichts Grundlegendes in unserer heutigen, oft als aufgeklärt charakterisierten Gesellschaft geändert.

Wenden wir uns den modernen digitalen Medien zu, beantwortet sich die Frage nach Glaubwürdigkeit nicht leichter (siehe Abbildung 50). Wir haben beispielsweise bei vielen Informationen im WWW keine praktische Möglichkeit, die Informationsquelle zu lokalisieren und zu überprüfen. Möchten wir eine Quelle rückverfolgen, stoßen wir auf praktisch unüberwindliche Schwierigkeiten. Gelegentlich, auch und gerade im wissenschaftlichen Bereich, finden wir zirkuläre Strukturen, bei denen Quellen sich oft über mehrere Zwischenschritte gegenseitig zitieren und stützen. Andere Probleme resultieren aus der zunehmenden Fragmentierung von Information. Wo früher ein ganzes Buch die Grundlage für einen Sachverhalt darstellte, sind es heute kleine Informationsausschnitte in Form von Foren, elektronischen Lexika oder unzusammenhängenden Webseiten. Diesen Fragmenten fehlen häufig sowohl der Kontext als auch die Quelle.

Die Glaubwürdigkeit von Information ist eine Voraussetzung für E-Information (siehe Abschnitt 6.3.1), wissenschaftliche Publikationen oder auch elektronischer Presse.

Neben der Verfälschung von Informationen finden wir in Internet heute viele Beispiele in Form von Computerspielen, Chats, Foren und Blogs und anderen Kommunikationsmitteln, bei denen Personen auftreten, deren Identität unbekannt ist (Turkle, 1995). Solche Fakes sind nicht grundsätzlich als Problem anzusehen. Sie müssen auch als Gelegenheit angesehen werden, die Menschen dazu dient, in Wunschidentitäten zu schlüpfen und dabei sehr real und intensiv ein alternatives Leben in anderen Gemeinschaften zu leben (siehe dazu Abschnitt 12.1).

Wenn es schon keine Wahrheit in den Medien gibt, so ist es doch für viele Nutzer des Internets enttäuschend, mit einer Flut von nur schwer bewertbaren Informationen konfrontiert zu sein. Die Medieninformatik hat die Aufgabe, Authetisierungsmechanismen bereitzustellen, das zumindest dort, wo authentische Information benötigt wird, diese als von einer identifizierten Quelle stammend erkennbar zu machen. Wahrheit und Glaubwürdigkeit ist aber mehr und lässt sich nur im Rahmen des Zusammenlebens von Menschen diskutieren und bewerten.

**Abbildung 50** Wahrheit und Glaubwürdigkeit (Schelske, 2007)

> Durch eine zunehmend diffuse Urheberschaft durch mangelhafte, oft zykli-
> sche Referenzierung, fehlende Rückverfolgbarkeit, Dekontextualisierung von
> Information durch Fragmentierung sowie durch Fälschungen entzieht sich die
> bereitgestellte Information zunehmend einer Bewertung im Hinblick auf Au-
> thentizität, Glaubwürdigkeit und Wahrheit.

# 11.7    Fragwürdige Inhalte

Mit der allgemeinen Verfügbarkeit von Inhalten insbesondere im WWW stellt sich die Frage,
ob und wie die Inhalte kontrolliert werden können und sollen. Einerseits ist die Freiheit der
Produktion und der globalen Verbreitung von Inhalten und der damit verbundenen möglichen Demokratisierung durch die ungehinderte Verbreitung von Ansichten und Meinungen
erwünscht, die in stark kontrollierenden bis totalitären Staatssystemen stark eingeschränkt
ist. Andererseits entsteht neben der im vorausgegangenen Abschnitt dargestellte Problematik
der Glaubwürdigkeit von Information auch die der ungehinderten Verbreitung von fragwürdigen und unerwünschten Inhalten.

Der moralische Konflikt zwischen Freiheit und Schädlichkeit der Verbreitung von Informationen in einer Gesellschaft tritt an Fragen zur politischen Gesinnung bis hin zu Propaganda, Beleidigung von Personen oder Gruppen, Verbreitung von Gerüchten oder der Darstellung von Gewalt, sexuellen Handlungen oder Geschmacklosigkeiten offen zutage (siehe Abbildung 51).

Die Gratwanderung zwischen akzeptablen und abzulehnenden Inhalten wird von unterschiedlichen Ländern und ihren Gesetzen sehr unterschiedlich gehandhabt. Meinungsfreiheit heißt in vielen Ländern gleichzeitig sich zu seiner Meinung zu bekennen. Die allgemeine Pressefreiheit besteht oft nur insofern, dass die Urheber oder Verantwortlichen persönlich zu nennen sind. Das Internet unterläuft diese Regelungen in vielerlei Hinsicht dadurch, dass es technisch nicht an Landesgrenzen mit seinen Gesetzen gebunden ist und gleichzeitig ein hohes Maß an Anonymität ermöglicht. Diesen Druck auf die jeweiligen Rechtssysteme und kulturellen moralischen Praktiken auszuhalten, stellt hohe Anforderungen an eine Gesellschaft und ihre Bürger. So finden gerade Kinder und Jugendliche spielend Zugang zu Informationen und Darstellungen, die man ihnen in den alten Medien durch einen stark reglementierten Zugang vorenthält.

Die Anpassung von Ethik und Moral an die Realitäten sowie eine damit verbundene Kompetenzbildung, hier Medienkompetenz (vgl. Abschnitt 12.4), ist durch die hohe Dynamik der interaktiven Medien höheren Anforderungen ausgesetzt denn je. Bislang ist selbst in liberalen Staatssystemen kaum zu erkennen, wie wirkungsvolle Ansätze dazu aussehen. Stattdessen findet man allenthalben vor allem Rat- und Hilflosigkeit, die schnell in eine undifferenzierte Verurteilung dieser Technologien mündet.

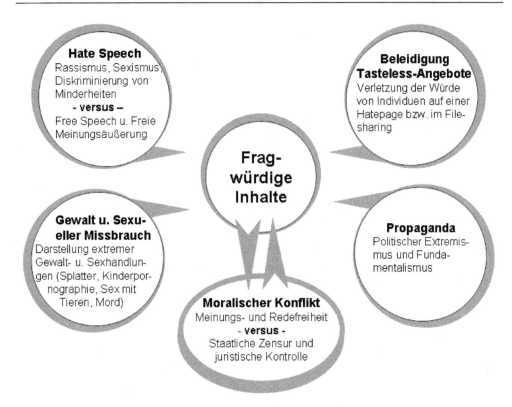

**Abbildung 51**  Fragwürdige Inhalte (Schelske, 2007)

Die zunehmende Unkontrollierbarkeit digitaler Medien in einem globalen Netz erleichtert die Möglichkeit zur Propaganda, Rassismus, Gewaltdarstellung, Sexismus, Beleidigungen und Verleumdungen. Auf der anderen Seite besteht die einfache, vielfältige und damit potenziell auch pluralistische Darstellung des gesellschaftlichen Lebens.

# 11.8    Datenschutz und Datensicherheit

Medienethische Fragen ranken sich vor allem auch um den Umgang mit vorhandenen Informationen (Schelske, 2007 und Abbildung 52). Diese Informationen werden hinsichtlich dieser Frage meist vereinfachend als Daten bezeichnet, da der Nutzungskontext dabei unerheblich sein soll, bzw. in der jeweiligen Betrachtung explizit dargestellt wird. Man spricht deshalb vor allem auch von *Datenschutz* und *Datensicherheit*. Darüber hinaus stellt sich in Bezug auf die Quelle der Informationen auch die Frage des *geistigen Eigentums*.

*Datenschutz* bedeutet Personen vor missbräuchlicher Nutzung oder Verbreitung von Daten über ihre Person (*personenbezogene Daten*) zu schützen. Man nennt dieses Schutzziel auch *Privacy*. Der Mensch steht dabei im Zentrum der Betrachtung. Deshalb wird der Datenschutz daher auch als ein *Persönlichkeitsrecht* angesehen, das in Gesetzen und Verordnungen zum Datenschutz juristisch gefasst wird. In Europa wurde eine europäische Datenschutzrichtlinie mit Mindeststandards festgeschrieben, die von den EU-Mitgliedsstaaten in nationales Recht umgesetzt wurde. In Deutschland ist der Datenschutz ein Grundrecht, nämlich das Recht auf *informationelle Selbstbestimmung*, auch wenn dieses nicht im Grundgesetz verankert worden ist. Personen sollen selbst bestimmen können, welche personenbezogenen Daten wem gegenüber bekannt gegeben werden.

Ein moralischer Konflikt im Bereich des Datenschutzes entsteht u.a. durch den Wunsch oder auch den Bedarf von Behörden, personenbezogene Daten bei Bedarf einzusehen und auf Vorrat zu speichern, um dem Auftrag im Bereich der Strafverfolgung geeignet nachkommen zu können. Auch die Verdichtung vermeintlich harmloser Einzelinformationen durch leistungsfähige Datenverarbeitungskonzepte in vernetzten Systemen kann zu aggregierten Informationsbeständen führen, die die betroffene Person nicht wünscht und auch nicht vorhersehen konnte. Beispiele dafür finden sich schon bei E-Shops (vgl. Abschnitte 6.3.2 und 6.6), die das Kaufverhalten über längere Zeiträume durch Kategorisierung verdichten, um auf diese Weise bessere Werbemethoden praktizieren zu können. Die Möglichkeit einer Person aktiv Einfluss auf die Informationsbestände zu den eigenen personenbezogenen Daten zu nehmen, ist nur von theoretischer Natur, da sie im Allgemeinen mit hohem Aufwand und hoher Komplexität verbunden sein wird.

*Datensicherheit* oder *Informationssicherheit* wiederum heißt, Daten vor unzulässiger Nutzung oder Manipulation zu schützen. Hier stehen die Daten im Zentrum der Betrachtung. So sollen die Schutzziele *Vertraulichkeit*, *Verfügbarkeit* und *Datenintegrität* erfüllt werden (Federrath & Pfitzmann, 2004). *Vertraulichkeit* bedeutet, dass auf die Daten nur von autorisierten Personen zugegriffen werden darf. *Verfügbarkeit* heißt, dass sie bei Bedarf für autorisierte Personen auch nutzbar sind. *Datenintegrität* bedeutet, dass es keine unbemerkten Veränderungen der Daten geben darf.

Im Bereich der Datensicherheit wird unterschieden zwischen *Safety*, der Sicherheit von Daten vor unbeabsichtigter Beschädigung, und *Security*, der Sicherheit vor Angriffen. Diese Schutzziele werden durch vielfältige informationstechnische Mechanismen *(IT-Sicherheit)* wie z.B. Zugangsschutz durch Autorisierung (z.B. Benutzer, Passwort), Verschlüsselung und Kodierung von Daten (kryptographische Verfahren) zur Übertragung und Speicherung sowie durch Firewalls und Filtersysteme. Für eine vertiefende Betrachtung von IT-Sicherheit siehe Eckert (2006). Security-Mechanismen werden insbesondere auch im Bereich des E-Business (siehe Kapitel 6) und der Prozessführung (siehe Kapitel 7) benötigt, bei denen unbefugte Datenmanipulationen zu großen finanziellen Schäden (z.B. gefälschte Banktransaktionen) und auch materiellen Schäden (z.B. unzulässige Eingriffe in eine Produktionsanlage oder ein Fahrzeug) resultieren können.

Ein Konflikt bei der Verfolgung der Ziele im Rahmen der Datensicherheit besteht in der zunehmenden Komplexität der Zugriffe. So besitzen viele Menschen inzwischen Dutzende von Autorisierungscodes für allgemeine Computeranwendungen, Netzzugänge, Bankzugriffe oder andere computer- und netzbasierter Dienste. Dies ist nicht mehr dem ursprünglichen Zweck dienlich, da es dazu führen kann, dass die autorisierten Personen selbst nicht mehr an ihre Daten und Dienste kommen, unautorisierte Spezialisten aber Zugang finden. Der Versuch statt Codes mit biometrischen Verfahren wie Fingerabdruck, Stimmerkennung oder Retina-Scans zu arbeiten ist möglich, bislang aber kaum verbreitet.

Beim sogenannten *geistigen Eigentum* stellt sich die Frage, wie Rechte zur Verteilung und Nutzung von Informationen zu gestalten sind, dass einerseits die Rechte der *Urheber* und andererseits die Funktionsfähigkeit der Märkte mit ihren *Produzenten* und *Konsumenten* gewährleistet werden kann. Die medienethische und dabei die praktische moralische Frage ist die, wie hoch die Rechte eines Individuums gegenüber der Gemeinschaft zu werten sind. Dies ist insbesondere unter dem Aspekt zu sehen, dass die Gemeinschaft im Allgemeinen indirekt, oft aber auch direkt dazu beigetragen hat, dass das Individuum überhaupt in der Lage war, etwas Besonderes zu schaffen. Außerdem würde ein uneingeschränkter Schutz auch die Nutzbarkeit von geistigen Produkten sinnlos einschränken.

*Urheberrechte* wie das *Copyright* sind komplexe national spezifisch gefasste Rechte, die im Falle digitaler Produkte aber schnell im internationalen Raum heterogenen Rechtslagen ausgesetzt sind. Aber selbst dort, wo schon seit längerer Zeit international stark harmonisiertes Recht geschaffen wurde, wie zum Beispiel im Falle von Film, Musik, Literatur und Software, erzeugt allein die technologische Möglichkeit zu kopieren und zu verteilen eine Problematik, die schnell in eine volkswirtschaftliche Frage ausufern kann. In den letzten Jahren hat sich das am Beispiel der sogenannten *Backup-Kopien* von Musik-CDs oder Computerprogrammen marktgetrieben an den eigentlich klaren Gesetzen vorbei in eine Praxis, d.h. in eine Moral des Handelns, transformiert, die teilweise geduldet, teilweise „nachlegitimiert" werden musste.

Inzwischen werden zunehmend geistige Produkte an offenere Formen des Urheberrechts, wie z.B. des *Copylefts* oder der *Open Source* gebunden. Daran knüpft sich die Einstellung, Produkte möglichst offen an eine entsprechende Gemeinschaft zu übergeben, bei der es weniger um die Rechte Einzelner als die kollektive Nutzung und Weiterentwicklung der Produkte geht. Dahinter steht die Hypothese, dass das Gemeinwohl, und letztlich wieder das in der jeweiligen Gemeinschaft lebende Individuum, dadurch schließdlich einen höheren Nutzen hat. Dies erinnert an sozialistische Wirtschaftssysteme, die allerdings zentralistisch angelegt waren, während die neuen Modelle von einer dezentralen Kontrolle ausgehen. Die langfristigen Wirkungen solcher Konzepte sind noch nicht absehbar. Einzelne Vor- und Nachteile sind aber schon erkennbar. So werden Defizite in der Distribution und im Support solcher gemeinnütziger Produkte durch Mechanismen optimiert, die es erlauben, für das kostenlose Produkt bezahlte Dienstleistungen anzubieten, wie z.B. für das Bündeln und Distribuieren solcher Produkte sowie einen geeigneten technischen Support.

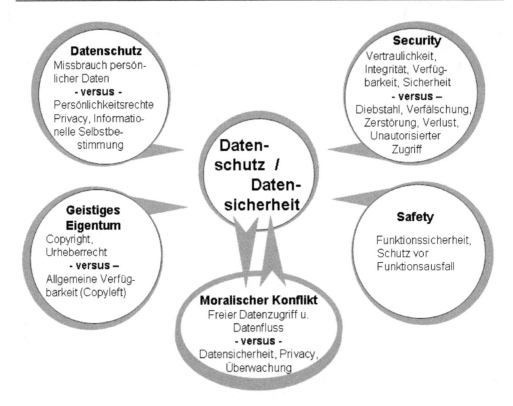

**Abbildung 52** Datenschutz und Datensicherheit (Schelske, 2007)

Der Datenschutz sichert personenbezogene Daten vor missbräuchlicher Verteilung und Nutzung. Mittels diverser Methoden zur Datensicherheit wird versucht, die Vertraulichkeit, Verfügbarkeit und Datenintegrität von Daten sicherzustellen. Safety-Mechanismen schützen vor ungewollter Beschädigung und Security-Mechanismen vor vorsätzlichen Beschädigungen von Daten.

# 11.9    Zusammenfassung

Interaktive Medien haben einen wesentlichen Einfluss auf die Funktion einer Gesellschaft. Die Medienethik definiert Randbedingungen und gibt Orientierung wie die Medientechnologie ausgestaltet und angewendet werden soll, um dem Gemeinwohl zu dienen. Die praktische und konkrete Ausprägung einer solchen Ethik findet sich in der tatsächlich praktizierten Moral wieder.

Als besonders relevant für eine Medienethik sind die folgenden Bereiche zu sehen.

*Zugangsschranken*: Auch wenn immer wieder auf die Allgegenwärtigkeit und allgemeine Verfügbarkeit von digitalen Medien hingewiesen wird, sind es bis heute privilegierte Staaten oder Individuen, die auf diese Medien ungehindert zugreifen können. Soziokulturellen Schranken bedingt durch Bildung und Einkommen behindern viele bei der Nutzung dieser Technologien und interaktiven Dienste. Es existiert eine *Digital Divide*, die international, aber auch innerhalb einzelner Gesellschaften diejenigen, die ungehindert diese Ressourcen nutzen können von denen trennt, die keine Möglichkeit dazu haben. Ungeeignet regulierte Märkte verschärfen die Situation weiter, so dass Marktkräfte gegen den allgemeinen Wunsch und die Hoffnung wirken, dass ein globales Medium wie das Internet als ausgleichenden Faktor zwischen Gesellschaften und auch Minderheiten oder benachteiligten Gruppen innerhalb von Gesellschaften wirken kann.

*Kommerzialisierung*: Die Realisierung und Bereitstellung digitaler Medien ist aufwändig und damit teuer. Es stellt sich zunehmend die Frage, wie aus dem anfänglich vor allem aus Militär und Wissenschaft heraus betriebenen Netz ein Netz der breiten Bevölkerung werden kann, dessen Kosten in gerechter und transparenter Weise gemeinsam getragen werden. Die Wirtschaft sucht „Killerapplikationen" die getrieben von hohem Interesse in Abhängigkeiten führen und langfristig erfolgreiche Geschäfte ermöglichen. Dadurch werden große Bevölkerungsgruppen ausgegrenzt, so dass sich eine Kluft zwischen Wirtschaftlichkeit und Grundbedarf eröffnet.

*Informationsflut*: Die ohnehin schon vorhandene Informationsflut der alten Medien verstärkt sich durch die einfachere Generierung und Verbreitung von Information mit Hilfe von interaktiven digitalen Medien zusätzlich. Die ursprünglichen Visionen vom papierlosen Büro oder der Unterstützung von Menschen bei der Informationsbeschaffung und Informationsorganisation mittels Computersysteme hat sich nur ansatzweise erfüllt. Gleichzeitig ist die Informationsflut dramatisch gestiegen, ohne dass wirkungsvolle Mechanismen sichtbar wären, deren ordnende Wirkung die Flut einzudämmen in der Lage wäre.

*Soziale Technikfolgen*: Wie jede Technologie erzeugen die interaktiven Medien eine Vielzahl von gesellschaftlichen Folgen. Von Rationalisierung und mangelnde Kontrollierbarkeit der verteilten komplexen Systeme über einen neuen Realitätsverlust durch die Medien haben wir es mit vielfältigen, auch grob schädlichen Wirkungen zu tun. Gleichzeitig ist mit der globalen Medialisierung nur in geringem Ausmaß ein weltweiter Wertepluralismus einhergegangen, der helfen könnte, die aktuellen internationalen Probleme und Spannungen zu bewältigen.

*Wahrheit und Glaubwürdigkeit*: Die Vervielfachung von Information durch digitale Medien war nur sehr bedingt begleitet von einer höheren Qualität der verfügbaren Informationen. Glaubwürdigkeit von Medien wurde beispielsweise durch das Internet eher geschwächt als gestärkt. Wahrheit und Einsicht wird durch zunehmend fragmentierte und in ihrer Authentizität fragwürdigen Medien nicht gefördert, sondern geschwächt. Durch neue Anonymisierungsmöglichkeiten bis hin zur Schaffung neuer Identitäten (Fakes) können Menschen im Netz konstruiert werden, ohne von natürlichen Menschen unterscheidbar zu sein.

*Fragwürdige Inhalte:* Die Freiheit in der Produktion und Publizierbarkeit digital medialisierter Inhalte führt nicht nur zu einer Demokratisierung durch verbesserte Möglichkeiten der freien Meinungsäußerung, sondern gleichzeitig zu einer Flut von unerwünschten, auch schädlichen Informationsangeboten und Darstellungen. Propaganda, Rassismus, Sexismus sowie Beleidigungen und Verleumdungen lassen sich mühelos realisieren und verbreiten.

*Datenschutz und Datensicherheit:* Durch die massive Erzeugung, Verarbeitung und Verbreitung auch personenbezogener Daten stellt sich zunehmend das Problem des Schutzes solcher Daten. Trotz grundsätzlich geeigneter nationaler, gesetzlicher Grundlagen ermöglicht und fördert die Technologie unerlaubte Nutzungsformen, die den Schutz des Individuums gefährden. Im Bereich der Datensicherheit möchte man Vertraulichkeit, Verfügbarkeit und Integrität von Daten sicherstellen. Dabei führen Methoden der Safety, d h. Schutz vor unbeabsichtigten Beschädigungen von Daten als auch Methoden der Security, d h. Schutz vor Angriffen zu Einschränkungen in der Verfügbarkeit und Nutzbarkeit von Daten. Im Bereich des geistigen Eigentums stellt sich die Frage, in welchem Verhältnis der Schutz individuellen Eigentums zum Interesse des Gemeinwohls steht.

Die Medienethik muss als stabilisierende Kraft im Gleichtakt mit der Entwicklung neuer digitaler Technologien diskutiert und weiterentwickelt werden. Die potenziellen Folgen der interaktiven Medien, die schon heute sichtbar und spürbar sind, besitzen eine Größenordnung, die Gesellschaften nicht nur weiterentwickeln, sondern auch massiv und nachhaltig schädigen können. Medieninformatiker müssen sich dieser Fragen bewusst sein und dabei mitwirken, technisch-organisatorische Schutzmechanismen sowie eine geeignete Medienkompetenz bei Produzenten, Konsumenten und Entscheidungsträgern zu entwickeln, die es erlaubt, Entwicklungen kritisch-konstruktiv zu begleiten und, wenn nötig, zu beeinflussen. Dies entspricht einem eigenen *Berufsethos* für Medieninformatiker.

# 12 Zukunft der Medieninformatik

Die Zukunft eines so jungen und dynamischen Gebiets wie der Medieninformatik zu prognostizieren ist sehr schwierig. Allerdings gibt es eine Reihe von Zielsetzungen, Themen und Aufgaben zu bearbeiten, die nicht nur als relevant anzusehen sind, sondern deren Erforschung und Entwicklung so reizvoll und motivierend ist, dass sich dieser bereits viele aus Wissenschaft und Wirtschaft angenommen haben, so dass die Zukunft schon längst stattfindet.

Im Folgenden wird eine Auswahl dieser Themen diskutiert, die in besonders engem Zusammenhang mit der Medieninformatik stehen und deren weitere Bearbeitung zusammen mit Fachleuten aus anderen Disziplinen eine besondere Bedeutung haben werden. Dabei wurden insbesondere wissenschaftliche Fragestellungen in den Vordergrund gestellt. Die Weiterentwicklung der damit verbundenen Technologien macht nur im Kontext umfassender menschen- und gesellschaftszentrierter Fragestellungen Sinn, möchte man eine weitere technikzentrierte Entwicklung vermeiden und deren schon geschaffene Fakten vernünftig in einen größeren Kontext einbinden und ordnen.

Weitere Fragen, die in diesem Kapitel nicht explizit behandelt werden, schließen sich an die schon erfolgten Entwicklungen in den Anwendungsgebieten, wie exemplarisch in den Kapiteln 5 bis 7 beschrieben, an.

## 12.1 Realität und Cyberspace

William Gibsons Neuromancer (Gibson, 1984) war eine der ersten literarischen expliziten Auseinandersetzung mit der Frage des *Cyberspace*, einer mit Hilfe von Computersystemen künstlich geschaffenen Welt, der *Matrix*, die in der Lage ist, Menschen mit Hilfe von direkt am Körper installierter Netzkonnektoren, die direkteste Form von Ein- und Ausgabegeräte, aus der physischen Welt herauszuholen und im virtuellen Raum einzufangen. Sie grenzt sich ab gegen die Welt des Physischen, Fleischlichen und Biologischen, im Genre des Cyberpunk auch *Meatspace* genannt.

Die anfängliche Fiktion, dass Menschen die physische Welt aus den Augen verlieren und in der digitalen Welt beginnen zu leben, ist inzwischen längst Realität geworden. Es wird heute vielfach berichtet, dass Jugendliche nahezu ohne Unterbrechungen 48 Stunden und mehr nicht „mit", sondern letztlich „in" Computerspielen verbringen. Sie verschwinden aus der sie umgebenden physischen und sozialen Welt und tauchen im Sinne einer intensiven Immersion in eine Welt ein, in der sie andere Identitäten und Lebensweisen annehmen (Weizenbaum, 1976; Turkle, 1995). Sie leben dort ein Leben, dass sie in der „realen Welt" nicht glauben, leben zu können. Dabei sind sie nicht zwangsläufig anderen Menschen endgültig entrückt, da sie ganz im Gegenteil häufig intensive soziale Beziehungen im Kommunikations- und Interaktionsraum des Cyberspace aufbauen und pflegen.

Was trennt eigentlich die physische von der digitalen Welt? Welche Optionen bietet uns der Cyberspace, die wir in der physischen Welt nicht zu haben scheinen? Wenn Menschen von der Realität sprechen, meinen sie oft das, was wir auch als *physische Welt* bezeichnen, also das, was unsere natürlichen, menschlichen Sinne von der Außenwelt wahrnehmen können, sensorische Erlebnisse, die uns Sehen, Hören, Schmecken, Riechen und Tasten lassen. Dass es keine verlässlichen Bezugspunkte zur sogenannten Realität gibt, haben bereits viele Medienphilosophen, wie z.B. Jean Baudrillard (siehe Abschnitt 2.8) oder auch Paul Watzlawik (1976) ausführlich dargestellt. Insofern stellt sich die Frage, ob es überhaupt Sinn macht, die digitale Welt von der physischen Welt zu unterscheiden. Eine hilfreiche Vorstellung für Ingenieure ist beispielsweise die McLuhansche Vorstellung von den *Extensionen*, den Erweiterungen des Menschen durch Medien, insbesondere heutzutage durch interaktive digitale Medien (vgl. Abschnitt 2.4).

Für die Medieninformatik eröffnet sich hier eine interessante Frage. Die Schnittstelle zwischen Mensch und Computer wurde in den vergangenen Jahrzehnten oft durch Tastatur, Bildschirm und Maus als Ein- und Ausgabegeräte realisiert. Durch neue Medientechnologien lässt sich die McLuhansche Erweiterung des Menschen aber sehr viel breiter auf den ganzen Menschen, insbesondere auf den Menschen mit seinem ganzen Körper ausdehnen. Neue Schnittstellen, wie sie literarisch, z.B. bei Gibson und filmerisch, z.B. bei Matrix, längst und variationsreich vorgedacht wurden, verknüpfen den Menschen sehr viel breiter als in der Vergangenheit mit Computersystemen und Kommunikationsnetzen. Einige dieser daraus entstehenden Ein- und Ausgabesysteme finden wir heute als Prototypen, teils auch schon als serienreife Produkte im Bereich der erweiterten und virtuellen Realität. Physische und digitale Realitäten werden nicht mehr länger vermeintlich durch die Bildschirmoberfläche getrennt, sondern in vielfältiger, hoffentlich nutzbringender Form mit allen menschlichen Sinneskanälen mehr oder weniger direkt verknüpft sein. Medieninformatiker werden sich künftig dieser Aufgabe zusammen mit Fachleuten aus anderen Gebieten stellen und diese Entwicklungen aus technischer, informatischer, wirtschaftlicher und ethischer Sicht untersuchen, begleiten, vorantreiben und hoffentlich auch kritisch hinterfragen.

## 12.2   Synästhetische interaktive Medien

Die frühen Jahre der Medieninformatik sind gekennzeichnet durch die Realisierung interaktiver, multimedialer Systeme. Hierbei wurden einfache, meist ereignisbasierte Benutzungsschnittstellen realisiert, die Objekte auf Bildschirmen oft farbig und graphisch visualisierten (GUIs; siehe Abschnitt 4.1). Die Desktop-Systeme (Abschnitt 4.1.1) sind ein Beispiel dafür. Der Benutzer manipuliert die Bildschirmobjekte mit einfachen Funktionen, die meist aus Menüs ausgewählt wurden. Die analoge Natur der physischen Welt spiegelt sich hier allenfalls ansatzweise wider, da die Eigenschaften der Objekte nur sehr unzulänglich simuliert werden. Multimediale Präsentationen sind noch schlecht synchronisiert, so dass sich kaum eine natürlich anmutende, eingängige Wahrnehmung einstellen kann.

Wir werden in der Zukunft über diese ersten Ansätze der Interaktion mit virtuellen Handlungswelten hinausgehend analoge Welten mit Hilfe von digitalen Computersystemen realisieren, die multiple, dynamische Eigenschaften von künstlichen Objekten synchronisiert präsentieren, so dass die Benutzer einerseits naturalistische Präsentationen und andererseits stärker *analoge* (z.B. Modellieren von Objekten mit Hilfe von Gestik) anstatt *diskreter* (z.B. Ändern von Eigenschaften mittels Formular) Einwirkmöglichkeiten auf solche Objekte und die einbettenden Welten haben werden. Auch die Verknüpfung von physischen und digitalen Objekten und Welten wird dabei voranschreiten. Die ersten Ansätze liegen in Form von Tangible-Media- und Mixed-Reality-Systemen bereits vor (siehe Abschnitt 4.5.3).

Synästhetische, d h. für die menschliche Wahrnehmung synchronisierte, naturalistische, gemischt reale und virtuelle Welten werden noch eine viel intensivere Wirkung auf ihre Benutzer haben und die Vermischung von physischer Welt und Cyberspace weiter verstärken, bis die Unterscheidung in physisch und digital obsolet geworden ist, da sie von unseren Sinnen nicht mehr entschieden werden kann.

## 12.3   Barierrefreie Systeme

Bei der systematischen Gestaltung interaktiver Medien wird vor Beginn der Entwicklung eine Zielgruppenanalyse (Benutzeranalyse) durchgeführt. Sie soll sicherstellen, dass die Systemrealisierung möglichst gut zu den späteren Benutzern, ihren Fähigkeiten und Aktivitäten passt. Zielgruppen sind dabei vor allem die zu erwartenden primären Käufer- und Benutzergruppen.

Bei Benutzeranalysen wird im Allgemeinen methodisch übersehen, dass neben, aber auch innerhalb der betrachteten Benutzergruppen Individuen existieren, die durch Alter, Krankheit, Armut, aber auch Sprache oder Geschlecht, unter benachteiligenden Randbedingungen leben, die sie in Einzelaspekten deutlich von den anderen Benutzern unterscheiden. So treten beispielsweise vielfältige Einschränkungen der Sehfähigkeit oder der Sensomotorik auf.

Neben diesen *physiologischen Einschränkungen* existieren *ökonomische Einschränkungen*, die vielen Menschen die Möglichkeit vorenthalten, überhaupt Zugriff auf digitale Angebote zu erhalten, da sie sich weder Computersysteme noch den Zugang zu Computern und Netzen leisten können. Im besten Fall werden sie zu Gelegenheitsbenutzern bei Verwandten, Freunden oder im öffentlichen Bereich (Automaten, Ämter, etc.)

Viele Systeme sind ohne geeignete *Individualisierungsmöglichkeiten* praktisch nur für die Hauptzielgruppe gestaltet, was für die Benutzer mit besonderen Randbedingungen bedeuten kann, dass sie bei der Benutzung der Systeme mehr oder weniger hohe *Hürden* oder *Barrieren* erleben, die die Nutzung nur sehr schwer oder gar nicht möglich macht. Die Benutzer werden in der Nutzung *behindert* und so gesellschaftlich zu *„Behinderten"*. „Behinderte" sind an sich gesehen keine eigene Klasse von Menschen, sondern ein kulturtechnisches Konstrukt der oft ungewollten *Ausgrenzung*, oder auch der bewussten *Diskriminierung*. Sie sind die Folge der oft technisch bedingten Trennung von „normalen Benutzern" und „nicht normalen Benutzern". Körperliche und auch geistige Einschränkungen verwandeln sich somit erst durch begrenzt nutzbare Technologien in Behinderungen. In der Wahrnehmung dieses Problems versucht man mit Initiativen und auch gesetzlichen Verordnungen die Realisierung sogenannter *„barrierefreier Systeme"* zu motivieren oder vorzuschreiben. Für den Bereich der Bundesverwaltungen wurde deshalb in ähnlicher Weise wie in vielen anderen Ländern vor einigen Jahren in Deutschland die *„Verordnung zur Schaffung barrierefreier Informationstechnik nach dem Behindertengleichstellungsgesetz (Barrierefreie Informationstechnik-Verordnung – BITV)"* erlassen. Dabei wurden neben einigen allgemeinen Anforderungen wie zum Beispiel zur Farbgestaltung auch insbesondere Anforderungen für die Realisierung von Webdiensten, den inzwischen verbreitetsten Computeranwendungen formuliert.

Die breite Zugänglichkeit interaktiver Medien und damit realisierter Anwendungen und Dienste wurde in den letzten Jahren auch unter den Begriffen *„Usability for All (Gebrauchstauglichkeit für Alle)"* oder auch *„Accessibility (Barrierefreiheit)"* motiviert und mit diversen Ansätzen und Hilfsmitteln operationalisiert. Durch entsprechende technische Standards und Funktionalitäten wie z.B. besondere Markup-Sprachen und Browser kann die Realisierung barrierefreier Systeme wesentlich vereinfacht werden. Deshalb ist es wichtig, nicht nur die gesetzlichen Verordnungen zu formulieren und in Kraft zu setzen, sondern am besten mit geeignetem zeitlichen Vorlauf geeignete Hilfsmittel bereitzustellen, um solche Realisierungen leicht herstellen zu können. Da dies selten der Fall ist, hinken die Realisierungen aus ökonomischen und technischen Gründen oft jahrelang, leider oft auch über die vorgegebenen Fristen hinaus, den Gesetzen hinterher.

Gerade im Bereich der multimedialen Systeme treten die beschriebenen Barrieren häufig auf, da bei vielen Benutzern einzelne Sinnesmodalitäten beeinträchtigt sind. Umgekehrt ist es gerade die Nutzung alternativer, redundanter oder flexibler Medien, die es erlaubt, Beeinträchtigungen zu überwinden. So können auditive Ausgaben textuelle Darstellungen ersetzen und umgekehrt, wie z.B. schon seit langer Zeit die Untertitel bei Filmen. Kleine Fenster mit Gebärdensprache ermöglichen Hörschwächen zu kompensieren. Frei skalierbare Fonts und

Graphiken erlauben Weitsichtigkeit und Alterssichtigkeit auszugleichen. Die Trennung von Inhalt und Präsentation ermöglicht alternative, veränderliche, individuelle Präsentationsformen. Für die Medieninformatik ist dieses Thema daher von zentraler Bedeutung, damit die technischen Potenziale interaktiver Medien als Kompensation und nicht als weitere Einschränkung menschlicher Begrenzungen wirken. Medieninformatiker können hierbei mit Fachleuten aus Medizin, Psychologie, Arbeits- und Rechtswissenschaften zusammenarbeiten, um Bedürfnisse und Potenziale zusammenzubringen.

# 12.4 Medienkompetenz für Alle

Mit der Verbreitung von Personal Computern kam die Vorstellung von einer *Computer Literacy*, also einer Grundkompetenz Computer bedienen zu können, so wie wir in der Grundschule Lesen, Schreiben und Rechnen lernen. Diese Grundbefähigung wurde bislang weder innerhalb noch außerhalb der Schulen systematisch und mediengerecht gelehrt. Es wurde auch nie klargestellt, was wir darunter verstehen sollen: die Kompetenz gängige Computerprogramme zu bedienen, selbst Computer zu programmieren oder bestehende Systeme zu modifizieren und zu kombinieren.

Ähnlich wie die Computer Literacy stellt sich heute die Frage der *Media Literacy*, hier insbesondere nach der Konvergenz der Medien in den digitalen Medien eine *Digital Media Literacy* – ein Begriff, der in dieser Präzision praktisch nicht erscheint. Auch hier stellt sich in ähnlicher Weise wie in der Computer Literacy die Frage, ob es um die kundige Nutzung digitaler Medien, wie zum Beispiel der verbreiteten Intenetdienste WWW oder E-Mail geht, oder ob es um eine Grundbefähigung zur Gestaltung digitaler, insbesondere auch interaktiver Medien gehen soll. Sollen Benutzer beispielsweise versiert mit Media-Playern umgehen können oder sollen sie in der Lage sein, digitale Filme zu drehen, zu schneiden und nachzubearbeiten.

Während barrierefreie, auch ergonomische Systeme und interaktive Medien durch konstruktive Maßnahmen den Zugang zu bestehenden Anwendungen erleichtern sollen, versucht man die der Vermittlung von Medienkompetenz die Nutzer der Medien in besonderer Weise zu befähigen, mit gut und schlecht gestalteten Systemen geeignet zurecht zu kommen. Der Nutzer soll eine aktive Rolle in der Auswahl, Nutzung und, nach Möglichkeit, auch Gestaltung interaktiver Medien einnehmen. Angesichts der hohen Durchdringung moderner Gesellschaften mit digitalen Medien gibt es gute Gründe, dies als eine Grundkompetenz zu begreifen. Folgt man dieser Argumentation leitet sich daraus auch ein Bildungsauftrag ab, der von Elterhaus, Schule, Hochschule, Fort- und Weiterbildungsinstitutionen sowie Betrieben zu leisten ist.

Die wesentliche, aber offene Frage ist dabei die nach dem *Curriculum für digitale Medien*. Welche Inhalte sollen zu welchem Zeitpunkt in welcher Form vermittelt werden. Die technologische Schnelllebigkeit erfordert dabei möglichst von Technik wenig abhängige Inhalte, gleichzeitig aber die Kompetenz im Umgang mit aktueller Technik. Diese Klärung sollte gleichzeitig mit der Entwicklung neuer Technologien und medialen Anwendungen erfolgen. Dass dies heutzutage nicht der Fall ist, kann als Aufforderung für die Medieninformatik verstanden werden. Technologie, Anwendung und Vermittlung im Zusammenhang angepasst an Alter, Lebenskontext und persönliche Ziele bildet die Grundlage für eine verantwortungs- und wirkungsvolle Form einer *Mediengesellschaft*. Die Medieninformatik kann hierbei künftig eine Schlüsselrolle spielen.

Im Projekt KiMM[43] (Kids in Media and Motion) wird ein solcher Ansatz für die schulische Medienbildung seit einigen Jahren verfolgt (Winkler & Herczeg, 2004; Winkler & Herczeg, 2005; Winkler & Herczeg, 2005a).

# 12.5     Menschen- und Maschinenbilder

Hinter jeder Form von Technologie stecken *Menschenbilder*. Sie bilden die oft unbewusste Grundlage für die Formgebung, Realisierung und Verbreitung von technischen Systemen. Umgekehrt tragen Menschen *Maschinenbilder* mit sich herum, die ihr Verständnis von Technologie widerspiegeln. Für eine erfolgreiche Nutzung von Technologie müssen diese Bilder zusammenfinden. Dies kann durch (Um-)Gestaltung von Technologie, aber auch durch die Anpassung und Gewöhnung von Menschen an Technologie erfolgen. Interaktive Medien erzeugen die vielgestaltigsten Maschinenbilder in Menschen und können in einer Gesellschaft starke Rückwirkungen auf Menschenbilder induzieren.

Wir haben in Kapitel 9.5 Maschinenbilder für verschiedene Formen und Generationen interaktiver Medien kennen gelernt. Dabei spielen technologische, kulturelle und situative Randbedingungen eine Rolle. Schon die grobe Unterscheidung in Kommunikationspartner, Handlungsräume, Medien als Vermittler und eingebettete Systeme zeigt grundlegend unterschiedliche Sichtweisen auf, von denen zwar jede für sich gesehen nicht neu ist, aber noch nie innerhalb einer Technologie vorzufinden waren. In der weiteren Verfeinerung dieser Modelle treten Fragestellungen, Konstruktionsprinzipien und Anwendungsformen auf, die sich mit der Weiterentwicklung von Technologie und ihrer Nutzung verändern. Es ist wichtig, diese Maschinenbilder bewusst wahrzunehmen, da sie dazu dienen können, Technologien und ihre Ausprägungen zu bewerten und gegeneinander abzuwägen oder zumindest geeignete Einsatz- und Vermittlungsformen zu finden.

Menschenbilder waren gerade in den vergangenen einhundert Jahren dramatischen Veränderungen ausgesetzt (siehe Abschnitt 1.1). Dabei gab es für den Menschen nicht immer wün-

---

[43] weitere Informationen und Publikationen unter http://www.kimm.uni-luebeck.de

schenswerte Entwicklungen. So veränderte sich das Menschenbild im Zeitalter der Industrialisierung (Industriegesellschaft) vom individuellen Know-How- und Leistungsträger der Manufakturen zum ersetzbaren Rädchen tayloristischer Produktionssysteme. Dabei wurde der Mensch mit seiner Muskelkraft selbst zur Maschine reduziert. Auch im Zeitalter der Computertechnologie (Informationsgesellschaft) fand das Menschenbild keine bedeutsame Erhöhung. Hier wurde der Mensch zum mechanischen und kognitiven Lückenfüller zwischen papierbasierten Büros und digitalen Informationsräumen.

Welche Menschenbilder in der Mediengesellschaft prägend werden, hängt vor allem von Entwicklern, Ökonomen und Politikern ab, die heute diese Welt planen, konstruieren oder propagieren. Menschenbilder, die vor allem durch Technologien geprägt werden und nicht umgekehrt Technologien prägen, leisten technokratischen Gesellschaftssystemen Vorschub, in denen der Mensch das anzupassende Element ist, im Gegensatz zu sozialen Gesellschaftssystemen, in denen die Technologie dem Wohl der Menschen und ihrer Gemeinschaften untergeordnet wird.

Die Medieninformatik kann hier insbesondere gemeinsam mit den Sozial- und Kulturwissenschaften aufmerksam verfolgen, wie der Mensch in diesen Kontexten reagiert, wie er sich einfügt und wie er sich dabei umformt (Herczeg, 2005a). Technologische und damit verbundene ökonomische Entwicklungen dürfen dabei nicht fatalistisch als gegeben oder zwangsläufig gesehen werden, sondern sind zu hinterfragen, zu optimieren oder auch abzulehnen.

## 12.6 E-Topia: Cyber-Communities und die Cyber-Society

Bei der Realisierung von interaktiven Medien konzentriert man sich oft auf die Anknüpfung der Medien an das Individuum und die daraus resultierenden Wirkungen. Dies ist zunächst ein sinnvoller und legitimer Ansatz, schließlich müssen die Medien an die Eigenschaften und Ziele von Individuen angepasst werden. Nun ist es aber gerade eine besondere Funktion der alten, nicht digitalen Medien gewesen, die Verknüpfung von Menschen in ihrer Gesellschaft zu unterstützen. Sie dienen dabei als Kommunikationsmittel zwischen Menschen. Interaktive Medien leisten, wie wir u.a. bei Fragen der Gestaltung interaktiver Medien im Kapitel 9 gesehen haben, neben der Fähigkeit mit Menschen kommunizieren zu können, auch die Möglichkeit reaktives Handlungssystem bzw. Handlungsraum oder reiner Vermittler im Sinne des Wortes „Medium" zu sein.

In all ihren möglichen Funktionen unterstützen interaktive Medien, wie alle Medien, gesellschaftliche Prozesse. Menschen kommunizieren und handeln über diese Medien. Die entstehende Allgegenwärtigkeit von Medien, nahezu weltweit, unterstützt inzwischen die Bildung von größeren gesellschaftlichen Strukturen über regionale oder nationale Grenzen hinweg. Auf diese Weise entsteht eine Art übernationaler und überregionaler Cyber-Community, die im Allgemeinen zwar nicht als Ersatz aber als relevante Erweiterung oder Ergänzung der „normalen Gesellschaft" begriffen werden muss. Menschen müssen sich nicht mehr treffen können, um eine Mindestdichte an sozialer Kommunikation zu realisieren, die zu einer engen sozialen Bindung führt. Was früher aufgrund einer größeren Distanz auf den Brief, das Telefonat und den eher seltenen Besuch begrenzt war, kann heute praktisch ohne Zeitverzug (d h. in „Echtzeit") mit den interaktiven Medien multimedial und interaktive von Statten gehen. Es entstehen starke Bindungen von kleinen und großen Menschengruppen durch elektronische Listmailer, Foren, Chats, Videokonferenzen sowie durch Multiplayer-Games. Die Benutzer empfinden das fehlende Kennenlernen nicht zwangsläufig als Mangel, sondern gerade in identitätsflexiblen Umgebungen als eine Möglichkeit ein anderes oder weiteres Leben in einer alternativen Gesellschaft zu leben (Turkle, 1995).

Oft wird auf die Entfremdung von Menschen durch digitale Technologien hingewiesen. Bei genauerer Betrachtung stellt sich die Frage, ob nicht die moderne seelenlose Stadt mehr von anderen Menschen entfremdet, als das Computernetzwerk, das es erlaubt, jederzeit mit jedem kommunizieren zu können. Ob Menschen im Cyberspace mehr verloren gehen als im „Concretespace" der Stadt, ist zumindest fraglich. Entscheidung für die Weiterentwicklung digitaler Medien ist ihre Formung entsprechend der Regeln einer noch zu schaffenden digitalen Architektur, die nicht neben, sondern zusammen mit der Architektur von Garten, Haus und Stadt zu entwickeln ist. Die Medieninformatik sollte sich daher eng mit Disziplinen wie Architektur, Städtebau und Verkehrswesen verknüpfen, um neue wertvolle Beiträge für eine künftige menschengerechte Architektur von Lebensraum und Lebenszeit leisten zu können (Mitchell, 1999). Möglicherweise werden dabei *Gesellschaft* oder *Nation* wieder weniger wichtig werden, als die *Gemeinschaft*. Anzeichen dafür finden sich vielfältig in den genannten digitalen Community-Anwendungen. Die Grundlage der Kritik und die Ängste der Medienphilosophen vor der weiteren, vor allem digitalen Medialisierung der Welt (siehe Kapitel 2) wird damit zwar nicht aufgehoben, relativiert sich jedoch in einer veränderten Kultur, die andere Möglichkeiten und Wertesysteme besitzt und damit auch andere Maßstäbe an das Leben anlegen wird.

## 12.7    Zusammenfassung

Die Medieninformatik ist eine junge Disziplin, die eine Fülle von interessanten Zielen verfolgt und dabei anspruchsvolle Aufgaben zu bewältigen hat. Diese Ziele und Aufgaben müssen in geeigneter Weise mit anderen Disziplinen gemeinsam gesteckt und operationalisiert werden, da sie auf der Grundlage einer Verknüpfung eines breiten, kulturell, körperlich und geistig geprägten Medienverständnisses und modernster Technologie fundieren.

Wichtige Einzelthemen sind dabei aus heutiger Sicht:

- die Verknüpfung von *Realität und Virtualität*, von Physischem und Digitalem durch die Klärung und Vermittlung eines zeitgemäßen Verständnisses wie menschliche Realität entsteht und welche Rolle interaktive Medien beim Infragestellen bzw. bei der Simulation von Realität spielen;

- die Weiterentwicklung von *synästhetischer Multimedialität in Erlebnisse*, die die vielfältigen menschlichen Sinne nicht auseinanderdividieren, sondern in natürlicher Weise zusammenwirken lassen;

- die Bereitstellung *barrierefreier interaktiver Medien*, die Menschen nicht durch Hürden und Zugangsschranken zu Behinderten machen, sondern umgekehrt die Behinderungen von Menschen in der derzeitigen Gesellschaft ausräumen helfen;

- die Vermittlung von *geeigneter Medienkompetenz* über die ganze Lebenspanne in einer Weise, dass die Menschen in Zukunft Medien nicht nur angemessen nutzen, sondern diese auch bedarfsgerecht zu gestalten in der Lage sind;

- die Schaffung geeigneter und *neuer Menschen- und Maschinenbilder*, die menschlichen Zielen und Fähigkeiten entsprechen und Leitbilder für die Weiterentwicklung der Gesellschaft bilden;

- die Unterstützung *vielfältiger und offener Gemeinschaften*, die Menschen nicht in städtischen oder virtuellen Lebenswüsten verkümmern und verschwinden lassen, sondern, unabhängig von Zeit und Raum, soziale Kommunikation und Interaktion zwischen kleinen und großen Gruppierungen von Menschen ermöglichen und unterstützen.

Die Medieninformatik hat somit nicht nur ein außerordentliches technologisches Gestaltungspotenzial, sie hat gleichzeitig eine große Verantwortung für die menschengerechte Weiterentwicklung unserer technologiegestützten modernen Gesellschaft, der sie zusammen mit anderen Disziplinen gerecht werden muss.

# Abbildungen

# Literatur

Adams, J. (1995). *Risk.* London: Routledge.

Azuma, R. (1997). A Survey of Augmented Reality. *Presence: Teleoperators and Virtual Environments,* 6(4), August, 355-385.

Azuma, R., Baillot, Y., Feiner, S., Julier, S. & MacIntyre, B. (2001). Recent Advances in Augmented Reality. *IEEE Computer Graphics and Applications,* November/December 2001, 34-47.

Balzert, H. (2000). *Lehrbuch der Software-Technik.* 2 Bände. Heidelberg: Spektrum Akademischer Verlag.

Baecker, R.M. & Buxton, W.A.S. (Eds.) (1987). *Readings in Human-Computer-Interaction.* San Francisco: Morgan Kaufmann.

Baecker, R.M., Grudin, J., Buxton, W.A.S. & Greenberg, S. (Eds.). (1995). *Readings in Human-Computer-Interaction: Towards the Year 2000* (2nd Ed.). San Francisco: Morgan Kaufmann.

Baudrillard, J. (1981). *Simulacra and Simulation.* Ann Arbor: The University of Michigan Press.

Baudrillard, J. (1996). *The System of Objects.* London: Verso, (Originalfassung: *Le système des objets*, Edition Gallimard, 1968).

Bearne, M., Jones, S. & Sapsford-Francis, J. (1994). Towards Usability Guidelines for Multimedia Systems. In *Proceedings of the Second ACM International Conference on Multimedia.* New York: ACM Press, 105-110.

Bense, M. (1982). *Einführung in die informationstheoretische Ästhetik.* Hamburg: Rowohlt.

Beyer, H. & Holtzblatt, K. (1998). *Contextual Design.* San Diego: Academic Press.

Billings, C.E. (1997). *Aviation Automation.* Mahwah: Lawrence Erlbaum Associates.

Bimber, O. & Raskar, R. (2005). *Spacial Augmented Reality.* Wellesley: A.K. Peters.

Boehm, B.W. (1988). A Spiral Model of Software Development and Enhancement. *IEEE Computer*, 21(5), 61-72.

Bogaschewsky, R. (1992). Hypertext-/Hypermedia-Systeme – Ein Überblick. *Informatik Spektrum*, 15(3), 127-143.

Bolter, J.D. & Gromala, D. (2003). *Windows and Mirrors*. Cambridge: MIT Press.

Brooks, F.P. (1975). *The Mythical Man Month. Essays on Software Engineering*. Reading: Addison-Wesley.

Bruns, K. & Meyer-Wegener, K. (2005). *Taschenbuch der Medieninformatik*. München: Hanser.

Bubb, H. (1990). Bewertung und Vorhersage der Systemzuverlässigkeit. In Hoyos, C.G. & Zimolong, B. (Hrsg.), *Ingenieurpsychologie, Enzyklopädie der Psychologie, Band 2*, Göttingen: Hogrefe, 285-312.

Bush, V. (1945). As we may think. *Atlantic Monthly*, 176(1), 101-108.

Card, S.K., Moran, T.P. & Newell, A. (1983). *The Psychology of Human-Computer-Interaction*. Hillsdale: Lawrence Erlbaum Associates.

Carroll, J.M. (Ed.). (2002). *Human-Computer Interaction in the New Millennium*. New York: ACM Press.

Chapman, N. & Chapman, J. (2003). *Digital Media Tools*. Chichester: Wiley.

Chapman, N. & Chapman, J. (2004). *Digital Multimedia*. Chichester: Wiley.

Charwat, H.J. (1994). *Lexikon der Mensch-Maschine-Kommunikation*. München: Oldenbourg.

Cohen, P.R. & McGee, D.R. (2004).Tangible Multimodal Interfaces for Safety-Critical Applications. *Communications of the ACM*, 47(1), 41-46.

Cooper, A. (1999). *The Inmates are Running the Asylum*. Indianapolis: SAMS.

Cooper, A. & Reimann, R. (2003). *About Face 2.0 – The Essentials of Interaction Design*. Indianapolis: Wiley.

Cytowic, R.E. (2002). *Synaesthesia: A Union of the Senses*. Cambridge: MIT Press.

Debatin, B. & Funiok, R. (Hrsg.) (2003). *Kommunikations- und Medienethik*. Konstanz: UVK Verlagsgesellschaft.

Dodsworth, C. (Ed.). (1998). *Digital Illusion – Entertaining the Future with High Technology*. Reading: Addison-Wesley.

Dunckel, H., Volpert, W., Zölch, M., Kreutner, U., Pleiss, C. & Hennes, K. (1993). *Kontrastive Aufgabenanalyse im Büro – Der KABA-Leitfaden: Grundlagen und Manual.* Zürich: vdf-Hochschulverlag.

Eckert, C. (2006). *IT-Sicherheit.* München: Oldenbourg.

Edelmann, W. (2000). *Lernpsychologie.* Weinheim: Beltz – Psychologische Verlags Union.

Federrath, H. & Pfitzmann, A. (2004). Datenschutz und Datensicherheit. In Schneider, U. & Werner, D. (Hrsg.) *Taschenbuch der Informatik.* München: Carl Hanser Verlag.

Flusser, V. (1993). *Dinge und Undinge.* München: Carl Hanser Verlag.

Flusser, V. (1997). *Medienkultur.* Frankfurt M.: Fischer Taschenbuch Verlag.

Flusser, V. (1998). *Kommunikologie.* Frankfurt M.: Fischer Taschenbuch Verlag.

Funiok, R., Schmälzle, U.F. & Werth, C.H. (Hrsg.) (1999). *Medienethik – die Frage der Verantwortung.* Bonn: Bundeszentrale für politische Bildung.

Funiok, R. & Schmälzle, U.F. (1999). Medienethik vor neuen Herausforderungen. In Funiok, R., Schmälzle, U.F. & Werth, C.H. (Hrsg.) *Medienethik – die Frage der Verantwortung.* Bonn: Bundeszentrale für politische Bildung, 15-31.

Gibson, W. (1984). *Neuromancer.* New York: Ace Books.

Grandjean, E. (1987). Human Factor Aspects of Manual Computer Input Devices. In Salvendy, G. (Ed.), *Handbook of Human Factors.* New York: Wiley, 1359-1397.

Greenstein, J.S. (1988). Input Devices. In Helander, M. (Ed.), *Handbook of Human Computer Interaction.* Amsterdam: Elsevier, 495-519.

Greenstein, J.S. & Arnaut, L.Y. (1987). Human Factor Aspects of Manual Computer Input Devices. In Salvendy, G. (Ed.), *Handbook of Human Factors.* New York: Wiley, 1450-1489.

Gunzenhäuser, R. (1973). *Maß und Information als ästhetische Kategorien.* Baden-Baden: AGIS Verlag.

Gunzenhäuser, R. & Herczeg, M. (2001). Lehren und Lernen im Zeitalter der neuen Medien. *i-com,* 0-2001, 19-25.

Gunzenhäuser, R. & Herczeg, M. (2005a). Rechnerunterstütztes Lehren und Lernen im Zeitalter der neuen Medien – Teil 1. *Grundlagenstudien aus Kybernetik und Geisteswissenschaft / Humankybernetik,* 46(2), 75-81.

Gunzenhäuser, R. & Herczeg, M. (2005b). Rechnerunterstütztes Lehren und Lernen im Zeitalter der neuen Medien – Teil 2. *Grundlagenstudien aus Kybernetik und Geisteswissenschaft / Humankybernetik*, 46(3), 107-112.

Hacker, W. (1986). *Arbeitspsychologie*. Bern: Hans Huber.

Hackos, J.T. & Redish, J.C. (1998). *User and Task Analysis for Interface Design*. New-York: Wiley.

Hall, R.E., Fragola, J. & Wreathall, J. (1982). *Post-Event Human Decision Errors: Operator Action Tree/Time Reliability Correlation*. Brookhaven National Laboratory, NUREG CR-3010, US Nuclear Regulatory Commission, Washington D.C.

Hartwig, R., Herczeg, M. & Kritzenberger, H. (2002). Aufgaben- und benutzerzentrierte Entwicklungsprozesse für web-basierte Lernumgebungen. *i-com - Zeitschrift für interaktive und kooperative Medien,* 1/2002, 18-24.

Hayles, N.K. (1999). *How we became Posthuman – Virtual Bodies in Cybernetics, Literature, and Informatics*. The University of Chicago Press.

Heilmann, K. (2002). *Das Risiko der Sicherheit*. Stuttgart: Hirzel Verlag.

Helander, M. (Ed.). (1988). *Handbook of Human Computer Interaction*. Amsterdam: Elsevier.

Henning, P.A. (2003). *Taschenbuch Multimedia*. München: Hanser.

Herczeg, M. (1988). ELAB: Direkt manipulative Simulation elektrischer Schaltungen. In Gunzenhäuser, R. & Böcker, H.-D. (Hrsg.), *Prototypen benutzergerechter Computersysteme*. Berlin: Walter de Gruyter, 19-34.

Herczeg, M. (1994). *Software-Ergonomie*. Bonn: Addison-Wesley.

Herczeg, M. (2001). A Task Analysis and Design Framework for Management Systems and Decision Support Systems. *ACIS International Journal of Computer & Information Science,* 2(3), September, 127-138.

Herczeg, M. (2002). Intention-Based Supervisory Control - Kooperative Mensch-Maschine-Kommunikation in der Prozessführung. In Grandt, M. & Gärnter, K.-P. (Hrsg.) *Situation Awareness in der Fahrzeug- und Prozessführung,* DGLR-Bericht 2002-04. Bonn: Deutsche Gesellschaft für Luft- und Raumfahrt.

Herczeg, M. (2004). Interaktions- und Kommunikationsversagen in Mensch-Maschine-Systemen als Analyse- und Modellierungskonzept zur Verbesserung sicherheitskritischer

Technologien. In Grandt, M. (Hrsg.), *Verlässlichkeit der Mensch-Maschine-Interaktion,* DGLR-Bericht 2004-03. Bonn: Deutsche Gesellschaft für Luft- und Raumfahrt.

Herczeg, M. (2005). *Software-Ergonomie.* München: Oldenbourg.

Herczeg, M. (2005a). Menschliche Maschinen, maschinelle Menschen, virtuelle Realitäten und greifbare Medien: Verwirrende Bilder von Mensch und Computer im Zeitalter der Digitalisierung. In Buschkühle, C.-P. & Felke, J. (Hrsg.), *Mensch Bilder Bildung.* Oberhausen: Athena-Verlag, 160-169.

Herczeg, M. (2006). *Interaktionsdesign.* München: Oldenbourg.

Herczeg, M. (2006a). Analyse und Gestaltung multimedialer interaktiver Systeme. In Konradt, U. & Zimolong, B. (Hrsg.), *Ingenieurpsychologie, Enzyklopädie der Psychologie, Serie III, Band 2,* 531-562.

Hollnagel, E., Woods, D.D. & Levenson, N. (Eds.). (2006). *Resilience Engineering – Concepts and Precepts.* Aldershot: Ashgate.

Ishii, H. & Ullmer, B. (1997). Tangible Bits: Towards Seamless Interfaces between People, Bits and Atoms. *Proceedings of CHI '97.* New York: ACM Press, 234-241.

Ishii, H., Underkoffler, B., Chak, D., Piper, B., Ben-Joseph, E., Yeung, L. & Kanji, S. (2002). Augmented Urban Planning Workbench: Overlaying Drawings, Physical Models, and Digital Simulation. *Proceedings of the International Symposium on Mixed and Augmented Reality, ISMAR '02.* IEEE, 2-9.

Issing, L.J. & Klimsa, P. (Hrsg.). (2002). *Information und Lernen mit Multimedia und Internet.* Weinheim: Beltz – Psychologische Verlags Union.

Jacob, R.J.K., Ishii, H., Pangaro, G. & Patten, J. (2002). A Tangible Interface for Organizing Information Using a Grid. *Proceedings of CHI '02.* New York: ACM Press, 339-346.

Johannsen, G. (1993). *Mensch-Maschine-Systeme.* Berlin: Springer.

Karat, J. (1988). Software Evaluation Methodologies. In Helander, M. (Ed.). *Handbook of Human Computer Interaction.* Amsterdam: Elsevier, 891–903.

Kay, A. (1977). Microelectronics and the Personal Computer. *Scientific American,* 3(9), 230-244.

Kay, A. & Goldberg, A. (1976). Personal Dynamic Media. *IEEE Computer,* 10(3), 31-42.

Kerres, M. (2001). *Multimediale und telemediale Lernumgebungen.* München: Oldenbourg.

Kirwan, B. & Ainsworth, L.K. (Eds.). (1992). *A Guide to Task Analysis.* London: Taylor & Francis.

Klimsa, P. (2002). Multimedianutzung aus psychologischer und didaktischer Sicht. In Issing, L.J. & Klimsa, P. (Hrsg.). *Information und Lernen mit Multimedia und Internet*. Weinheim: Beltz – Psychologische Verlags Union, 5-17.

Kloock, D. & Spahr, A. (2000). *Medientheorien: Eine Einführung*. München: UTB – Wilhelm Fink Verlag.

Koegel Buford, J.F. (1994). *Multimedia Systems*. Reading: Addison-Wesley.

Koike, H., Sato, Y. & Kobayashi, Y. (2001). Integrating Paper and Digital Information. *ACM Transactions on Human-Computer Interaction*, 8(4), 307-322.

Kritzenberger, H. (2005). *Multimediale und Interaktive Lernräume*. München: Oldenbourg.

Kritzenberger, H. & Herczeg, M. (2001). Knowledge and Media Engineering for Distance Education. In Stephanidis, C. (Ed.), *Universal Access in HCI. Towards an Information Society for All*. Proceedings of HCI International 2001. Hillsdale: Lawrence Erlbaum Associates, 229-231.

Lauensen, S. (2005). *User Interface Design. A Software-Engineering Perspective*. Reading: Addison-Wesley Publishing Company.

Laurel, B. (1993). *Computers as Theatre*. Reading: Addison-Wesley.

Mayhew, D.J. (1999). *The Usability Engineering Lifecycle*. San Francisco: Morgan Kaufmann.

McLuhan, M. (1962). *The Gutenberg Galaxy*. Toronto: University of Toronto Press.

McLuhan, M. (1964). *Understanding Media: Extension of Man*. Cambridge: MIT Press.

Mehlich, H. (2002). *Electronic Government. Die elektronische Verwaltungsreform. Grundlagen – Entwicklungsstand – Zukunftsperspektiven*. Wiesbaden: Gabler.

Merz, M. (2002). *E-Commerce und E-Business*. Heidelberg: dpunkt.

Milgram, P. & Kishino, F. (1994). A Taxonomy of Mixed Reality Visual Displays. *IEICE Transactions on Information Systems,* Vol. E77-D, No. 12.

Milgram, P., Takemura, H., Utsumi, A. & Kishino, F. (1994). Augmented Reality: A Class of Displays on the Reality-Virtuality Continuum. *Telemanipulator and Telepresence Technologies*, SPIE Vol. 2351, 282-292.

Mitchell, W.J. (1999). *e-topia*. Cambridge: MIT-Press.

Moles, A. (1984). *Kunst und Computer*. Ostfildern: DuMont.

Murray, J.H. (1997). *Hamlet on the Holodeck – The Future of Narrative in Cyberspace.* Cambridge: MIT Press.

Nake, F. (1998). *Ästhetik als Informationsverarbeitung.* Wien: Springer.

Naur, P. & Randell, B. (Eds.) (1969). *Software Engineering.* Report on a conference sponsored by the NATO Science Committee, 7.-11.10.1968 in Garmisch, Brussels: NATO Scientific Affairs Division.

Niegemann, H. (2001). *Neue Lernmedien.* Bern: Hans Huber.

Nielsen, J. (1993). *Usability Engineering.* San Francisco: Morgan Kaufmann.

Norman, D.A. (1986). Cognitive Engineering. In Norman, D.A. & Draper S.W. (Eds.). *User Centered System Design*, Hillsdale: Lawrence Erlbaum Associates, 31–61.

Norman, D.A. (1999). *The Invisible Computer.* Cambridge: MIT Press.

Norman, D.A. (2004). *Emotional Design.* New York: Basic Books.

Norman, D.A. & Draper, S.W. (Eds.). (1986). *User Centered System Design.* Hillsdale: Lawrence Erlbaum Associates.

Nöth, W. (2000). *Handbuch der Semiotik.* Stuttgart-Weimar: Metzler.

Patten, J., Ishii, H., Hines, J. & Pangaro, G. (2001). Sensetable: A Wireless Object Tracking Platform for Tangible User Interfaces. *Proceedings of CHI '01.* New York: ACM Press, 253-260.

Peschke, H. (1988). Partizipative Entwicklung und Einführung von Informationssystemen. In Balzert, H. et al. (Hrsg.). *Einführung in die Software-Ergonomie.* Berlin: Walter de Gruyter, S. 299–322.

Piper, B., Ratti, C. & Ishii, H. (2001). Illuminating Clay: A 3D Tangible Interface for Landscape Analysis. *Proceedings of CHI '01.* New York: ACM Press, 355-362.

Postman, N. (1986). *Amusing Ourselves to Death.* New York: Penguin Books.

Postman, N. (1992). *Technopoly. The Surrender of Culture to Technology.* New York: Vintage Books, Random House.

Postman, N. (1994). *The Disappearance of Childhood.* New York: Vintage Books, Random House.

Postman, N. (1996). *The End of Education.* New York: Vintage Books, Random House.

Pöttker, H. (1999). Öffentlichkeit als gesellschaftlicher Auftrag. In Funiok, R., Schmälzle, U.F. & Werth, C.H. (Hrsg.) *Medienethik – die Frage der Verantwortung.* Bonn: Bundeszentrale für politische Bildung, 215-232.

Preece, J., Rogers, Y., Sharp, H., Benyon, D., Holland, S. & Carey, T. (1994). *Human-Computer Interaction.* Reading: Addison-Wesley.

Preece, J., Rogers, Y. & Sharp, H., (2002). *Interaction Design.* New York: Wiley.

Rasmussen, J. (1982). Human Errors. A Taxonomy for describing Human Malfunction in Industrial Installations. *Journal of Occupational Accidents,* 4, 311-333.

Rasmussen, J. (1984). *Strategies for State Identification and Diagnosis in Supervisory Control Tasks, and Design of Computer-Based Support Systems.* In Advances in Man-Machine Systems Research, Vol. 1, 1984, 139-193.

Rasmussen, J., Pejtersen, A.M. & Goodstein, L.P. (1994). *Cognitive Systems Engineering.* New York: Wiley.

Ropohl, G. (1979). *Eine Systemtheorie der Technik.* München: Carl Hanser Verlag.

Schanze, H. (Hrsg.). (2001). *Handbuch der Mediengeschichte.* Stuttgart: Alfred Kröner Verlag.

Scheer, A.-W., Kruppke, H. & Heib, R. (2003). *E-Government. Prozessoptimierung in der öffentlichen Verwaltung.* Berlin: Springer.

Schelske, A. (2007). *Soziologie vernetzter Medien - Grundlagen computervermittelter Vergesellschaftung.* München: Oldenbourg.

Schulmeister, R. (2001). *Virtuelle Universität – Virtuelles Lernen.* München: Oldenbourg.

Schulmeister, R. (2002). *Grundlagen hypermedialer Lernsysteme.* München: Oldenbourg.

Schulmeister, R. (2003). *Lernplattformen für das virtuelle Lernen. Evaluation und Didaktik.* München: Oldenbourg.

Seybold, J. (1981). XEROX's Star. *Seybold Report,* 10(16), San Francisco: MediaLive International.

Shannon, C.E. & Weaver, W. (1949). *The Mathematical Theory of Communication.* University of Illinois Press, Urbana, (Deutsche Ausgabe: *Mathematische Grundlagen der Informationstheorie.* München: Oldenbourg, 1976).

Shedroff, N. (2001). *Experience Design.* Indianapolis: New Riders.

Sherman, W.R. & Craig A.B. (2003). *Understanding Virtual Reality.* San Francisco: Morgan Kaufmann.

Shneiderman, B. (1983). Direct Manipulation: A Step beyond Programming Languages. *IEEE Computer*, 16(8), 57–69.

Shneiderman, B. & Plaisant, C. (2005). *Designing the User Interface.* Boston: Pearson, Addison-Wesley.

Smith, D.C., Irby, C., Kimball, R. & Harslem, E. (1982). *Designing the Star User Interface.* Byte, 7(4), 242-282.

Sommerville, I. (2001). *Software Engineering.* München: Pearson.

Stork, D.G. (Ed.). (1997). *HAL's Legacy.* Cambridge: MIT Press.

Sullivan, L. (1980). *Kindergarten Chats and Other Writings.* (Originalausgabe: 1918), New York: Dover Publications.

Sutherland, I. (1963). Sketchpad: A man-machine graphical communication system. *Proceedings of the AFIPS spring Joint Computer Conference*, Detroit, Michigan, May 21-23, 329-346.

Swain, A.D. & Guttmann, H.E. (1983). *Handbook of Human Reliability Analysis with Emphasis on Nuclear Power Plant Operations.* Sandia National Labs, US Nuclear Regulatory Commission, Washington D.C.

Tanenbaum, A.S. (2000). *Computernetzwerke.* München: Pearson.

Taylor, F.W. (1913). *Die Grundsätze wissenschaftlicher Betriebsführung.* München: Oldenbourg, (Originalfassung: *The Principles of Scientific Management.* New York: Harper & Bros., 1911).

Tenner, E. (2003). *Our own Devices. How Technology remakes Humanity.* New York: Vintage Books.

Thackara, J. (2005). *In the Bubble. Designing in a Complex World.* Cambridge: MIT Press.

Thimbleby, H. (1990). *User Interface Design.* New York: ACM Press, Reading: Addison-Wesley.

Timpe, K.P. (1976). Zuverlässigkeit in der menschlichen Arbeitstätigkeit. *Zeitschrift für Psychologie*, 1, 1976, 37-50.

Turkle, S. (1995). *Life on the Screen.* New York: Touchstone Books.

Ueki, A. & Inakage, M. (2004). Café Tools: Contents that connect People. *Proceedings of SIGGRAPH 2004.* New York: ACM Press.

Ulich, E. (2001). *Arbeitspsychologie.* Stuttgart: Schäffer-Poeschel.

Vicente, K.J. (1999). *Cognitive Work Analysis*. Hillsdale: Lawrence Erlbaum Associates.

Vince, J. (1995). *Virtual Reality Systems*. Reading: Addison-Wesley.

Virilio, P. (1992). *Rasender Stillstand*. München: Carl Hanser Verlag.

Virilio, P. (1996). *Fluchtgeschwindigkeit*. München: Carl Hanser Verlag.

Wandmacher, J. (1993). *Software-Ergonomie*. Berlin: Walter de Gruyter.

Watzlawick, P. (1976). *Wie wirklich ist die Wirklichkeit?* München: Piper-Verlag.

Weizenbaum, J. (1976). *Computer Power and Human Reason*. San Francisco, CA: W.H. Freeman and Company.

Winkler, T. & Herczeg, M. (2004). Gestalten von sinnesübergreifenden Mixed-Reality-Lernräumen im Schulunterricht. *i-com - Zeitschrift für interaktive und kooperative Medien, 1/2004,* 29-33.

Winkler, T. & Herczeg, M. (2005). KiMM - Kids in Media and Motion. *forum,* 3-4, 97-110.

Winkler, T. & Herczeg, M. (2005a). Pervasive Computing in Schools - Embedding Information Technology into the Ambient Complexities of Physical Group-Learning Environments. In Carlsen, R., Gibson, I., McFerrin, K., Price, J., Weber, R. & Willis, D.A. (Eds.) *Proceedings of the SITE Conference 2005*. Norfolk, VA, USA: AACE. 2889-2894.

Winograd, T. (1972). *Understanding Natural Language*. San Diego: Academic Press.

Winograd, T. (1996). *Bringing Design to Software*. Reading: Addison-Wesley.

Wirtz, B.W. (2001). *Electronic Business*. Wiesbaden: Gabler.

Wood, G. (2002). *Living Dolls. A Magical History of the Quest for Mechanical Life*. London: Faber and Faber.

Woodhead, N. (1990). *Hypertext & Hypermedia*. Reading: Addison-Wesley.

Woods, D.D. & Roth, E.M. (1988). Cognitive Systems Engineering. In Helander, M. (Ed.), *Handbook of Human Computer Interaction*. Amsterdam: Elsevier, 3-43.

Zimolong, B. (1990). Fehler und Zuverlässigkeit. In Hoyos, C.G. & Zimolong, B. (Hrsg.), *Ingenieurpsychologie. Enzyklopädie der Psychologie, Band 2,* Göttingen: Hogrefe, 313-345.

Zobel, J. (2001). *Mobile Business und M-Commerce*. München: Carl Hanser.

Zwißler, S. (2002). *Electronic Commerce – Electronic Business*. Berlin: Springer.

# Normen

ISO 6385 (2004). Grundsätze der Ergonomie für die Gestaltung von Arbeitssystemen.

ISO 8859 (1987-2003). Information Processing - 8-bit single-byte coded Graphic Character Sets.

DIN EN ISO 9241 (1992-2006). Ergonomische Anforderungen für Bürotätigkeiten mit Bildschirmgeräten.

ISO 9241-1.  Allgemeine Einführung.

ISO 9241-2.  Anforderungen an die Arbeitsaufgabe – Leitsätze.

ISO 9241-3.  Anforderungen an visuelle Anzeigen.

ISO 9241-4.  Anforderungen an Tastaturen.

ISO 9241-5.  Anforderungen an die Arbeitsplatzgestaltung und Körperhaltung.

ISO 9241-6.  Anforderungen an die Arbeitsumgebung.

ISO 9241-7.  Anforderungen an visuelle Anzeigen bezüglich Reflexionen.

ISO 9241-8.  Anforderungen an die Farbdarstellungen.

ISO 9241-9.  Anforderungen an Eingabegeräte – ausgenommen Tastaturen.

ISO 9241-10. Grundsätze der Dialoggestaltung.

ISO 9241-11. Anforderungen an die Gebrauchstauglichkeit: Leitsätze.

ISO 9241-12. Informationsdarstellung.

ISO 9241-13. Benutzerführung.

ISO 9241-14. Dialogführung mittels Menüs.

ISO 9241-15. Dialogführung mittels Kommandosprachen.

ISO 9241-16. Dialogführung mittels direkter Manipulation.

ISO 9241-17. Dialogführung mittels Bildschirmformularen.

ISO 9241-151. Ergonomie der Mensch-System-Interaktion - Leitlinien zur Gestaltung von Benutzungsschnittstellen für das World Wide Web.

ISO 9241-171. Ergonomie der Mensch-System-Interaktion - Leitlinien für die Zugänglichkeit von Software.

ISO/IEC 10646 (1993/2003). Information Technology - Universal Multiple-Octet Coded Character Set (UCS).

ISO/IEC 10646-1: Architecture and Basic Multilingual Plane.

ISO/IEC 10646-2: Supplementary Planes.

DIN EN ISO 13407 (1999). Benutzer-orientierte Gestaltung interaktiver Systeme.

DIN EN ISO 14915 (2002-2003). Software-Ergonomie für Multimedia-Benutzungsschnittstellen.

ISO 14915-1. Gestaltungsgrundsätze und Rahmenbedingungen.

ISO 14915-2. Multimedia-Navigation und Steuerung.

ISO 14915-3. Auswahl und Kombination von Medien.

ISO/TR 16982 (2002). Ergonomics of Human-System Interaction – Usability Methods supporting human-centred Design.

DIN 33405 (1987). Psychische Belastung und Beanspruchung.

# Organisationen und Verbände

Im Folgenden werden einige Organisationen und Verbände genannt, die sich mit der Erforschung, Entwicklung, Verbreitung und Nutzung von Computer- und Medientechnologie beschäftigen. Die Liste erhebt keinen Anspruch auf Vollständigkeit, da es darüber hinaus eine Vielzahl kleiner Organisationen gibt.

ACM ............. Association for Computing Machinery
www.acm.org

BFD ............. Bundesbeauftragter für den Datenschutz und die Informationsfreiheit
www.bfd.bund.de

BSI ............... Bundesamt für Sicherheit in der Informationstechnik
www.bsi.de

BVDW .......... Bundesverband Digitale Wirtschaft e.V.
www.bvdw.org

DMMV ......... Deutscher Multimedia-Verband e.V.

FSF ............... Free Software Foundation (diverse Regionalverbände)
www.fsf.org, www fsfeurope.org

FSF ............... Freiwillige Selbstkontrolle Fernsehen e.V.
www.fsf.de

FSK ............... Freiwillige Selbstkontrolle der Filmwirtschaft GmbH
www.spio.de

FSM ............. Freiwillige Selbstkontrolle Multimedia-Diensteanbieter e.V.
www.fsm.de

GI ................. Gesellschaft für Informatik e.V.
www.gi-ev.de

GMW ........... Gesellschaft für Medien in der Wissenschaft e.V.
www.gmw-online.de

IEEE ............. Institute of Electrical and Electronics Engineers
www.ieee.org

IFIP ............... International Federation for Information Processing
              www.ifip.org

ISO ............... International Organization for Standardization
              www.iso.org

ITU ............... International Telecommunication Union
              www.itu.int

SPIO ............. Spitzenorganisation der Filmwirtschaft e.V.
              www.spio.de

VFFV ............ Verband der Fernseh-, Multimedia und Videowirtschaft e.V.
              www.vffv.de

VG Wort ....... Verwertungsgesellschaft WORT GmbH
              www.vgwort.de

# Abkürzungen

Im Folgenden finden sich einige wichtige Abkürzungen, die im Buch und im Fachgebiet häufiger verwendet werden. Weitere Abkürzungen und Informationen zu den Begriffen finden sich im Verzeichnis von Organisationen und Verbänden, im Glossar sowie über den Index.

2-D ................ 2-dimensional

3-D ................ 3-dimensional

A2A ............. Authorities-to-Authorities

A2C .............. Authorities-to-Citizens

AR ................ Augmented Reality (Erweiterte Realität)

ARPA ........... Advanced Research Project Agency

ASCII ........... American Standard for Information Interchange

B2B .............. Business-to-Business

B2C .............. Business-to-Customer

B2E .............. Business-to-Employee

BITV ............ Barrierefreie Informationstechnik-Verordnung

CAD ............. Computer-Aided Design

CAVE .......... Cave Automatic Virtual Environment

CBT ............. Computer-Based Training

CD-ROM ...... Compact Disc – Read-Only-Memory

CGI ............. Computer Graphics Imagery

CHI ............. Computer-Human Interaction

CMS ............. Content-Management-System

CSCL ........... Computer-Supported Cooperative Learning

CSCW .......... Computer-Supported Cooperative Work

CUU ............. Computerunterstützter Unterricht

DMS ............. Dokumentenmanagementsystem

DOMEA ....... Dokumentenmanagement und elektronische Archivierung

DTD ............. Document Type Definition

DTP ............. Desktop Publishing

DVD ............. Digital Versatile Disc

EDI .............. Electronic Data Interchange

FX ................ Special Effects

G2C ............. Government-to-Citizens (entspricht A2C)

G2G ............. Government-to-Government (entspricht A2A)

GPRS ........... General Packet Radio Service

GPS .............. Global Positioning System

GSM ............. Global System for Mobile Communications

GUI .............. Graphical User Interface

HBCI ........... Home Banking Computer Interface

HCI .............. Human-Computer Interaction

HF ................ Human Factors

HMD ............ Head-Mounted-Display

HTML ........... Hypertext Markup Language

HTTP ........... Hypertext Transfer Protocol

HUD ............. Head-Up-Display

ISDN ............ Integrated Services Digital Network

IT ................. Informationstechnik

IuK ............... Information und Kommunikation

kbps ............. Kilobit pro Sekunde

LAN ............. Local Area Network

M2M ............ Member-to-Member

Mbps ............ Megabit pro Sekunde

MCI...............Mensch-Computer-Interaktion

MDA.............Mobile Digital Assistant

MIME ..........Multipurpose Internet Mail Extensions

MMS.............Multimedia Message Service

MR................Mixed Reality (Gemischte Realität)

OSI...............Open System Interconnection

PC .................Personal Computer

PDA .............Personal Digital Assistant

PIN...............Personal Identification Number

QoS ..............Quality of Service

RUL .............Rechnerunterstütztes Lernen

SDH .............Synchrone Digitale Hierarchie

SMS .............Short Message Service

SONET .........Synchronous Optical Network

Tbps .............Terabit pro Sekunde

TM ...............Tangible Media

TUI...............Tangible User Interface

UCS .............Universal Character Set

UTF..............Universal Coded Character Set (UCS) Transformation Format

UMTS ..........Universal Mobile Telecommunications System

VR................Virtual Reality (Virtuelle Realität)

WBT .............Web-Based Training

WIMP ..........Windows – Icons – Menus – Pointer

WLAN ..........Wireless Local Area Network

WWW...........World Wide Web

WYSIWYG ..what you see is what you get

XML .............Extensible Markup Language

# Glossar

Die nachfolgend beschriebenen Fachbegriffe werden hinsichtlich ihrer Bedeutung im Bereich der Medieninformatik erläutert. Die Begriffe können in anderen Bereichen auch andere Bedeutungen besitzen. *Kursiv* gedruckte Begriffe sind selbst wieder im Glossar beschrieben.

**Aktivitätenmanagementsystem:** *Unterstützungssystem* zur Organisation von mehreren Anwendungen, die parallel (quasi-gleichzeitig) benutzt werden

**Anwendungssystem:** Softwaresystem, mit dem Aufgaben bearbeitet werden

**Applikation:** *Anwendungssystem*

**Ästhetik:** Lehre vom Wahrnehmen

**auditiv:** hörbar

**Augmented Reality:** computerbasierte, meist visuelle Erweiterung (optische Überlagerung) der realen Welt durch zusätzliche, virtuelle Eigenschaften

**Augmented-Reality-System:** *multimediales interaktives System* zur Realisierung von *Augmented Reality*

**Ausgabegeräte:** *Computerperipherie* zur Ausgabe von Daten durch den Computer für den *Benutzer*

**Autorensysteme:** Werkzeuge und Entwicklungsumgebungen zur *Medienproduktion*

**Bedienoberfläche:** für *Benutzer* sichtbare Teile einer *Benutzungsschnittstelle*

**Benutzer:** Bediener (Nutzer) eines Computersystems und seiner *Anwendungssysteme* sowie den dazugehörigen *Unterstützungssystemen*

**Benutzungsoberfläche:** der vom *Benutzer* wahrnehmbare und bedienbare Teil einer *Benutzungsschnittstelle*

**Benutzungsschnittstelle:** die den *Benutzern* angebotenen und benutzbaren Interaktionsmöglichkeiten eines Anwendungssystems sowie den dazugehörigen *Unterstützungssystemen*

**Code (Kode):** Abbildungsregeln von Bedeutungen in *Zeichen* (Kodierung) und umgekehrt (Dekodierung)

**Cognitive-Engineering:** Methoden des menschenzentrierten, systematischen Entwickeln von Systemen

**Computerperipherie:** externe Zusatzgeräte eines Computersystems wie *Eingabegeräte*, *Ausgabegeräte*, externe Speicher und Netzwerkkomponenten

**Daten:** technisch kodierte *Information*

**Datenschutz:** Schutz personenbezogener *Daten* vor missbräuchlicher Nutzung oder Verbreitung

**Datensicherheit:** Schutz von Daten vor Beschädigung, Manipulation oder Verlust

**Dekodierung:** Übersetzung von *Zeichen* in Bedeutungen

**Design:** Lehre von der Gestaltung

**Dialog:** Kommunikationsverlauf zwischen Mensch und Mensch oder zwischen Mensch und Computer

**Digital Divide:** Kluft der Verfügbarkeit und Nutzbarkeit *digitaler Medien* zwischen industrialisierten Ländern und Entwicklungsländern; eine ähnliche Kluft ist auch innerhalb moderner Gesellschaften durch mangelnde Bildung und Armut zu erkennen

**digitale Medien:** Medien, die durch Digitalisierung von Computersystemen und digitalen Netzen gespeichert, verarbeitet und übertragen werden können

**Dromologie:** Lehre von der Veränderung der Zeitwahrnehmung durch Medien; Begriff wurde durch Paul Virilio geprägt

**E-Business**:                   computerunterstützte Geschäftsprozesse

**E-Government**:               computerunterstützte Verwaltung

**E-Learning**:                   computerunterstütztes Lehren und Lernen

**Echtzeitsysteme**:           Computersysteme, die in der Lage sind, *Interaktionen* innerhalb
                                        genau definierter Zeiten durchzuführen

**Einbezogenheit:**            psychischer Zustand, bei denen *Benutzer* den Eindruck haben, in
                                        eine Anwendungswelt einbezogen zu sein

**Eingabegeräte:**             Computerperipherie zur Eingabe von Daten in ein Computersys-
                                        tem durch einen *Benutzer*

**Ergonomie:**                  Lehre von der Analyse und Gestaltung menschengerechter Ar-
                                        beit und ihrer Werkzeuge

**Ethik:**                         Lehre vom sittlichen Wollen und Handeln des Menschen in
                                        seinen Lebenssituationen

**Evaluation:**                 Validierung von Systemeigenschaften, insbesondere nach Krite-
                                        rien der *Gebrauchstauglichkeit*

**Gebrauchstauglichkeit:**   Gerät oder *interaktives System*, das effektiv, effizient und zur
                                        Zufriedenstellung seiner *Benutzer* funktioniert

**Graphical User Interface**   mit Hilfe graphischer Darstellungen realisierte *Benutzungs-*
**(GUI):**                        *schnittstelle*; meist *metaphorisches System*

**Handlung:**                   Durchführung einer physischen Aktion

**Handlungsraum:**           physischer oder digitaler Raum mit wahrnehmbaren und mani-
                                        pulierbaren Objekten

**Handlungssystem:**         *interaktives System*, das einen *Handlungsraum* realisiert und auf
                                        Grundlage von *direkter Manipulation* mit *Benutzern* in Bezie-
                                        hung tritt

**Hardware-Ergonomie:**    Teil der klassischen Ergonomie, mit dem Ziel der benutzer- und
                                        aufgabengerechten Gestaltung von *Computerperipherie* und
                                        Computerarbeitsplätzen

**Head-Mounted-Display (HMD):**  auf dem Kopf eines *Benutzers* montiertes, stereoskopisches, optisches Ausgabesystem

**Hilfesystem:**  *Unterstützungssystem* zur interaktiven Beschreibung und Erklärung eines *interaktiven Systems* durch das System selbst

**Historysystem:**  *Unterstützungssystem* zur Nutzung der Dialoghistorie durch *Benutzer* (z.B. Dialogprotokoll, Again-Funktionen, Undo-Funktionen und Redo-Funktionen)

**Human Factors:**  menschliche Einflüsse auf *Mensch-Maschine-Systeme*

**Hypermedia:**  vernetzte interaktive Medien

**Hypermediasysteme:**  Realisierungen vernetzter interaktiver Medien (z.B. WWW)

**Hyperrealität:**  Pseudorealität erzeugt durch digitale Medien und Simulationen; Begriff von Jean Baudrillard

**Immersion:**  Gefühl der hohen, vor allem körperlichen *Einbezogenheit* in eine Umgebung

**Individualisierungssystem:**  *Unterstützungssystem* zur Adaption eines *interaktiven Systems*

**Industriegesellschaft:**  gesellschaftliche Epoche mit Systematisierung, Fragmentierung und Automatisierung von Arbeit in Fabriken; wichtige Impulse durch Frederick Winslow Taylor (Taylorismus)

**Information:**  externalisiertes *Wissen* das auch technisch gespeichert, kommuniziert und weiterverarbeitet werden kann

**Information Appliance:**  in einem alltäglichen Gerät integriertes Computersystem (Informationsgerät); Begriff vorgeschlagen von Donald Norman

**Informationsgesellschaft:**  gesellschaftliche Epoche in Gefolge der *Industriegesellschaft* durch zunehmenden Bedarf an Erzeugung, Übertragung, Verarbeitung und Speicherung von *Informationen* mittels Computersystemen

**Informationsraum:**  abstrakter Raum mit zugreifbaren medialisierten *Informationen*

**Interaktion:**  Wechselwirkung zwischen *Benutzer* und Computer

**Interaktionsdesign:**   interdisziplinäres Gebiet, vor allem aus *Informatik* und *Design* entwickelt, das sich mit der Gestaltung multimedialer *interaktiver Systeme* und dort insbesondere mit der Gestaltung der *Benutzungsschnittstelle* beschäftigt (siehe auch *Interface-Design*)

**interaktives Medium:**   computerbasiertes *Medium*, das mit einem *Benutzer* interagiert

**interaktives System:**   System, das mit einem *Benutzer* durch *Kommunikation* oder *Handlungen* in Beziehung durch gegenseitige Wechselwirkung tritt

**Interaktivität:**   Wechselwirkung zwischen *Benutzer* und Computersystem

**Interface-Design:**   Teilgebiet des *Designs*, das sich mit der Gestaltung von *Benutzungsschnittstellen* beschäftigt

**Intermedialität:**   Untersuchung der Unterschiede und Bezüge zwischen unterschiedlichen *Medien*

**Internet:**   weltweit verfügbares digitales Netzwerk mit einer Vielzahl von Diensten zur Vernetzung von Computersystemen und zur Realisierung *digitaler Medien*

**Kanal:**   Übertragungsmöglichkeit für *Informationen*

**Kodierung:**   Übersetzung von Bedeutungen in *Zeichen*

**Kommunikation:**   Informationsaustausch zwischen zwei oder mehreren Akteuren mittels Austausch von *Nachrichten* über einen *Kommunikationskanal*

**Kommunikationskanal:**   *Medium*, über das bei einer *Kommunikation Nachrichten* ausgetauscht werden

**Kommunikationssystem:**   technisches System, das dem Austausch von *Nachrichten* dient

**Kommunikologie:**   Lehre von der *Kommunikation* zwischen Organismen; Begriff geprägt durch Vilém Flusser

**Medien:**   Sammelbegriff für künstliche *Medien*, die zur Verbreitung und Verarbeitung von *Informationen* dienen; früher waren vor allem

|                                   | die Massenmedien wie Zeitung, Rundfunk, Fernsehen damit gemeint |
|-----------------------------------|---|
| **Medienethik:**                  | Teilbereich der *Ethik*, der die Verhaltensweisen der Menschen in einer Gesellschaft in Bezug auf medial vermittelte *Kommunikation* und *Interaktion* zu beschreiben versucht und dabei Orientierung geben soll |
| **Mediengesellschaft:**           | gesellschaftliche Epoche im Gefolge der *Informationsgesellschaft* mit besonderer Bedeutung digitaler und später interaktiver Medien, die auf Grundlage der Konvergenz der Medien durch Digitalisierung entstehen |
| **Medieninformatik:**             | Teilbereich der Informatik, der sich mit der medialen Verknüpfung von Mensch und Computer beschäftigt |
| **Medienkompetenz:**              | Kenntnisse, Fähigkeiten und Fertigkeiten im Umgang mit bestimmten Medien |
| **Medienkonvergenz:**             | Zusammenführung und Integration unterschiedlicher Medien durch Digitalisierung mit Hilfe von Computertechnologie und digitalen Netzen |
| **Medienontologie:**              | wissenschaftliches Klassifizierungssystem für Medien |
| **Medienproduktion:**             | Prozess der Herstellung von Medien |
| **Medientheorien:**               | Begriffs-, Modell- und Erklärungssysteme für die Analyse, Konstruktion und Wirkung von Medien |
| **Medium:**                       | Mittler zwischen zwei Akteuren oder Kommunikationspartnern |
| **Mensch-Computer-Interaktion:**  | *Interaktion* zwischen Menschen und Computern |
| **Mensch-Computer-Kommunikation:** | *Kommunikation* zwischen Menschen und Computern |
| **Mensch-Computer-System:**       | Gesamtsystem, bestehend aus Mensch, Computer und einer Umgebung |
| **Mensch-Maschine-**              | *Kommunikation* zwischen Menschen und Maschinen; Computer |

| | |
|---|---|
| **Kommunikation:** | sind oft der wichtigste betrachtete Spezialfall, da Computer in komplexen Maschinen eingebettet sind |
| **Mensch-Maschine-System:** | Gesamtsystem, bestehend aus Mensch, Maschine und einer Umgebung |
| **Medien-Engineering:** | Methoden des prozessorientierten, systematischen Entwickeln von digitalen Medien |
| **Mensch-Mensch-Kommunikation:** | *Kommunikation* zwischen Menschen |
| **Metapher:** | Verbildlichung; Analogien |
| **Metaphorik:** | Verwendung von *Metaphern* für interaktive Computersysteme durch analoge Abbildung von Objekten der realen Welt und ihren Relationen (Bezügen) in die virtuelle Welt |
| **metaphorisches System:** | *Gestaltungsmuster* für *multimediale* und *interaktive Systeme*, welches *Metaphern* als Grundprinzip der Gestaltung der *Benutzungsschnittstellen* verwendet |
| **Mixed Reality (MR):** | verknüpfte, physische und virtuelle Umgebung, bei der die Anteile realer und virtueller Komponenten ungefähr gleichgewichtig sind (gemischte Realität) |
| **Mixed-Reality-System (MR-System):** | *multimediales interaktives System* zur Realisierung von *Mixed Reality* |
| **Moral:** | praktizierte Normen, Grundsätze und Werte in einer Gesellschaft als konkrete Ausprägung einer *Ethik* |
| **Multimedia:** | Sammelbegriff für die unterschiedlichsten Kombinationen elektronischer *Medien*, meist jedoch Text, Graphik, Animation, Audio und Video |
| **multimediales interaktives System:** | *interaktives System*, das über mehrere sensorische Kanäle mit einem *Benutzer* in Beziehung tritt |
| **multimediales System:** | System, das über mehrere sensorische Kanäle mit einem *Benutzer* in Beziehung tritt |
| **Multimedialität:** | Einsatz von *Multimedia* |

| | |
|---|---|
| **Nachricht:** | kodierte *Information*, die über einen Kanal übertragen wird |
| **Natürliche Sprache:** | *Sprache* der normalen *Mensch-Mensch-Kommunikation* |
| **olfaktorisch:** | riechbar |
| **Operateur:** | *Benutzer* eines *Prozessführungssystems* |
| **Personal Computer (PC):** | dezentraler und individualisierbarer Computer für einen *Benutzer* |
| **Prozessführungssystem:** | System zur Überwachung und Steuerung dynamischer Prozesse |
| **Safety:** | Sicherheit von *Daten* (*Datensicherheit*) und Systemen vor unbeabsichtigen Schädigungen |
| **Security:** | Sicherheit von *Daten* (*Datensicherheit*) und Systemen vor Angriffen |
| **Simulacrum:** | referenzlose Kopie ohne Original (pl. Simulacra) |
| **Software-Engineering:** | Methoden des prozessorientierten, systematischen Entwickeln von Softwaresystemen |
| **Software-Ergonomie:** | Wissenschaft von der benutzer- und anwendungsgerechten Analyse, Modellierung, Gestaltung und Evaluation softwarebasierter, *interaktiver Systeme* |
| **Synästhesie:** | Verschmelzen mehrerer, sensorischer *Wahrnehmungen* zu einer Gesamtwahrnehmung |
| **Systems-Engineering:** | Methoden des prozessorientierten, systematischen Entwickeln von Systemen |
| **taktil:** | tastbar |
| **Tangible Media:** | physische (greifbare) Objekte, die durch digitale Eigenschaften angereichert wurden; *Benutzer* sind in der Lage, die physischen und virtuellen Eigenschaften wahrzunehmen und durch Handlungen zu manipulieren |
| **Tangible-Media-System:** | multimediales interaktives System zur Realisierung von *Tangible Media* |

**Tangible User Interface (TUI):**    *Benutzungsschnittstelle*, die nach den Prinzipien von *Tangible Media* realisiert wurde

**Telepräsenz:**    virtuelle Anwesenheit durch Übertragung eines *Handlungsraumes* durch *interaktive Medien*

**Unterstützungssystem:**    Softwaresystem, mit dessen Hilfe die Bedienung eines *Anwendungssystems* erleichtert werden soll

**Usability-Engineering:**    Methoden des prozessorientierten, systematischen Entwickeln von gebrauchstauglichen *interaktiven Systemen*

**Visualisierung:**    Sichtbarmachung von *Informationen*

**visuell:**    sichtbar

**Virtual Reality (VR):**    computerbasierte Konstruktion einer künstlichen Welt

**Virtual-Reality-System (VR-System):**    *multimediales interaktives Syst*em zur Realisierung von *Virtual Reality*

**Wahrnehmung:**    Erfassung von *Informationen* über Sinne (Sensorik)

**WIMP-Interface:**    *Benutzungsschnittstelle* auf Grundlage von „**W**indows, **I**cons, **M**ouse and **P**ointing" (entspricht üblicherweise einem *Graphical User Interface, GUI*)

**Wissen:**    *Information* und dazugehörige Interpretations- oder Anwendungsregeln

**World Wide Web: (WWW)**    *Hypermediasystem* auf Grundlage des *Internets*

**WYSIWYG:**    **W**hat **Y**ou **S**ee **I**s **W**hat **Y**ou **G**et; Darstellungsprinzip, das versucht, Bildschirmdarstellungen in Übereinstimmung mit der physischen Welt zu bringen (z.B. bei der Textverarbeitung, die die Papierseiten auf dem Bildschirm darstellt)

**Zeichen:**    Bedeutungsträger; in der Semiotik wird unterschieden in Zeichenträger (Syntaktik; Präsentation des Zeichens), Interpretant (Pragmatik; Interpretation des Zeichens) und Referenzobjekt (Semantik; durch das Zeichen referenziertes Objekt)

# Index

Im folgenden Index sind Haupteinträge **fett** und Glossareinträge *kursiv* gedruckt.

# H

# I